Kohlhammer

Die Herausgeberin

Prof. Dr. Etta Wilken lehrte am Institut für Sonderpädagogik der Leibniz Universität Hannover Allgemeine und integrative Behindertenpädagogik. Sie verfügt über jahrzehntelange Erfahrungen in der Förderung von Kindern und Jugendlichen mit kognitiver Beeinträchtigung sowie in der Beratung von Eltern und Pädagogen.

Etta Wilken (Hrsg.)

Zwei- und Mehrsprachigkeit bei Kindern mit kognitiven Beeinträchtigungen

Verlag W. Kohlhammer

Dieses Werk einschließlich aller seiner Teile ist urheberrechtlich geschützt. Jede Verwendung außerhalb der engen Grenzen des Urheberrechts ist ohne Zustimmung des Verlags unzulässig und strafbar. Das gilt insbesondere für Vervielfältigungen, Übersetzungen, Mikroverfilmungen und für die Einspeicherung und Verarbeitung in elektronischen Systemen.

Die Wiedergabe von Warenbezeichnungen, Handelsnamen und sonstigen Kennzeichen in diesem Buch berechtigt nicht zu der Annahme, dass diese von jedermann frei benutzt werden dürfen. Vielmehr kann es sich auch dann um eingetragene Warenzeichen oder sonstige geschützte Kennzeichen handeln, wenn sie nicht eigens als solche gekennzeichnet sind.

Es konnten nicht alle Rechtsinhaber von Abbildungen ermittelt werden. Sollte dem Verlag gegenüber der Nachweis der Rechtsinhaberschaft geführt werden, wird das branchenübliche Honorar nachträglich gezahlt.

Dieses Werk enthält Hinweise/Links zu externen Websites Dritter, auf deren Inhalt der Verlag keinen Einfluss hat und die der Haftung der jeweiligen Seitenanbieter oder -betreiber unterliegen. Zum Zeitpunkt der Verlinkung wurden die externen Websites auf mögliche Rechtsverstöße überprüft und dabei keine Rechtsverletzung festgestellt. Ohne konkrete Hinweise auf eine solche Rechtsverletzung ist eine permanente inhaltliche Kontrolle der verlinkten Seiten nicht zumutbar. Sollten jedoch Rechtsverletzungen bekannt werden, werden die betroffenen externen Links soweit möglich unverzüglich entfernt.

1. Auflage 2022

Alle Rechte vorbehalten
© W. Kohlhammer GmbH, Stuttgart
Gesamtherstellung: W. Kohlhammer GmbH, Stuttgart

Print:
ISBN 978-3-17-041504-1

E-Book-Formate:
pdf: ISBN 978-3-17-041505-8
epub: ISBN 978-3-17-041506-5

Inhaltsverzeichnis

Vorwort: Zwei- und Mehrsprachigkeit bei Kindern mit kognitiven Beeinträchtigungen 7
Etta Wilken

Mehrsprachiger Erwerb 10
Solveig Chilla

Diagnostische Fragen zur Zwei- und Mehrsprachigkeit bei Kindern mit kognitiven Beeinträchtigungen 27
Maren Aktas & Sylvia Maria Wolf

Sprachförderung von mehrsprachigen Kindern mit Beeinträchtigungen im Vorschulalter 50
Janina Dott & Ulla Licandro

Sprachsensibler Unterricht – ein Konzept für zwei- und mehrsprachige Schülerinnen und Schüler mit kognitiven Beeinträchtigungen? 63
Tanja Jungmann & Ingeborg Thümmel

Die Bedeutung von Gebärden in der Sprachförderung zwei- und mehrsprachiger Kinder mit kognitiver Beeinträchtigung 78
Etta Wilken

Zwei- und Mehrsprachigkeit bei Kindern mit Autismus-Spektrum-Störungen 93
Kristin Snippe

Zwei- und Mehrsprachigkeit bei Kindern mit Down-Syndrom 106
Etta Wilken

Unterstützte Kommunikation bei Zwei- und Mehrsprachigkeit 125
Lena Lingk

Bilinguale Entwicklung von Kindern mit kognitiven Beeinträchtigungen unter kultur- und sprachspezifischen Aspekten – Elternselbsthilfe Mina – leben in Vielfalt e.V. Berlin **141**
Etta Wilken

Ein Chromosom extra und zwei Sprachen – Aufwachsen mit Down-Syndrom auf zwei Kontinenten **149**
Verena Weinert

Deutsch und Holländisch – das ist für mich kein Problem **159**
Andrea Halder

Verzeichnis der Autorinnen **164**

Vorwort:
Zwei- und Mehrsprachigkeit bei Kindern mit kognitiven Beeinträchtigungen

Etta Wilken

Der Anteil der Familien, in der zwei oder mehrere Sprachen gesprochen werden, hat in den letzten Jahren deutlich zugenommen und wird weiter wachsen. Während bisher in Deutschland, anders als in vielen anderen Ländern, Einsprachigkeit die Regel war, haben mittlerweile über 20 % der Kinder im Kleinkind- und Vorschulalter auch hier einen Migrationshintergrund und in jeder fünften Familie wird nicht vorrangig Deutsch gesprochen (Statistisches Bundesamt 2021, 321). Auch der Anteil der Familien, in denen ein Elternteil eine andere Muttersprache als Deutsch spricht, hat deutlich zugenommen.

Diese Bedingungen betreffen auch Kinder mit kognitiven Beeinträchtigungen und erfordern, die entsprechenden Konsequenzen für die sprachliche Förderung in Krippe und Frühförderung, im Kindergarten und in der Schule zu reflektieren.

Denn während das zweisprachige Aufwachsen von Kindern mit regelhafter Entwicklung in gemischtsprachigen Familien oder in verschiedenen sprachlichen Familien- und Umfeldbedingungen überwiegend positiv gesehen wird, gibt es vor allem bei therapeutischen und pädagogischen Fachkräften oftmals Bedenken, ob es sinnvoll und möglich ist, dass Kinder mit einer kognitiven Beeinträchtigung zwei oder sogar mehrere Sprachen lernen. Deshalb wird noch oft die Empfehlung gegeben, sich auf eine Sprache zu beschränken. Allerdings wird dabei nicht die Lebenswirklichkeit der Kinder berücksichtigt, in der beide Sprachen – oder auch mehrere – für das Kind und seine Bezugspersonen bedeutsam sind.

Deshalb ist es wichtig, die besonderen Bedingungen für das sprachliche Lernen der Kinder sowohl bezogen auf die verschiedenen Altersstufen zu berücksichtigen als auch die speziellen Anforderungen bei unterschiedlichen Behinderungen zu bedenken. Vor allem der Beratung und Zusammenarbeit mit den Eltern kommt dabei eine wesentliche Bedeutung zu.

Die vorliegenden allgemeinen Erkenntnisse zur sprachlichen Entwicklung von Kindern bei Zwei- und Mehrsprachigkeit sind eine wichtige Grundlage für Beratung und Förderung, auch von Kindern mit kognitiven Beeinträchtigungen (siehe den Beitrag von Solveig Chilla).

Da die Anwendung der üblichen diagnostischen Verfahren mit gewissen Einschränkungen zu sehen ist, kann die Einschätzung der kommunikativen und sprachlichen Entwicklung von Kindern mit kognitiven Beeinträchtigungen schwierig sein. Deshalb ist es wichtig, aufzuzeigen, welche diagnostischen Vorgehensweisen unter diesen Bedingungen geeignet sind (siehe den Beitrag von Maren Aktas und Sylvia Mira Wolf).

Der Erwerb sprachlicher und kommunikativer Kompetenzen ist für alle Kinder ein wichtiger Entwicklungsbereich in den ersten Lebensjahren und im Vorschulalter. Das gilt auch für Kinder mit Beeinträchtigungen. Es ist deshalb zu reflektieren, wie die Sprachförderung von zwei- und mehrsprachigen Kindern mit Beeinträchtigungen in diesem Alter gestaltet werden kann. Eine wesentliche Bedeutung hat dabei die Zusammenarbeit mit den Eltern, aber auch die Förderung positiver Peer-Kontakte (siehe den Beitrag von Janina Dott & Ulla Licandro).

Bei der Sprachbildung zwei- und mehrsprachiger Schülerinnen und Schüler im Schwerpunkt Geistige Entwicklung bietet sich unter Berücksichtigung der individuellen Voraussetzungen das Konzept des sprachsensiblen Unterrichts an, das von der Wertschätzung der Herkunftssprache und einer positiven Einstellung zur Bilingualität ausgeht. Dabei werden viele Gelegenheiten für Sprachhandlungen wie Benennen, Beschreiben, Erzählen, Beurteilen geboten und ergänzend sind auch multimodale Kommunikationsformen der UK einzusetzen (siehe den Beitrag von Tanja Jungmann und Ingeborg Thümmel)

Um die präverbale Kommunikation zu fördern und noch nicht sprechenden Kindern Verständigung zu ermöglichen, haben sich verschiedene Verfahren der Unterstützten Kommunikation bewährt. Dazu gehört auch das Konzept der Gebärden-unterstützten Kommunikation (GuK). Es fördert bei nicht oder noch nicht sprechenden Kindern nicht nur das Verstehen und Mitteilen, sondern auch sprachrelevante Basisfähigkeiten. Für zwei- und mehrsprachige Kinder können zudem die Gebärden eine Brücke zwischen den Sprachen sein (siehe den Beitrag von Etta Wilken).

Wenn bei Kindern aufgrund einer vorliegenden diagnostizierten Behinderung eine erhebliche Beeinträchtigung der Sprachentwicklung zu erwarten ist, besteht häufig die Annahme, dass Zweisprachigkeit eine Überforderung sein könnte. Deshalb soll am Beispiel von Kindern mit Autismus-Spektrum-Störungen, Kindern mit Down-Syndrom und von Kindern, die auf Unterstützte Kommunikation angewiesen sind, aufgezeigt werden, wie Förderung gelingen kann und welche verschiedenen Aspekte zu berücksichtigen sind.

Die Sprachentwicklung von Kindern mit Autismus-Spektrum-Störungen zeigt spezielle Beeinträchtigungen in den Bereichen Kommunikation und soziale Interaktion. Manche Kinder benötigen therapeutische Hilfe, um in die verbale Sprache zu kommen. Bei vielen Kindern sind vor allem die pragmatischen Fähigkeiten beeinträchtigt. Es ist verständlich, dass Zwei- und Mehrsprachigkeit deshalb oft kritisch gesehen wird und die Sorge besteht, Kinder mit dieser Beeinträchtigung wären damit überfordert. Mit entsprechender therapeutischer und pädagogischer Unterstützung sind sie jedoch sehr wohl in der Lage, diese Herausforderungen zu bewältigen (siehe den Beitrag Kristin Snippe).

Vorliegende Untersuchungen und Erfahrungen zur Zwei- und Mehrsprachigkeit bei Kindern mit Down-Syndrom verdeutlichen, dass der Spracherwerb nicht abweichend erfolgt und die erreichte Sprachkompetenz die typische Streubreite und die bekannten syndromtypischen Probleme mit dem üblichen Fähigkeitsprofil zeigt. Es ist deshalb wichtig zu betonen, dass es keine speziellen negativen Auswirkungen der Zweisprachigkeit bei Kindern mit Down-Syndrom gibt (siehe den Beitrag von Etta Wilken).

Eine besondere Herausforderung bei Zwei- und Mehrsprachigkeit stellt die Unterstützte Kommunikation dar. Damit Kinder, die nicht oder nicht hinreichend verbal kommunizieren können und auf UK angewiesen sind, eine alltagsrelevante und kultursensible Unterstützung erhalten, ist es erforderlich, die Handlungskompetenzen sowohl von UK-Fachkräften zu erweitern als auch im Umfeld des Kindes entsprechende Unterstützung zu gewährleisten. Die Berücksichtigung der verschiedenen Perspektiven von Mehrsprachigkeit ermöglicht, konkrete Hinweise für eine praktische Umsetzung zu entwickeln (siehe den Beitrag von Lena Lingk).

Ein wichtiger Aspekt der Sprachförderung von Kindern mit Beeinträchtigungen ist die Zusammenarbeit mit den Eltern. Vor allem wenn die Eltern aus einem anderen Sprach- und Kulturkreis kommen, sind deren familiäre Lebensbedingungen und Einstellungen zu berücksichtigen. Eine entsprechende kultursensible Beratung und Begleitung ist deshalb nötig und muss differenziert angeboten werden (siehe den Beitrag von Etta Wilken).

Der Bericht einer Mutter über die sprachliche Entwicklung ihrer Tochter vermag einen Eindruck zu geben, wie es gelingt, dass unter geeigneten Bedingungen eine zweite Sprache sukzessiv gelernt werden kann (siehe den Beitrag von Verena Weinert).

Interessant ist auch der Bericht einer jungen Frau mit Down-Syndrom, zeigt er doch, welche sprachlichen Kompetenzen erworben werden können, wenn die entsprechenden Rahmenbedingungen gegeben sind und das individuelle Potential sich optimal entwickeln kann. Die Erfahrungen zeigen auch, wie Teilhabe und Lebensqualität durch eine zweite Sprache erweitert wird (siehe den Beitrag von Andrea Halder).

Das vorliegende Buch hat das Ziel, Informationen zur Zwei- und Mehrsprachigkeit bei Kindern mit kognitiven Beeinträchtigungen zu geben und Eltern sowie pädagogische und therapeutische Fachkräfte zu ermutigen, den simultanen bilingualen oder sukzessiven Mehrspracherwerb als möglich anzusehen und nicht vorschnell abzulehnen. Dann können durch Kooperation aller Beteiligten angemessene Förderbedingungen gestaltet werden, die sowohl die individuellen behinderungsspezifischen Bedürfnisse als auch die Lebenssituation der Familie berücksichtigen.

Mehrsprachiger Erwerb

Solveig Chilla

In diesem Beitrag wird ein kurzer allgemeiner Überblick zum Thema »Mehrsprachiger Erwerb« gegeben. Im Vordergrund stehen dabei fünf wesentliche wissenschaftliche Erkenntnisse.

- Erstens ist Mehrsprachigkeit weltweit die Regel, Einsprachigkeit die Ausnahme.
- Zweitens können Kinder mehrere Sprachen gleichzeitig erwerben, ohne dass dies zu einer kognitiven Überforderung führen würde.
- Drittens nutzen mehrsprachige Kinder, Jugendliche und Erwachsene ihre Sprachen zu verschiedenen Zwecken, in unterschiedlichen Situationen und in unterschiedlichen sozialen Kontexten. Sie können als Mehrsprachige auf mehr sprachliche Ressourcen zurückgreifen als einsprachige Personen, d. h. sie können ihre Sprachen kreativ nutzen, um gemischte Sprache zu produzieren. Auch wirkt der Erwerbskontext auf den Erwerb sprachlicher Ressourcen: So kann der Wortschatz in einer Sprache sehr eng an die Erfahrungen in dieser Sprache geknüpft sein.
- Viertens nehmen viele rein sprachwissenschaftliche Studien eine einsprachige Perspektive auf Mehrsprachigkeit ein, indem die Erwerbsfortschritte von mehrsprachigen Kindern mit denen einsprachiger Gleichaltriger verglichen werden.
- Dies ist an sich nicht problematisch und für die Erforschung von Erwerbsstufen oder -schritten durchaus sinnvoll. Allerdings wird der Sprachenerwerb von vielen Faktoren beeinflusst. Speziell das Sprachenangebot und die Sprachgebrauchsbedingungen variieren zwischen einzelnen Kindern stark. Es ist nicht leicht, diese Einflussbedingungen und ihre Bedeutung für den Erwerbsverlauf jeder einzelnen Sprache eines individuellen mehrsprachigen Kindes zu erfassen, zu dokumentieren und zu bewerten. Daher reichen die für Monolinguale entwickelten Definitionen und Erwerbsmodelle oft nicht aus, um die lebensweltliche Mehrsprachigkeit der Kinder zu erfassen und zu bewerten.
- Fünftens gibt es viele Aspekte, in denen ein mehrsprachiges Kind ähnliche oder sogar gleiche Schritte wie ein einsprachiges Kind in derselben Sprache vollzieht. Dies bedeutet aber nicht, dass der Erwerbsverlauf von Kindern, die beispielsweise Deutsch als einzige Sprache erwerben, in jeder Hinsicht derselbe ist wie der von Kindern, die neben Deutsch gleichzeitig noch weitere Sprachen erwerben. Daher stellt die Bewertung von Erwerbsschritten im Kontext von Mehrsprachigkeit eine besondere Herausforderung dar.

1 Mehrsprachig werden: Nicht nur etwas für Kronprinzessinnen

Zu Beginn des Jahres 2018 erfreute eine Pressemitteilung die Weltöffentlichkeit:

> »Prinzessin Charlotte wächst zweisprachig auf – Seit einigen Wochen besucht Prinzessin Charlotte nun den Kindergarten. Charlotte scheint zudem ein kleines Sprachtalent zu sein. Die kleine Prinzessin Charlotte scheint ein aufgewecktes Mädchen zu sein. Mit zwei Jahren geht sie bereits in den Kindergarten und lernt sogar eine Fremdsprache« (RED 2018).

Was für Prinzessin Charlotte eine Pressemitteilung wert ist, ist für eine große Zahl von Kindern selbstverständlich: Fast jedes 3. Kind wurde 2020 in eine internationale Familie geboren (Statistisches Bundesamt 2021, zit. nach verband-binationaler.de), in der sie oft neben Deutsch noch eine oder mehrere weitere Sprache(n) sprechen. Auch Kinder aus bilingualen Familien, in denen in Deutschland anerkannte Minderheitensprachen (z. B. Niederdeutsch, Sorbisch, Dänisch, Friesisch) gesprochen werden, sind mehrsprachig. Jedes fünfte Kind kommt erst in der KiTa verstärkt mit der deutschen Sprache in Berührung (Autorengruppe Bildungsberichterstattung 2020) und ein Drittel aller KiTa-Kinder unter sechs Jahren in Berlin spricht in der Familien eine andere Sprache als Deutsch (Autorengruppe Bildungsberichterstattung 2020). Auch gehörlose Kinder oder hörende Kinder gehörloser Eltern, die die deutsche Lautsprache und die deutsche Gebärdensprache erlernen, wachsen mehrsprachig auf. Mit anderen Worten: Viele Kinder können mit Eintritt in die Krippe oder die Kita ihr »Sprachtalent« beweisen: Sie erwerben neben ihren Familiensprachen die Sprache der Mehrheitsgesellschaft in einem institutionellen Kontext.

In weitgehend nationalsprachlich geprägten Gesellschaften dominiert immer noch die Vorstellung, dass Einsprachigkeit das typische, Mehrsprachigkeit das Besondere sei. Dabei gibt es auf der Erde circa 200 Länder mit mehr als 7000 Sprachen (Eberhard et al. 2021). Man schätzt, dass in Brasilien 227, in den USA 347 und im Inselstaat Papua-Neuguinea bis zu 840 Sprachen gesprochen werden (Eberhard et al. 2021). In Deutschland überwiegen die Menschen, die sich selbst als monolingual, bzw. einsprachig bezeichnen oder im Mikrozensus als solche erfasst werden. Dabei wird geschätzt, dass zwischen 60 und 75 % der Weltbevölkerung zwei- oder mehrsprachig sind, nicht zuletzt, weil die Abgrenzung zwischen Dialekt und Sprache oft fließend ist. Hinnenkamp (2010) fasst zusammen: »Mehrsprachigkeit in Deutschland ist wie ein Flickenteppich mit vielen Löchern. Die Löcher sind dabei die Zonen der Einsprachigkeit.«

Die immer noch weit verbreitete idealisierte Vorstellung, dass Einsprachigkeit und einsprachige Sprecher*innen die Norm sei (»monolingual bias«, Zubrzycki 2019), beeinflusst auch die unterschiedliche Bewertung mehrsprachigen Aufwachsens von Kindern. Vor dem Hintergrund vieler Forschungsergebnisse der letzten Jahre, die einerseits die Variabilität im Spracherwerb und im Sprachgebrauch von Ein- und Mehrsprachigen betrachten und andererseits die Bedeutung von Sprachgebrauchsbedingungen und Lebenswelt für den Sprach(en)erwerb in den Vordergrund rücken, wird dieses Konstrukt des »idealen einsprachigen Sprechers« aber heute in Frage gestellt. Als mehrsprachig soll im Folgenden gelten, wer in mehr als einer Sprache, Modalität, Varietät, einem Dialekt über kommunikative Kompetenzen und unterschiedliche mündliche und/oder schriftliche Fähigkeiten verfügt, um mit Sprecher*innen in einer oder mehrerer Sprachen zu interagieren (Chilla & Niebuhr-Siebert 2017, 2022). Dabei ist zunächst unerheblich, zu welchen Zeitpunkt im Leben und unter welchen Bedingungen (z. B. schulischer Fremdsprachenerwerb, Migration, bilinguale Familien) die mehrsprachigen Fähigkeiten erworben wurden und wie die individuellen Sprachleistungen einer mehrsprachigen Person im Vergleich zu gleichaltrigen Einsprachigen derselben Sprachen bewerten werden. Dies trägt dem Umstand Rechnung, dass aktuelle Forschungsergebnisse zur Bedeutung der Lernumgebung und der institutionellen Förderung des Sprachenlernens zeigen, wie stark sich die Lernumgebungen auf den Sprachenerwerb, den Sprachengebrauch und letztlich auch auf die bildungs- und schriftsprachlichen Fähigkeiten von Kindern auswirken – und dies unabhängig davon, ob sie überwiegend einsprachig oder in mehreren Sprache groß werden und ob individuelle (kognitive, psychosoziale, entwicklungsbedingte, auditive oder sozial-emotionale) Voraussetzungen vorliegen, die das Sprachenlernen an sich beeinflussen.

»Mehrsprachigkeit« ist ein komplexes Konstrukt, weil sich Menschen nicht nur in der Anzahl ihrer Sprachen oder darin, wie gut sie die Sprachen sprechen, unterscheiden. Wenn von Mehrsprachigkeit gesprochen wird, können sowohl individuelle Sprachfähigkeiten (das linguistische Sprach(en)wissen bzw. die mentalen Grammatiken) als auch der soziale Kontext, in dem die unterschiedlichen Sprachen gemeinsam oder getrennt verwendet werden, im Vordergrund der Betrachtung stehen (vgl. Backer & Bortfeld 2021). Die Institutionen der Mehrheitsgesellschaft, wie Kita und Schule, sind die Bildungs- und Lernorte, in denen sich Kinder ihrer Sprachen bewusst werden, Sprachen erproben und Sprachen begegnen und Wertschätzung für ihre sprachliche und ggf. mehrsprachige Identität erfahren können (Chilla & Niebuhr-Siebert 2022).

Viele in Deutschland aufgewachsene Menschen verbinden mit dem Erwerb gesellschaftlich und politisch bedeutsamer europäischer Fremdsprachen (Englisch, Französisch, Spanisch) einen hohen Wert, der es dem Kind ermöglichen soll, im späteren Berufsleben erfolgreicher als Monolinguale zu sein. Dies spiegelt sich auch darin wider, dass Eltern sich immer öfter wünschen, dass ihre Kinder eine bilinguale Kindertagesstätte besuchen. Dagegen werden Minderheitensprachen von Migrant*innen oder die Deutsche Gebärdensprache weitaus seltener als Wert an sich betrachtet: bei dieser Gruppe von Kindern stehen oft nur die Fortschritte im Erwerb der deutschen Lautsprache im Vordergrund. Testen Sie sich selbst: Welches Kind aus dem folgenden Beispiel beeindruckt Sie in Bezug auf die sprachlichen Leistungen in seiner Zweitsprache mehr?

Beispiel 1

Faruk wächst mit Türkisch als Familiensprache auf. Mit 2 Jahren und 11 Monaten ist er in eine Hamburger Kita gekommen und seitdem und vornehmlich dort regelmäßig mit der deutschen Sprache in Kontakt.

das passt hier schon.
ich komme.
eine bo monster komme. (= So ein Monster kommt.) (3;4, nach 6 Monaten in der Kita)
was is in de ecke?
du nimms die.
hast du keine toilette mehr? (3;5, nach 8 Monaten in der Kita)

Soey wächst mit Deutsch als Familiensprache auf. Mit 3 Jahren kommt sie in eine englischsprachige Hamburger Kita. In der Kita wird ausschließlich Englisch mit den Kindern gesprochen.

Vater: Soey, kannst du auf Englisch zählen?
one two three four five six eight nine ten.
Vater: And what colour is that (zeigt einen Londoner Bus)?
mhh, I glaube, red.
Vater: And what is your name?
soey! (3;11, nach 12 Monaten in der Kita)

Wie Beispiel 1 zeigt, ist es aus der Perspektive einer nationalsprachlich und monolingual geprägten Gesellschaft wie Deutschland nicht unbedeutend, welche Sprachenpaare ein Kind erwirbt: Soey wird möglicherweise für jedes englischsprachige Wort gelobt und ihr Vater ist stolz, dass seine vierjährige Tochter schon auf Englisch bis zehn zählen kann. Viele Kinder wie Faruk, die Türkisch als Familiensprache haben, erfahren dagegen schon früh, dass ihre Entwicklung des Deutschen mit anderen Augen betrachtet wird und eher die Abweichungen von der deutschen Standardsprache als Fehler bewertet werden (*eine bo monster komme*) als die Tatsache, dass er in nur 8 Monaten Kontakt mit dem Deutschen die Hauptsatzstruktur bereits sicher anwenden kann und kaum grammatische Fehler macht.

Soey und Faruk erwerben beide ihre zweite Sprache (Englisch bzw. Deutsch), nachdem sie ihre erste Sprache in Grundzügen bereits gut können. Sprachwissenschaftlich wird für diese Erwerbskonstellation der Begriff sukzessiv-mehrsprachig genutzt, um sie vom simultanen Erwerb zweier Sprachen von Geburt an abzugrenzen. Weder Faruk noch Soey sind mit dem frühen Sprachenangebot überfordert. Beide Kinder werden ihre sprachlichen Fähigkeiten in allen ihren Sprachen weiter ausbauen, wenn ihnen genügend Gelegenheit zur Erprobung und Erweiterung ihrer sprachlichen Fähigkeiten gegeben wird.

2 Kognitive Überforderung durch Mehrsprachigkeit?

Für viele Familien in Deutschland gilt immer noch, dass die Bezugspersonen eines Kindes (Eltern) und die Umgebung (Mehrheitssprache, Umgebungssprache) dieselbe Sprache (Deutsch) teilen. Sofern keine Beeinträchtigung des Erwerbs vorliegt, wird das Kind das Deutsche vollständig erwerben und kompetent darin kommunizieren. Derartige soziale und gesellschaftliche Erwartungshaltungen und Ideale beeinflussen den »Wert« mehrsprachigen Aufwachsens für unterschiedliche Gruppen von Kindern.

Die Tatsache, dass die meisten Menschen auf der Welt mehrsprachig sind, trägt auch dazu bei, anzuerkennen, dass der mehrsprachige Erwerb für Kinder selbstverständlich ist. Die überwiegende Zahl der Studien zur Zwei- und Mehrsprachigkeit beweist: Weder werden Kinder durch ein mehrsprachiges Angebot überfordert noch sind nur echte »kleine Sprachtalente« in der Lage, sich mehrere Sprachen gleichzeitig zu erschließen. Und dies gilt ebenso für Kinder, bei denen der Lautspracherwerb aufgrund individueller Voraussetzungen beeinträchtigt wird. Spracherwerbstheoretisch ist es nicht zu begründen, auf eine der Sprachen (meist die Familiensprache) zu verzichten, um den Erwerb der Mehrheitssprache (Lautsprache Deutsch), mit der einige mehrsprachig aufwachsende Kinder erst in den Institutionen (Frühförderung, Kita oder Schule) regelmäßig in Kontakt kommen, nicht zu behindern oder »um wenigstens eine Sprache gut zu beherrschen«. Im Gegenteil zeigen Studien mit gehörlosen Erwachsenen übereinstimmend: Kinder benötigen genügend und genügend gute Anregung in mindestens einer Sprache im ersten Lebenshalbjahr, um Sprache(n) zu erwerben (Mayberry & Kluender 2018; Hänel-Faulhaber 2018). So ist es für gehörlose Kinder wichtig, (die deutsche) Gebärdensprache (DGS) zu erwerben, denn der Erwerb dieser ersten Sprache ist ausschlaggebend für den späteren Sprach(en)erwerb (Mayberry 2007). Wird der Zugang zu DGS als Erstsprache für gehörlose Kinder verzögert, weil ihre hörenden Eltern diese Sprache nicht sprechen, hat das zur Folge, dass gehörlose Kinder nur ungenügende Anregung in einer ersten Sprache erhalten und sich dies auch auf alle später erworbenen Sprachen auswirkt.

Eltern, die sich für ihre Kinder eine bilinguale Erziehung im Kindergarten wünschen, haben darüber hinaus konkrete Vorstellungen davon, dass Mehrsprachigkeit auch für die geistige Entwicklung Vorteile hat (»bilingual advantage«, Bialystok et al. 2003). Letztlich soll das frühe mehrsprachige Angebot dem eigenen Kind Vorteile für die spätere schulische und berufliche Zukunft verschaffen. Bei Bilingualen sind die Sprachen parallel aktiviert, sodass keine der beiden Sprachen ganz abgeschaltet wird. Die Verarbeitungsprozesse sind bei ein- und mehrsprachigen Erwachsenen grundsätzlich ähnlich, d. h. Bilinguale und Monolinguale nutzen gleiche oder angrenzende Areale der Sprachverarbeitung, aber Mehrsprachige aktivieren zusätzlich kognitive Kontrollareale (Festman et al. 2010). Bilinguale trainieren folglich bestimmte kognitive Fähigkeiten täglich mehr als einsprachige Personen, und es wird angenommen, dass sich dieser Trainingseffekt auch auf die

Sprachleistungen auswirkt. So können Bilinguale schnell und problemlos zwischen Sprachen hin- und herwechseln und sich gleichzeitig den Sprachen anpassen, die die Interaktionspartner*innen sprechen und die jeweils nicht der Situation angemessene Sprache (unbewusst) unterdrücken (»inhibition«) (Beispiel 2).

Beispiel 2

Kamal ist 2;6 Jahre alt und wächst mit palästinensischem Arabisch und Englisch als Familiensprachen auf. Mit 2 Jahren kommt er in eine deutschsprachige Bremer Krippe, in der überwiegend deutsch gesprochen wird. Seine Bezugserzieherin spricht weder Arabisch noch Englisch. Er wird von seinem Vater abgeholt und sieht seinen Vater kommen

Kamal zur pädagogischen Fachkraft: »Mein *Papa* ist da!«
Kamal zum Vater: »Marhaba *baba!*« (= Guten Tag, Papa!)

Und tatsächlich zeigen Studien, die meist mit simultan-bilingualen Proband*innen durchgeführt wurden, dass Zweisprachige mental flexibler sind. Wie Kamal lernen sie früh, dass Objekte und Ereignisse zwei oder mehr Bezeichnungen haben (baba/Papa/daddy) (vgl. auch Kuhl et al. 2016).

Auch in nichtsprachlichen kognitiven Bereichen wie Aufmerksamkeitssteuerung oder Gedächtnisleistungen kann Zweisprachigkeit positive Auswirkungen haben. In bestimmten Bereichen können Zweisprachige sogar Einsprachige übertreffen. Zu den Teilkomponenten der Kognition gehören die Entwicklung metasprachlicher Kompetenz und die Entwicklung der Intelligenzleistungen, z. B. Problemlöseverhalten und Konzeptentwicklung. Kognitive Kontrolle kann als »die Koordination und Regulierung von Gedanken, um angemessen auf hervorstechende Reize in der Umwelt zu reagieren und den Fokus auf zielgerichtetes Verhalten zu legen« (Braver 2012) verstanden werden. Sie umfasst hemmende Kontrolle, Aufmerksamkeit, Arbeitsgedächtnis, kognitive Flexibilität, Planung, Argumentation und Problemlösung. Insbesondere der Bereich der Exekutiven Funktionen ist bei der Erforschung des bilingualen Vorteils von großem Interesse. Exekutive Funktionen sind nach Sodian (2018, S. 405) »Prozesse(.) der kognitiven Verhaltenskontrolle, die an der Überwachung und Regulation von kognitiven Vorgängen sowie an der Handlungsplanung und der Inhibition störender Handlungsimpulse beteiligt sind«.

In Beispiel 3 wird Siren gebeten, die Karten zweimal umzusortieren, und zwar so, dass immer 2–3 Gruppen entstehen. Die Karten können beispielsweise nach Farbe oder nach Form oder nach anderen Regeln, die das Kind sich erschließt, gruppiert werden.

Beispiel 3

Siren wächst mit Russisch und Deutsch auf. Sie wird von der Interaktionspartnerin gebeten, die Karten (Abb. 1) mehrfach zu sortieren, wobei sie bei jedem Durchgang eine andere Sortierregel entdecken und umsetzen sollte.

Mehrsprachiger Erwerb

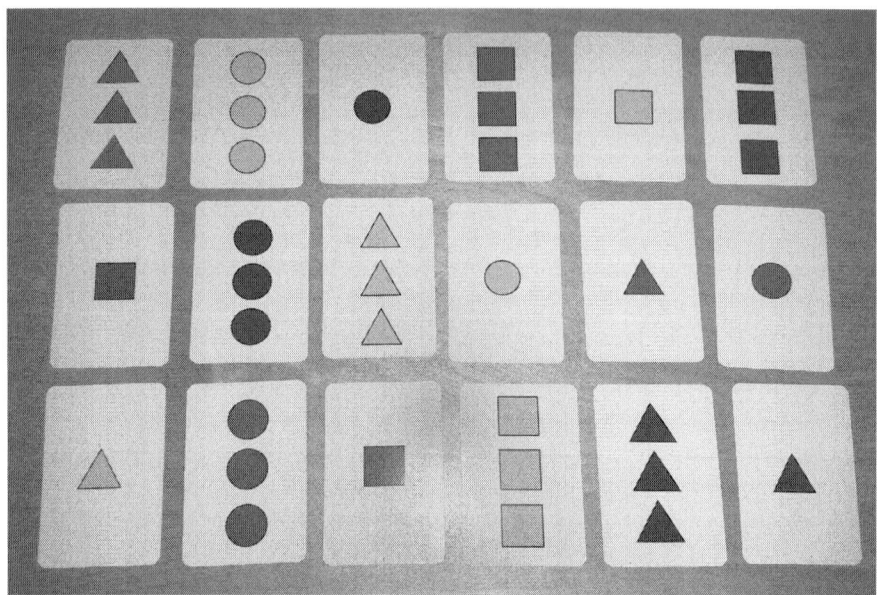

Abb. 1: Siren ordnet die Karten nach einer eigenständig erkannten Sortierregel.

Um diese Aufgabe angemessen auszuführen, sind kognitive Prozesse auf höherer Ebene wie Aufmerksamkeit, Ausdauer, Arbeitsgedächtnisleistungen und Fähigkeiten zum abstrakten Denken vonnöten. Siren benötigt für diese Aufgabe Fähigkeiten der Inhibition (Impuls- und Aufmerksamkeitskontrolle). Um zwischen Kategorien wechseln zu können, muss sie außerdem über eine hohe intellektuelle Flexibilität und Fähigkeit zur Konzeptbildung verfügen. Mit ihrem Arbeitsgedächtnis kann sie Informationen kurzzeitig speichern, um sie dann weiterzuverarbeiten. Inhibition erlaubt es, spontane Impulse zu unterdrücken, die Aufmerksamkeit willentlich zu lenken (also zum Beispiel nicht bei zwei Durchgängen dieselbe Regel anzuwenden) und Störreize auszublenden. Bilinguale sind in der Bearbeitung von Aufgaben zu exekutiven Funktionen schneller und genauer als Monolinguale (Übersicht in Bialystok 2017; Grundy 2020), aber dies bedeutet nicht, dass sie insgesamt klüger oder intelligenter wären.

Eine Vielzahl von Studien belegt: Unabhängig von den Sprachenkonstellationen überwiegen die Vorteile bilingualer Entwicklung. Nachteile werden stets dann offenbar, wenn Bilinguale in einer ihrer beiden Sprachen mit der monolingualen Norm verglichen werden. Tatsächlich entwickeln Bilinguale andere kognitive Strukturen und veränderte kognitive Verarbeitungsmechanismen und -strategien und schneiden global betrachtet in vielen Untersuchungen zur kognitiven Leistungsfähigkeit besser ab als Monolinguale. Bialystok (2017) betont aber, dass die Leistungen mehrsprachiger Kinder in metasprachlichen Aufgaben in besonderem Maße von den erreichten sprachlichen Fähigkeiten in beiden Sprachen abhängen. Insgesamt zeigen umfangreiche Meta-Analysen, dass die individuellen Auswirkungen der Zweisprachigkeit auf die exekutiven Funktionen weniger deutlich sind, als viele Einzelstudien nahelegen (van den Noort et al. 2019; Gunnerud 2020). Auch ist umstritten, ob sich aus besseren Leistungen Bilingualer in Tests zu Exekutiven Funktionen ableiten lässt, dass dies sich auch auf die Sprache(n)leistungen übertragen lässt. Besonders die Existenz des sogenannten zweisprachigen Vorteils über die Lebensspanne, d. h. die Vorstellung, dass sich mehrsprachiges Aufwachsen auch auf alle die anderen kognitiven Fähigkeiten der Einzelperson, die sprachlichen (Kontroll-) Fähigkeiten und auch den Schulerfolg auswirkt, wird immer noch diskutiert (Fenoll & Kuehn 2021; Festman et al. 2010).

3 Was macht mehrsprachigen Erwerb besonders?

Im Sprach(en)erwerb müssen viele verschiedene Aspekte erworben werden, wie (soziale) Funktion, Form, Inhalt und Gebrauch von Laut-, Gebärden- und Schriftsprache (Owens 2012; Bockmann et al. 2019). Auch wenn die Kategorie »mehrsprachige Kinder« oft gruppenbezogen verwendet wird, bilden sie keine homogene Gruppe. Insgesamt hängt die individuelle Mehrsprachigkeit und damit auch der mehrsprachige Erwerb sehr von den persönlichen Lebensumständen und der eigenen Lebensgeschichte ab. Im Forschungskontext wird Sprachenerwerb oft zeitlich biographisch geordnet, so dass eine Sprache als Erstsprache festgelegt wird, der die anderen folgen (L1, L2, … Ln). Weiter werden die Erwerbsbedingungen berücksichtigt, indem zwischen gesteuertem Fremdsprachenerwerb und ungesteuertem Zweitspracherwerb unterschieden wird. Gesteuerter Fremdspracherwerb meint in diesem Zusammenhang den Erwerb einer Fremdsprache in der Schule, die im Alltag in der (monolingualen) Mehrheitsgesellschaft gar nicht oder nur kaum genutzt wird. Ungesteuerter Erwerb von Sprachen findet statt, wenn ihr Erwerb in einer Mehrheitsgesellschaft ohne gezielte schulische (institutionelle) Unterweisung erfolgt und alle Sprachen im Alltag aktiv genutzt werden. Früher Kontakt zu überhaupt einer (gesprochenen oder gebärdeten) Erstsprache ist für einen erfolgreichen Spracherwerb wichtig. Das bedeutet umgekehrt aber nicht, dass erst mit einer zweiten Sprache begonnen werden darf, wenn die erste schon gut beherrscht wird.

Der Kontakt zur Zweitsprache muss nicht innerhalb der ersten Lebensjahre stattfinden, um die vollen zweitsprachlichen Fähigkeiten auszubilden (Hakuta 2001). Auch bei sehr kompetenten bilingualen Erwachsenen, die bei spontanen Gesprächen im Alltag kaum auffallen, können subtile Abweichungen von monolingualen Erwachsenen festgestellt werden. So zeigen sich Unterschiede in der Sprachmelodie (»Prosodie«), in der Wahl stilistisch passender Äußerungen (Wahl des sprachlichen Registers: Duzen/Siezen) oder in bestimmten komplexen grammatischen Strukturen (z.B. grammatisches Genus – »der Sonne scheint«/»die Sonne scheint«). Für mehrsprachige Kinder wie Erwachsene ist die »Arbeitsteilung zwischen Sprachen« (Tracy 2008) typisch, da die soziokulturelle Umgebung einen bedeutenden Einfluss darauf hat, wie eine Sprecher*in ihre verschiedenen Sprachen nutzt (Pot et al. 2018). So berichten erwachsene Zweitsprachlerner*innen oft, dass sie bei Gesprächen Einsprachiger, bei denen es um bekannte Figuren aus dem Fernsehen oder aus Kinderbüchern geht, kaum folgen können. Bestenfalls kennen sie »Löwenzahn« als Pflanze und »Keks« als Nahrungsmittel, aber Fritz und seinen Hund oder Peter Lustig nicht.

Zweisprachiger Sprachgebrauch ist komplementär: Die Sprache, die eine mehrsprachige Person in vielen verschiedenen Zusammenhängen und mit vielen Menschen im Alltag nutzt, kann weiter entwickelt sein als die Sprache, die nur in wenigen Zusammenhängen mit wenigen Gesprächspartner*innen verwendet wird (z. B. wird Niederdeutsch nur mit der Großmutter gesprochen). Neben einem im Vergleich mit einsprachigen Gleichaltrigen geringeren Wortschatz wirkt sich die seltenere und situationsgebundene Nutzung auch auf das stilistische Niveau und die pragmatischen Kenntnisse aus (Grosjean 2020). In gewisser Weise gilt dieser Gebrauchsbezug auch für den Wortschatz Einsprachiger – oder können Sie auf Anhieb alle Vögel in Ihrem Garten benennen?

Der Erwerbskontext wirkt sich nicht nur auf den Erwerbsprozess, sondern auch darauf aus, wie die Sprachen erworben werden: so tragen informelle Lernumgebungen, wie Kitas, in denen Deutsch als Zweitsprache erworben wird, eher dazu bei, dass Kinder Deutsch im Alltag flüssig sprechen lernen und zielgerichtet sprachlich handeln können. Formelle Umgebungen (Unterricht) tragen (ergänzend) dazu bei, Sprache(n) linguistisch korrekt zu erwerben (vgl. Montrul 2020), aktiv sprachvergleichend zu handeln, Übersetzungsfähigkeiten bewusst zu üben und idealerweise auch die jeweiligen Schriftsprachen zu erwerben.

Ausgehend vom Modell der universellen Mehrsprachigkeit verfügen alle Ein- und Mehrsprachige über verschiedene Sprachregister und Sprachvarietäten, die koexistieren und auch interagieren können. »Kinder entwickeln von Anfang an ›quersprachige Neugier‹ – handeln und lernen quer durch Sprachen hindurch« (List &

List 2004; List 2010, S. 10). Mehrsprachige erwerben so ein über die Grenzen von Sprachsystemen hinausgehendes Gesamtrepertoire an Sprachpraktiken (vgl. Panagiotopoulou 2016), zu dem auch Sprachmischungen als Ausdruck mehrsprachiger Kompetenz gehören. Dieses basiert jedoch nicht auf einem gemeinsamen Sprachsystem für alle Sprachen einer mehrsprachigen Person, sondern erfasst Mehrsprachigkeit an sich als universal, wobei die Grammatiken von Mehrsprachigen sowohl voneinander getrennte als auch gemeinsame Eigenschaften aufweisen können (»Integrated Multilingual Model«, MacSwan 2017). Zusammenfassend ist festzuhalten: Perfekt ausbalancierte Sprachkompetenzen in allen Sprachen einer bilingualen Person sind eher die Ausnahme als die Regel.

4 Was wird erworben und wie können Fortschritte im mehrsprachigen Erwerb erfasst und bewertet werden?

In nationalsprachlich geprägten Forschungskontexten wird als Bezugsgröße vieler Studien der monolinguale (L1) Erwerb herangezogen. Die für den L1-Erwerb bestehenden Forschungsergebnisse zu verschiedenen formalen (Grammatik, Satzbau, Lautbildung), inhaltlichen (Wortschatz/Lexikon und Satzsemantik) sowie prosodischen und gebrauchsorientierten (pragmatischen) Erwerbsmodellen und werden als Schablone genutzt, um den Erwerb der jeweiligen Sprache einer bilinguale Person zu untersuchen und zu charakterisieren. Übereinstimmend zeigen Untersuchungen der letzten Jahrzehnte, dass die Art und Weise des Spracherwerbs, d. h. die dabei eingesetzten Strategien, zwischen Kindern und Erwachsenen und auch bei Kindern, die in verschiedenen Altersstufen mit einer zweiten Sprache begonnen haben, unterschiedlich ist (Montrul 2020). So ist der Erwerbsverlauf etwa sechsjähriger Kinder im Erwerb bestimmter grammatischer Phänomene in wesentlichen Merkmalen anders als der Erwerb von Kindern, die vor dem vierten Lebensjahr den ersten Kontakt mit der zweiten Sprache hatten. Zugleich aber differiert der Erwerbsverlauf bei den Kindern, die im Alter von sechs Jahren mit der deutschen Sprache ersten Kontakt hatten, noch einmal klar vom Zweitspracherwerb Erwachsener (u. a. Chilla 2008; Meisel 2011; für einen Überblick vgl. Chilla 2022). Wichtig ist, dass bilingual aufwachsende Kinder ihre Sprachen früh trennen können. Dies zeigt sich auch in neurolinguistischen Studien (Kovelman et al. 2008).

Und tatsächlich widmen sich etliche Untersuchungen der Frage, wann genau sich die Änderung in der Art der Sprachaneignung vollzieht, also welches Erwerbmodell angemessen ist. Es wird erforscht

- Welche Erwerbsschritte wir von Kindern erwarten können, die Deutsch ab dem 2., dem 3. oder dem 7. Lebensjahr erwerben?

- Wann die wesentlichen, aus dem L1-Erwerb bekannten Meilensteine erreicht sind?
- Ob es auch bei Mehrsprachigen ein Konstrukt gibt, das einen Hinweis darauf liefern kann, ob der Erwerb im Rahmen des Erwarteten verläuft oder Erwerbsprobleme bestehen?

Noch vor wenigen Jahren konnte man anhand von elektrophysiologischen Studien zur Sprachverarbeitung mit vergleichsweise wenigen Bilingualen belegen, dass sich der Verlauf des Spracherwerbs schon im Alter um vier und sieben Jahre deutlich verändert, was mit einer kritischen Phase für den (Zweit-)Spracherwerb begründet wurde. Heute weiß man u. a. durch die Ergebnisse einer sehr großen statistischen Erhebung aus Großbritannien mit über 669.000 Proband*innen: Es gibt kritische Phasen für den Spracherwerb, aber die Veränderungen, die den Grammatikerwerb betreffen (und dies ist der bis jetzt am besten untersuchte sprachliche Teilbereich), kommen erst ab dem ca. 17. Lebensjahr zum Tragen (Hartshorne et al. 2018), und nicht, wie man früher dachte, ab der Pubertät oder sogar schon mit zwei Jahren.

Beispiel 4

Maren ist 4;9 Jahre alt. Ihre Familiensprache ist Russisch, sie ist in Erfurt geboren und erwirbt Deutsch, seitdem sie mit 3 Jahren in eine Jenaer Kita gekommen ist. Die Interaktionspartnerin (I) bittet sie, anhand von Bildern eine Geschichte zu erzählen. Auf den Bildern ist zu sehen, wie sich eine Vogelmutter um ihr Nest im Baum kümmert. Eine Katze erklettert den Baum und versucht, eines der Küken zu erhaschen. Ein Hund kommt und beißt der Katze in den Schwanz, sodass diese von ihrem Vorhaben ablässt. Die Vogelmutter freut sich.

I: So, du schaust dir diese Bilder alle an. Ganz in Ruhe. und dann erzählst du was passiert, ja?
M: 0[=! nickt].
M: die vogel singt [=! zeigt auf das erste bild].
M: und die tiger kommt.
M: [unverständlich] hoch klettert und [unverständlich] hier gehen.
M: un(d) erst hat sie inner [: in dem] baun [: baum] hoch hoch cheklettert un(d) jetzt tiger hat da hoch cheklettert und jetzt möchte hier bleiben.
I: Jetzt kommt das zweite Teil davon.
M: die tiger hoch klettert hier [=! zeigt dabei auf die bildergeschichte].
M: er schläft un(d) die tiger, sch, noch hoch (k)lettert.
M: un(d) jetz(t) schon wieder sich [unverständlich] un(d) wein(t) die.
I: Und warum weint die?
M: weiß ich nicht.
I: Was denkst du denn?
M: er singt.

Wird berücksichtigt, dass die überwiegende Zahl der Kinder, wie Maren aus Beispiel 4, in Deutschland geboren ist und von Geburt an mit der Familiensprache und der

Umgebungssprache Deutsch in Kontakt kommt, so überrascht es doch, dass die Forschung an relativ strikten Modellen des simultan-bilingualen (2 L1) und des sukzessiv-bilingualen Erwerb ab dem Vorschulalter (early child L2) oder ab dem Schulalter (late child L2) festhält, ohne dass gesicherte Erkenntnisse darüber vorliegen, wo genau die Grenze zwischen simultan-bilingualem Erwerb und kindlichem Zweitspracherwerb liegt (vgl. auch Thoma & Tracy 2006). Aktuell wird vorgeschlagen, bei einem Beginn des Erwerbs in der Zweitsprache von unter 24 Lebensmonaten von einem simultan-bilingualen Erwerb zu sprechen, ab 25 Lebensmonaten von sukzessiven Erwerbsmustern auszugehen (Armon-Lotem et al. 2015).

In sprachwissenschaftlichen Studien wird erforscht, wie die Sprache(n) im mehrsprachigen Individuum beschaffen sind, wie sie im Verhältnis zueinanderstehen und ob es eine hierarchische Ordnung der Sprachen gibt, die sich u. a. aus dem Zeitpunkt des Erwerbs ableiten lassen. So wird in vielen Veröffentlichungen das *age of onset* (AoO), also das Alter zu Beginn des L2-Erwerbs, gemessen in Kontaktmonaten zur Zweitsprache Deutsch (KM), als entscheidender Faktor für Erwerbserfolg diskutiert. Die Berechnung des age of onset soll dabei als Leitlinie für zu erwartende Erwerbsschritte nach einer bestimmten Erwerbsdauer dienen. Die Erhebung des AoO findet sich mittlerweile in vielen (informellen) Erhebungsverfahren, wie z. B. dem LiSe-Daz Screening (Schulz & Tracy 2011), und Fragebögen wieder. Doch ist seine Bedeutung für den individuellen Sprach(en)erwerb sehr umstritten (zusammenfassend Birdsong 2018), auch weil bei Kindern wie Maren nur sehr schwer zu bestimmen ist, wann genau mit dem Deutschen als zweiter Sprache begonnen wurde: Ist das Modell des simultan-bilingualen Erwerbs (2 L1) passend, weil sie in Deutschland geboren ist? Ist sie sukzessiv-bilingual, weil sie erst seit ihrem Kita-Eintritt regelmäßig in der Institution mit Deutsch in Kontakt kommt? Und wieviel Deutsch darf sie aufgeschnappt haben, wenn sich ihre Eltern in Erfurt auf dem Wochenmarkt bewegt haben, damit das sprachwissenschaftliche Modell noch passt?

Der Erwerb des Deutschen von in Deutschland aufwachsenden Kindern ist weder mit dem Verlauf des doppelten Erstspracherwerbs noch mit dem Zweitspracherwerb Erwachsener identisch (Chilla 2008; Chilla & Bonnesen 2011). Eine Schablone, die für jedes mehrsprachig in Deutschland aufwachsende Kind angemessen wäre, wird es auch in Zukunft nicht geben, da sich Kinder in ihren Sprachen, in ihren Erwerbsbedingungen (die Menge und die Qualität des Inputs) in L1, L2, und allen anderen Sprachen, in ihren Möglichkeiten des Erwerbs der Schriftsprachen (literacy), in dem sozioökonomischen Status (SES) der Familie, in ihrem alltäglichen Sprachengebrauch, in ihrer Dauer des Kontakts zur Zweitsprache (»length of exposure«, LoE) unterscheiden. Bei Schüler*innen wurde außerdem die individuelle Bedeutung von Arbeitsgedächtnisleistungen gezeigt, die auf die Entwicklung von Fähigkeiten in allen Sprachen rückwirken (u. a. Paradis 2011).

Für homogene Proband*innengruppen, die Deutsch simultan-bilingual ab der Geburt oder sukzessiv-bilingual ab dem 3. Lebensjahr erwerben, liegen viele Studien vor, die nahelegen, dass auch diese Kinder die wesentlichen Meilensteine des Erwerbs der deutschen Satzstruktur in der Reihenfolge wie einsprachige Kinder erwerben, wobei sich die beiden Systeme asynchron entwickeln können (d. h. eine Sprache kann schneller sein als die andere). Dies bedeutet jedoch nicht, dass sich diese Erkenntnisse auf alle Aspekte des Spracherwerbs, wie Wortschatz oder Lautbildung, übertragen lassen.

Für Kinder wie Maren, Faruk und Kamal, die in Deutschland mehrsprachig aufwachsen, bietet sich daher bis auf Weiteres eine kompetenzorientierte Beschreibung des individuellen Entwicklungsstandes an. Denn die vorliegenden Studien zum mehrsprachigen Erwerb ermöglichen es, die Sprachleistungen im Deutschen als Zweitsprache bei mehrsprachigen Kindern zu beschreiben und einzuordnen (u. a. Bordag et al. 2021; Chilla 2008; Fox-Boyer & Salgert 2014; Geist & Krafft 2017; Meisel 2011; Klassert & Kauschke 2014; Paradis 2008; 2011; Rothweiler 2007; Ruberg 2015; Schönenberger et al. 2012; Tracy & Lemke 2012).

Kinder, die Deutsch als Zweitsprache im Kindesalter erwerben und ein regelmäßiges und gutes Sprachangebot erfahren,

- können pragmatisch angemessen handeln und sich so z. B. auf die Aufgabe einlassen, der Interaktionspartnerin eine Bildergeschichte mit ihren zur Verfügung stehenden sprachlichen Mitteln zu erzählen (vgl. Beispiel 4), auf Fragen gezielt antworten (vgl. Beispiel 1) und ihre Sprachen früh trennen und sich sprachlich angemessen nach den Fähigkeiten der Interaktionspartner*innen richten (vgl. Beispiel 2);
- müssen nicht nur einfach deutsche Wörter für schon in ihrer Erstsprache vorhandene Wörter erwerben, sondern lautliche Wortgrenzenmarkierungen und auch Wörter für die Kodierung grammatischer Informationen (z. B. »dass« als Nebensatzeinleiter) lernen. Außerdem müssen sie erfahren, welche Wortbedeutung angemessen ist (vgl. Beispiel 4: »Tiger« statt »Katze«) und können kreativ mit ihrem schon vorhandenen Wortschatz umgehen. Hier kommt es gelegentlich auch zu Entlehnungen aus der Erstsprache, um lexikalische Lücken zu füllen (z. B. Beispiel 1: mhh, I *glaube*, red). Dazu kommt, dass zweisprachige Kinder ihre Sprachen in verschiedenen Lebenssituationen erleben, sodass Wortschatz A und Wortschatz B sich zwar überschneiden, aber durchaus auch unterschiedliche Konzeptbereiche abdecken. Der Lexikonaufbau in einer zweiten Sprache beinhaltet immer auch den Erwerb neuer Wörter und neuer Konzepte. Sie können dabei von den Vorerfahrungen aus ihrer Erstsprache profitieren. So können sie auf Erwerbsstrategien zurückgreifen, wie die Fähigkeit, ein Konzept mit einem Wort zu verbinden (»konzeptuell-lexikalisches Mapping«). Wichtig ist, dass Studien, die einsprachige mit zweisprachigen Kindern verglichen haben, den Zusammenhang zwischen der Menge des Inputs und der Größe des Vokabulars eindeutig belegen. Dabei gibt es nur wenige Hinweise darauf, dass Mehrsprachigkeit die Gesamtrate des Wortlernens von Kindern verringert, da Einsprachige und Zweisprachige ähnliche große Wortschätze haben, wenn für die Berechnung die Wörter aus beiden Sprachen erhoben und berücksichtigt werden.

Ein- und mehrsprachige Kinder

- können sich die deutsche Hauptsatzstruktur mit der Verbzweitstellung in den ersten 8–18 Kontaktmonaten zur Zweitsprache Deutsch erschließen (vgl. Beispiel 1: *was is in de ecke? du nimms die. hast du keine toilette mehr?* vgl. Beispiel 4: *die vogel singt. und die tiger kommt. Und hat sie inner baum hochgeklettert.*). Viele mehrsprachige Kinder bilden nach 18 Kontaktmonaten auch schon korrekte Inversions- und Nebensätze. Einige Kinder erschließen sich die Satzstruktur über Sätze mit Platzhaltern für die finite Verbposition. Das sind meist Formen von »sein« oder »machen« oder andere Verben, die sich wegen ihrer semantischen Allgemeinheit gut dafür eignen;

- benötigen oft bis in das Schulalter, um sich das grammatische Genus zu erschließen. Viele sukzessiv-bilinguale Kinder verfügen am Übergang von Kita zu Grundschule noch nicht über ein vollständig ausdifferenziertes Genussystem und bilden viele falsche Genusmarkierungen (vgl. Beispiel 4: *die* (= der) vogel singt. er schläft. bzw. und *die* (der) tiger kommt);
- können Schwierigkeiten mit definiten (der, die, das) und indefiniten Artikeln haben und ersetzen, anders als gleichaltrige Erstsprachlernende, definite Artikel häufig durch indefinite Artikel;
- differenzieren ihr Kasussystem mit dem Dativerwerb bis nach dem siebten Geburtstag aus, und zwar unabhängig davon, welche Erstsprache das mehrsprachige Kind erwirbt (vgl. Beispiel 4: un(d) erst hat sie *inner* [: in dem] baun [: baum] hoch hoch cheklettert);
- bewegen sich in ihrem Lauterwerb innerhalb der Variationsbreite, die auch von monolingualen Kindern bekannt ist. Dies ist umso bemerkenswerter, da im Erwerb zweier Lautsysteme Bilinguale gegenüber Monolingualen zusätzliche Sprachverarbeitungsprozesse und Speicherkapazitäten aktivieren müssen, was wiederum einen Einfluss auf Erwerbsgeschwindigkeit und Erwerbsqualität der beiden phonetischen Systeme haben kann. Die phonologischen Fähigkeiten in beiden Sprachen sind weder während noch zum Ende der Entwicklung hin identisch. Wichtig ist, dass sich zu Beginn des Zweitspracherwerbs auch das Lautsystem der L1 noch entwickelt. Versprecher oder lautliche Assimilationen (Anpassungen) an das vorherige Wort mit seinem Endlaut (ho*ch*) wie in Beispiel 4: hoch *ch*eklettert, sind daher nicht als Fehler oder gar Übertragungen aus der Erstsprache Russisch zu werten.

Auch wenn die Beispiele in diesem Beitrag auf den ersten Blick sehr unterschiedlich aussehen, bilden sie doch das Spektrum des typischen mehrsprachigen Erwerbs ab. Erst allmählich werden die besonderen Spracherwerbs- und Sozialisationssituationen mehrsprachig in der Migration aufwachsender Kinder in den Blick genommen und systematisch erforscht. Dabei rückt auch immer mehr der Erwerb der ersten Sprache in den Vordergrund und es wird gefragt, in wie weit man nicht eher »Mehrsprachenerwerb« an sich anstelle des Vergleichs mit einsprachigen Normen untersuchen sollte. Für eine Bewertung oder gar Diagnostik des Sprachentwicklungsstandes bei Verdacht auf sprachliche Beeinträchtigungen müssen daher möglichst viele Erkenntnisse des mehrsprachigen Erwerbs und die aktuellsten Publikationen zur Diagnostik in Erst- und Zweitsprachen zu Rate gezogen werden (u. a. Chilla & Hamann 2018; Chilla 2022), da die Forschung auch zukünftig weitere Ergebnisse zu heterogenen Gruppen mehrsprachiger Kinder publizieren wird (für einen Überblick u. a. Armon-Lotem & Grohmann 2021).

Allgemein kann festgehalten werden: Kinder benötigen eine unterstützende und anregende Umgebung mit bedeutsamen sozialen Interaktionen, um all ihre Sprache(n) gut entwickeln zu können (Chilla & Niebuhr-Siebert 2022).

Literatur

Armon-Lotem, S. & Grohmann, K. (Hrsg.) (2021). *LITMUS in Action: Comparative Studies across Europe*. TILAR. Benjamins, Amsterdam.
Armon-Lotem, S., de Jong, J. & Meir, N. (Hrsg.) (2015). *Assessing Multilingual Children: Disentangling Bilingualism from Language Impairment*. Bristol.
Autorengruppe Bildungsberichterstattung (Hrsg.) (2020). *Bildung in Deutschland 2020. Ein indikatorengestützter Bericht mit einer Analyse zu Bildung in einer digitalisierten Welt.* wbv, Bielefeld.
Backer, K. C. & Bortfeld, H. (2021). Characterizing Bilingual Effects on Cognition: The Search for Meaningful Individual Differences. In: *Brain Sciences 11* (1), 81.
Bialystok, E., Majumder, S. & Martin, M. M. (2003). Developing phonological awareness: Is there a bilingual advantage? In: *Applied Psycholinguistics, 24*, 27–44.
Bialystok, E. (2017). The Bilingual Adaptation: How Minds Accommodate Experience. In: Psychological Bulletin 143 (3), 233–262.
Birdsong, D. (2018). Plasticity, Variability and Age in Second Language Acquisition and Bilingualism. In: *Front. Psychol. 9*, 81. DOI: 10.3389/fpsyg.2018.00081.
Bockmann A. K., Sachse S. & Buschmann A. (2020). Sprachentwicklung im Überblick. In: Sachse S., Bockmann A. K. & Buschmann A. (eds), *Sprachentwicklung*. Springer, Berlin, Heidelberg. https://doi.org/10.1007/978-3-662-60498-4_1.
Bordag, D., Gor, K., Opitz, A. (2021). Ontogenesis Model of the L2 Lexical Representation. In: *Bilingualism*, 1–17. DOI: 10.1017/S1366728921000250.
Braver, T. S. (2012). The variable nature of cognitive control: a dual mechanisms framework. In: *Trends in cognitive sciences 16* (2), 106–113. DOI: 10.1016/j.tics.2011.12.010.
Chilla, S. (2008). *Erstsprache, Zweitsprache, Spezifische Sprachentwicklungsstörung? Eine Untersuchung des Erwerbs der deutschen Hauptsatzstruktur durch sukzessiv-bilinguale Kinder mit türkischer Erstsprache.* Dr. Kovac, Hamburg.
Chilla, S. (2022). *Kindliche Mehrsprachigkeit. Grundlagen – Störungen – Diagnostik.* Unter Mitarbeit von Monika Rothweiler & Ezel Babur. 3., vollständig überarbeitete Neuauflage. Reinhardt, München.
Chilla, S., Bonnesen, M. (2011). A Cross-Linguistic Perspective on Child SLA: The Acquisition of Questions in German and French. In: Linguistische Berichte, (228), 413–442.
Chilla, S., Hamann, C. (2018). Mehrsprachigkeit und umschriebene Sprachentwicklungsstörungen (USES): Methoden der Diagnostik in der Zweitsprache Deutsch. In: *Sprache, Stimme, Gehör 42*, 2, 78–81.
Chilla, S., Niebuhr-Siebert, S. (2017). *Mehrsprachigkeit in der Kita.* Kohlhammer, Stuttgart.
Chilla, S., Niebuhr-Siebert, S. (2022). *Mehrsprachigkeit in der Kita.* (2. überarbeitete Auflage). Kohlhammer, Stuttgart.
Eberhard, D. M., Simons, G. F. & Fennig, C. D. (eds.). (2021). Ethnologue: Languages of the World. Twenty-fourth edition. Dallas, Texas: SIL International. In: http://www.ethnologue.com [Abfragedatum 2.2.2022].
Fenoll, A. A. & Kuehn, Z. (2021). The bilingual advantage. Carlo Alberto Notebooks 245. In: https://www.carloalberto.org/wp-content/uploads/2021/04/no.645.pdf [Abfragedatum 02.01.2022].

Festman, J., Rodriguez-Fornells, A. & Münte, T. F. (2010). Individual differences in control of language interference in late bilinguals are mainly related to general executive abilities. In: *Behavioral and brain functions: BBF 6*, S. 5. DOI: 10.1186/1744-9081-6-5.

Fox-Boyer, A. & Salgert, K. (2014). Erwerb und Störungen der Aussprache bei mehrsprachigen Kindern. In: S. Chilla, S. Haberzettl (Hrsg.): *Handbuch Spracherwerb und Sprachentwicklungsstörungen. Mehrsprachigkeit.* Elsevier, Urban & Fischer, München, 109–119.

Geist, B. & Krafft, A. (2017). *Deutsch als Zweitsprache. Sprachdidaktik für mehrsprachige Klassen.* 1. Auflage. Narr Francke Attempto Verlag (Linguistik und Schule, 2), Tübingen In: http://nbn-resolving.org/urn:nbn:de:bsz:24-epflicht-1436318, Abfragedatum: 30.10.21.

Grosjean, F. (2020). Individuelle Zwei- und Mehrsprachigkeit. In: Ingrid Gogolin, Antje Hansen, Sarah McMonagle & Dominique P. Rauch (Hrsg.), *Handbuch Mehrsprachigkeit und Bildung.* Springer VS, Wiesbaden, 13–21.

Grundy, J. G. (2020). The Effects of Bilingualism on Executive Functions: An Updated Quantitative analysis. In: Journal of Cultural Cognitive Science 4 (2), 177–199.

Gunnerud, H. L., ten Braak, D., Reikerås, E. K. L., Donolato, E. & Melby-Lervåg, M. (2020). Is bilingualism related to a cognitive advantage in children? A systematic review and meta-analysis. In: *Psychological Bulletin, 146* (12), 1059–1083. http://dx.doi.org/10.1037/bul0000301.

Hänel-Faulhaber, B. (2018). *Gebärdensprache, lautsprachunterstützende Gebärden und Bildkarten. Inklusive sprachliche Bildung in Kindertageseinrichtungen unter Berücksichtigung alternativer Kommunikationssysteme.* Weiterbildungsinitiative Frühpädagogische Fachkräfte, WiFF Expertisen, Band 52. München

Hakuta, K. (2001). A Critical Period for Second Language Acquisition? In: Bailey, Donald B., Jr., Ed., Bruer, John T., Ed., Symons, Frank J., Ed. & Jeff W. Lichtman (Hrsg.), *Critical Thinking about Critical Periods.* Paul H. Brookes Pub. Co, Baltimore, 193–205.

Hartshorne, J. K., Tenenbaum, J. B. & Pinker, S. (2018): A Critical Period for Second Language Acquisition: Evidence from 2/3 Million English Speakers. In: *Cognition 177*, 263–277.

Hinnenkamp, V. (2010). Vom Umgang mit Mehrsprachigkeiten. In: https://www.bpb.de/shop/zeitschriften/apuz/32955/vom-umgang-mit-mehrsprachigkeiten/; [Abfragedatum 2. 2. 2022].

Klassert, A. & Kauschke, K. (2014). Semantisch-lexikalische Entwicklungsstörungen bei mehrsprachigen Kindern und Intervention bei mehrsprachigen Kindern mit lexikalischen Störungen. In: S. Chilla, & S. Haberzettl (Hrsg.), *Handbuch Spracherwerb undSprachentwicklungsstörungen. Mehrsprachigkeit.* Elsevier, Urban & Fischer, München, 121–133, 173–181.

Kovelman, I., Baker, S. A. & Petitto, L. A. (2008). Bilingual and Monolingual brains compared: An fMRI investigation of syntactic processing and a possible »neural signature« of bilingualism. In: *Journal of Cognitive Neuroscience, 20* (1), 153–169.

Kuhl, P. K., Stevenson, J., Corrigan, N. M., van den Bosch, J. J. F., Deniz Can, D. & Richards, T. (2016). Neuroimaging of the bilingual brain: Structural brain correlates of listening and speaking in a second language, In: *Brain and Language, 162*, 1–9, https://doi.org/10.1016/j.bandl.2016.07.004.

List, G. & List, G. (2004). Sprachliche Heterogenität, »Quersprachigkeit«und sprachliches Lernen. In: J. Quetz & G. Solmecke (Hrsg.), *Brücken schlagen. Fächer – Sprachen – Institutionen.* Pädagogischer Zeitschriften-Verlag, Berlin, 89–104.

List, G. (2010). *Frühpädagogik als Sprachförderung. Qualifikationsanforderungen für die Aus- und Weiterbildung der Fachkräfte.* Expertise für das Projekt »Weiterbildungsinitiative Frühpädagogischer Fachkräfte« (WiFF). München: Deutsches Jugendinstitut e. V.

MacSwan, J. (2017). A Multilingual Perspective on Translanguaging. In: *American Educational Research Journal 54* (1), 167–201.

Mayberry, R. I. (2007). When Time Is Everything: Age of First-Language Acquisition Effects on Second-Language Learning. In: *Applied Psycholinguistics 28*, 537–549.

Mayberry, R. I. & Kluender, R. (2018). Rethinking the critical period for language: New insights into an old question from American Sign Language. In: *Bilingualism: Language and Cognition 21* (5), S. 886–905. DOI: 10.1017/S1366728917000724.

Meisel, J. M. (2011). *First and Second Language Acquisition: Parallels and Differences.* Cambridge University, Cambridge.

Montrul, S. (2020). Attrition, Addition, and Age. In: *Second Language Research 36* (2), 213–217.
Owens, R. E. (2012). *Language development – An introduction* (8. Aufl.). Upper Saddle River.
Panagiotopoulou, A. (2016). *Mehrsprachigkeit in der Kindheit. Perspektiven für die frühpädagogische Praxis.* WIFF-Expertise. 2. Entwurf.
Paradis, J. (2008). Early Bilingual and Multilingual Acquisition. In: Auer, P., Wei, L. & Li, W. (Hrsg.), *Handbook of Multilingualism and Multilingual Communication.* Mouton de Gruyter, Berlin, New York.
Paradis, J. (2011). Individual Differences in Child English Second-language Acquisition: Comparing Child-internal and Child-external Factors. In: *Linguistic Approaches to Bilingualism, 1.*
Pot, A., Keijzer, M. & Bot, K. de (2018). Intensity of Multilingual Language Use Predicts Cognitive Performance in Some Multilingual Older Adults. In: *Brain Sciences 8* (5), S. 92. DOI: 10.3390/brainsci8050092.
RED (2018). Prinzessin Charlotte wächst zweisprachig auf. In: https://www.news.at/a/sprachtalent-prinzessin-charlotte-8943616 [Abfragedatum: 1.12.2021].
Rothweiler, M. (2007). Bilingualer Spracherwerb und Zweitspracherwerb. In: Steinbach, M. (Hrsg.), *Schnittstellen der germanistischen Linguistik.* Metzler, Stuttgart/Weimar, 103–135.
Ruberg, T. (2015). *Diagnostische Aspekte des Genuserwerbs ein- und mehrsprachiger Kinder:* Schulz-Kirchner Verlag, Idstein.
Schönenberger, M., Rothweiler, M. & Sterner, F. (2012). Case Marking in Child L1 and Early Child L2 German. In: Gabriel, C. & Braunmüller, K. (Hrsg.), *Multilingual Individuals and Multilingual Societies.* Benjamins, Amsterdam, 3–21.
Schulz, P. & Tracy, R. (2011). *LiSe-DaZ – Linguistische Sprachstandserhebung – Deutsch als Zweitsprache.* Hogrefe, Göttingen.
Sodian, B. (2018). Denken. In: Lindenberger, U. & Schneider, W. (Hrsg.), *Entwicklungspsychologie*, Beltz Verlagsgruppe, Weinheim, 395–422.
Thoma, D. & Tracy, R. (2008). Deutsch als frühe Zweitsprache: zweite Erstsprache? In: B. Ahrenholz (Hrsg.), *Kinder mit Migrationshintergrund. Spracherwerb und Fördermöglichkeiten.* Freiburg i. Br.: Fillibach, S. 58–79.
Tracy, R. (2008). *Wie Kinder Sprachen lernen. Und wie wir sie dabei unterstützen können.* Francke, Tübingen.
Tracy, R. & Lemke, V. (2012). Young L2 and L1 Learners: More Alike than Different. In: Benazzo, S., Hickmann, M., Watorek, M. (Hrsg.), *Comparative Perspectives on Language Acquisition. A Tribute to Clive Perdue.* Online-Ausg. Blue Ridge Summit, PA: Multilingual Matters (Second language acquisition, 61), 303–323.
van den Noort, M., Struys, E., Bosch, P., Jaswetz, L., Perriard, B., Yeo, S., Barisch, P., Vermeire, K., Lee, S. H. & Lim, S. (2019). Does the Bilingual Advantage in Cognitive Control Exist and If So, What Are Its Modulating Factors? A Systematic Review. In: *Behavioral sciences (Basel, Switzerland)*, 9 (3), 27. https://doi.org/10.3390/bs9030027.
Verband-Binationaler.de (2021). Zahlen und Fakten. In: https://www.verband-binationaler.de/verband/presse/zahlen-fakten [Abfragedatum 1.2.2022].
Zubrzycki, K. (2019). Am I perfect enough to be a true bilingual? Monolingual bias in the lay perception and self-perception of bi- and multilinguals. In: *International Review of Applied Linguistics in Language Teaching,* 57 (4), 447–495. https://doi.org/10.1515/iral-2016-009.

Diagnostische Fragen zur Zwei- und Mehrsprachigkeit bei Kindern mit kognitiven Beeinträchtigungen

Maren Aktas & Sylvia Maria Wolf

1 Die diagnostische Herausforderung

1.1 Sprachdiagnostik bei Kindern mit kognitiven Beeinträchtigungen

Die kommunikative und sprachliche Entwicklung von Kindern mit kognitiven Beeinträchtigungen einzuschätzen, stellt Fachleute vor die Herausforderung, dem Kind einerseits in seiner Individualität gerecht zu werden und andererseits methodische Standards einzuhalten. Kinder mit kognitiven Beeinträchtigungen unterscheiden sich erheblich in ihren Kompetenzen, und weder das Lebensalter noch das mentale Alter geben zuverlässige Hinweise darauf, auf welchem sprachlichen Entwicklungsstand sie sich befinden und welche Untersuchungsmethoden entsprechend geeignet sind. Bewährte diagnostische Vorgehensweisen können nicht unmittelbar angewendet werden, weil die Kinder oft nicht in der Lage sind, die gestellten Anforderungen zu bewältigen. Vor diesem Hintergrund haben wir ein entwicklungsorientiertes Vorgehen für die Sprachdiagnostik bei Kindern mit einer kognitiven Beeinträchtigung ausgearbeitet (Aktas, Asbrock, Doil & Müller 2012). Ein Kernpunkt des theoriegeleiteten Konzepts ist das adaptive Testen (Aktas 2004), bei dem nicht automatisch ein für das Lebensalter des Kindes vorgesehenes Testinstrument eingesetzt, sondern die Aufgabenauswahl in einem systematischen Suchprozesse an das aktuelle Funktionsniveau des Kindes angepasst wird.

1.2 Diagnostische Fragen im Kontext kindlicher Mehrsprachigkeit und kognitiver Beeinträchtigung

Potenzieren sich bei Kindern mit einer kognitiven Beeinträchtigung, die zudem mehrsprachig aufwachsen, die Herausforderungen? Was die Diagnostik betrifft sicherlich. Die Sprachdiagnostik ist bei dieser Zielgruppe ein noch komplexeres Unterfangen, da auch die Einflussfaktoren auf einen gelingenden Mehrspracherwerb mannigfaltig sind. Hierzu zählen unter anderem das Alter bei Beginn des Lernens der jeweiligen Sprache, die individuellen Sprachverarbeitungsfähigkeiten des Kindes, die Qualität und Quantität des Inputs in den verschiedenen Sprachen, die gesellschaftliche und individuelle Einstellung zum mehrsprachigen Aufwachsen, das Sprachprestige der jeweiligen Sprachen, motivationale Aspekte, Merkmale der Erstsprache u.v.m. (Chilla 2020). Zudem besteht keine Übereinkunft darüber, wie eine gute Sprachdiagnostik aussehen sollte. Unterschiedliche Fachdisziplinen verfolgen differente diagnostische Zielsetzungen (kategoriale Diagnostik z. B. zur Frage der passenden Beschulung; Förderdiagnostik z. B. zur Ableitung konkreter Förderziele; Einschätzung der Teilhabemöglichkeiten).

Eine Reihe grundsätzlicher Fragen, deren Beantwortung Auswirkungen auf die Diagnostik, Interventionsplanung und Elternberatung hat, sind ebenfalls noch weitgehend ungeklärt. Zum Beispiel die Frage, ob das mehrsprachige Aufwachsen bei Kindern mit einer kognitiven Beeinträchtigung den Spracherwerb noch zusätzlich erschwert (vgl. Ostad, 2014). Wenn dem so wäre, wäre die Empfehlung, den Spracherwerb bei einem Kind mit kognitiver Beeinträchtigung auf eine Sprache zu beschränken, durchaus nachvollziehbar (abgesehen davon, dass es aus vielen anderen Gründen nicht empfehlenswert ist). Dem scheint aber nicht so zu sein. Die bisherigen Befunde für Kinder mit einer kognitiven Beeinträchtigung lassen, so Ostad (2014), vielmehr folgenden Schluss zu: »Sofern ein Kind *eine* Sprache lernen kann, kann es auch *zwei* beherrschen« (ebd., S. 85). Einige Fallbeispiele untermauern diese Aussage (z. B. Rondal 1998; Vallar & Papagno 1993). Bei Kindern mit einer kognitiven Beeinträchtigung definieren eher die sprachübergreifenden zugrundeliegenden Sprachverarbeitungs- und Sprachlernfähigkeiten des Kindes (Regelableitung, Merkfähigkeit etc.) die Grenzen des Möglichen. Bei der Gestaltung der Sprachintervention müssen diese kognitiven Beeinträchtigungen bestmöglich berücksichtigt werden.

Fragen in Abhängigkeit vom Zeitpunkt der Diagnostik

Bei jungen Kindern, bei denen später eine kognitive Beeinträchtigung diagnostiziert wird, ist häufig die ausbleibende Sprache Grund für die Vorstellung beim Kinderarzt, in der Frühförderstelle oder in einem Sozialpädiatrischen Zentrum: »Unser Kind spricht noch nicht richtig, weder die Muttersprache noch Deutsch. Es kommuniziert eh nicht viel, sondern schreit und tobt eher. Andere Kinder in dem Alter sind schon viel weiter. Was hat mein Kind bloß?«
In anderen Fällen sind die Eltern selbst zunächst unbesorgt. Wenn das Kind die Kita oder Tagespflege besucht und dort nach einer angemessenen Eingewöhnungszeit keine Fortschritte im Deutschen macht und sich nicht richtig in den Kita-Alltag einfindet, sind es die Fachkräfte, die die Eltern um eine diagnostische Abklärung bitten. Wieder andere Kinder fallen bei den Schuleingangsuntersuchungen mit sprachlichen Rückständen auf.
In all diesen Fällen muss interdisziplinär abgeklärt werden, ob sich die Auffälligkeiten auf die Sprache beschränken, ob eine globalere Entwicklungsproblematik vorliegt und ob körperlich-organische Erkrankungen verursachend sind (z. B. Hörbeeinträchtigungen, syndromale Erkrankungen).

1 Die diagnostische Herausforderung

> **Kasten 1 – Entwicklungs- und differentialdiagnostische Fragen bei der Erstvorstellung eines Kindes, z. B.:**
>
> - Liegt überhaupt eine Entwicklungsbeeinträchtigung und/oder Verhaltensauffälligkeit vor?
> - Beschränken sich die Beeinträchtigungen auf die Kommunikations- und Sprachentwicklung oder sind weitere Entwicklungsbereiche betroffen? Wenn ja, welche?
> - Wenn nur die Sprache betroffen ist: Zeigen sich Auffälligkeiten in beiden oder nur in einer Sprache?

Wird eine kognitive Beeinträchtigung (geistige Behinderung, Lernbehinderung) diagnostiziert, sind die diagnostischen Fragen je nach Anwendungsbereich weiter zu differenzieren (s. Kasten 2). Bei der Verlaufsdiagnostik schließlich geht es um Fragen der Wirksamkeit von Therapiemaßnahmen über die Feststellung von Entwicklungsfortschritten.

> **Kasten 2 – Sprachpsychologische und förderdiagnostische Fragen, z. B.:**
>
> - An welchem Punkt in der Kommunikations- und Sprachentwicklung steht das Kind aktuell?
> - Über welche sprachlichen Fähigkeiten verfügt das Kind bereits in der jeweiligen Sprache?
> - Wie handelt es im Alltag sprachlich? Wie kommt es mit den verschiedenen Sprachen zurecht?

Fragen zu den Sprachlernbedingungen

Die Analyse der realen Sprachlernbedingungen ist ein elementarer Bestandteil der Sprachdiagnostik bei mehrsprachigen Kindern, und in jedem Fall sollte eine Optimierung der Lernmöglichkeiten Teil der Intervention sein. Denn während wir auf die kognitiven Fähigkeiten eines Kindes nur begrenzt Einfluss nehmen können, so ist eine Verbesserung der Sprachlernbedingungen in vielen Fällen zumindest in Ansätzen möglich. Das Fragenspektrum der Eltern und Bezugspersonen dazu, wie sie selbst ihr Kind beim Erlernen mehrerer Sprachen unterstützen können, ist sehr breit (vgl. Buschmann & Schumm 2017). Auf einige grundsätzliche Fragen, z. B. ob ein Kind generell mit dem Lernen mehrerer Sprachen überfordert ist, gibt es inzwischen evidenzbasierte Antworten (Scharff Rethfeldt et al. 2021. Die meisten Fragen erfordern jedoch eine individuelle Analyse der aktuellen Lebenssituation der Familie. Bei den diagnostischen Fragen zur sprachlichen Umwelt orientierten wir uns an den in Kasten 3 dargestellten Kriterien, die günstige Sprachlernbedingungen auszeichnen. So können gemeinsam mit den Eltern Wege zu einer gelingenden Mehrsprachigkeit erarbeiten werden.

> **Kasten 3: Günstige Sprachlernbedingungen (vgl. Tracy, 2007; Aktas, Asbrock, Frevert & von Lehmden, 2017)**
>
> *Quantität und Kontinuität – Erhält das Kind genügend und regelmäßig Sprachinput in den jeweiligen Sprachen?* Schätzungen zufolge sollte mindestens ein Viertel des regelmäßigen Sprachinputs auf die am wenigsten genutzte Sprache entfallen (Pearson, Fernandez, Lewedeg & Oller 1997). Unklar ist allerdings, ob dieses Ausmaß bei Kindern mit einer kognitiven Beeinträchtigung ausreichend ist.
>
> *Qualität – Wie gut sprechen die Bezugspersonen die jeweilige Sprache?* Das Sprachangebot sollte qualitativ hochwertig sein, d. h. die Bezugsperson sollte die jeweilige Sprache phonologisch, prosodisch, lexikalisch und grammatikalisch beherrschen (vgl. u. a. Place & Hoff 2016). Diese Forderung gilt allgemein für einen gelingenden Mehrspracherwerb. Bei Kindern mit einer kognitiven Beeinträchtigung kann es womöglich entscheidender sein, dass es der Bezugsperson gelingt, sich möglichst gut an den aktuellen sprachlichen Entwicklungsstand des Kindes anzupassen. Das bei jüngeren typisch entwickelten Kindern eingesetzte intuitive Elternverhalten (Babytalk, stützende Sprache, Motherese, vgl. Grimm 2012) wird bei älteren Kindern oft nicht mehr intuitiv verwendet, ist aber für entwicklungsverzögerte Kind besonders sprachförderlich.
>
> *Systematik – Werden die Sprachen ausreichend gut voneinander getrennt dargeboten?* Die jeweiligen sprachspezifischen Charakteristika und Regeln einer Sprache erwirbt das Kind implizit (Weinert 1991). Damit das gelingen kann, darf – gerade zu Beginn des Spracherwerbs – kein »Kauderwelsch« gesprochen werden. Die Bezugspersonen sollten die verschiedenen Sprachen möglichst nicht – vor allem nicht innerhalb eines Satzes – mischen (die Notwendigkeit einer eindeutigen Sprachentrennung wird allerdings kontrovers diskutiert, vgl. Aktas et al. 2017). Entwicklungstheoretisch ist es plausibel, dass bei Kindern mit einer kognitiven Beeinträchtigung eine klare Sprachentrennung besonders wichtig ist (Asbrock, 2012).
>
> *Sprachlernmotivation – Hat das Kind Spaß daran, die jeweilige Sprache zu lernen?* Kinder lernen eine Sprache nur, wenn diese für sie in ihrer Lebenswelt wichtig ist und sie sie gerne verwenden. Sprechen lernen muss Spaß machen. Der Spracherwerb erfolgt eigenmotiviert und in sinnvollen Bedeutungszusammenhängen. Die Bezugspersonen sind hier wichtige Vorbilder.

2 Der entwicklungsorientierte Ansatz

Da bei der Sprachdiagnostik mehrsprachig aufwachsender Kinder mit einer kognitiven Beeinträchtigung mehr Fragen offen als empirisch beantwortet sind, bleibt Fachleuten nur die Option, »praktisch nutzbare Handlungsempfehlungen aus der Theorie zum Spracherwerb bei Kindern mit geistiger Beeinträchtigung sowie aus den wissenschaftlichen Erkenntnissen zur mehrsprachigen Entwicklung von Kindern ohne geistige Beeinträchtigung abzuleiten« (Asbrock 2012, S. 226). Dieser Überlegung folgend schlagen wir vor, das von uns entwickelte Konzept der entwicklungsorientierten Sprachdiagnostik und -förderung auch bei mehrsprachig aufwachsenden Kindern mit kognitiver Beeinträchtigung anzuwenden (Asbrock, 2012).

2.1 Grundannahmen des entwicklungsorientierten Ansatzes

Dem entwicklungsorientierten Ansatz liegt ein theoretisches Modell zugrunde, das als Orientierungsrahmen für die Diagnostik und Förderung dient. Darin wird davon ausgegangen, dass Kinder mit einer kognitiven Beeinträchtigung im Prinzip dieselben Entwicklungsaufgaben bewältigen müssen und dieselben entwicklungslogischen Meilensteine durchschreiten wie typisch entwickelte Kinder. Ein Kernpunkt des Konzepts ist, dass die Erfassung der sprachlichen Fähigkeiten über das sogenannte adaptive Testen erfolgt. Auf diese Weise kann ein optimales Anforderungsniveau für das Kind hergestellt werden. Zugleich dient die Testsituation der strukturierten Verhaltensbeobachtung. Die Testergebnisse werden anschließend zweistufig ausgewertet: sowohl quantitativ-normorientiert als auch qualitativ-theoriegeleitet. Ziel der Diagnostik ist es, ein differenziertes Entwicklungsprofil der sprachlichen Stärken und Schwächen des Kindes zu erstellen. Sprachrelevante kognitive Fähigkeiten werden dabei berücksichtigt. Somit gelingt es, bei Kindern mit einer kognitiven Beeinträchtigung gleichermaßen individuell-maßgeschneidert wie standardisiert-vergleichend vorzugehen.

2.2 Das zugrundeliegende theoretische Modell des Spracherwerbs

Das Modell (Abb. 1) bietet den theoretischen Rahmen für die entwicklungsorientierte Sprachdiagnostik und -förderung und wird an dieser Stelle nur kurz skizziert (Aktas, 2004 Müller, Wolf & Aktas 2018). Dem ursprünglichen Modell von Karmiloff-Smith (1992) folgend, erwerben Kinder Sprache, indem sie zu manchen Zeiten lediglich »mehr desselben« hinzulernen (quantitative Veränderungen, z. B. Wortschatzausbau) und zu anderen Zeiten qualitative Veränderungen in den Verarbeitungsprozessen stattfinden (sog. Repräsentationsveränderungen, z. B. wenn das

Kind beginnt, Symbole zu verstehen und damit zu agieren). Folgende vier Phasen, die sich zum Teil überlappen, werden unterschieden.

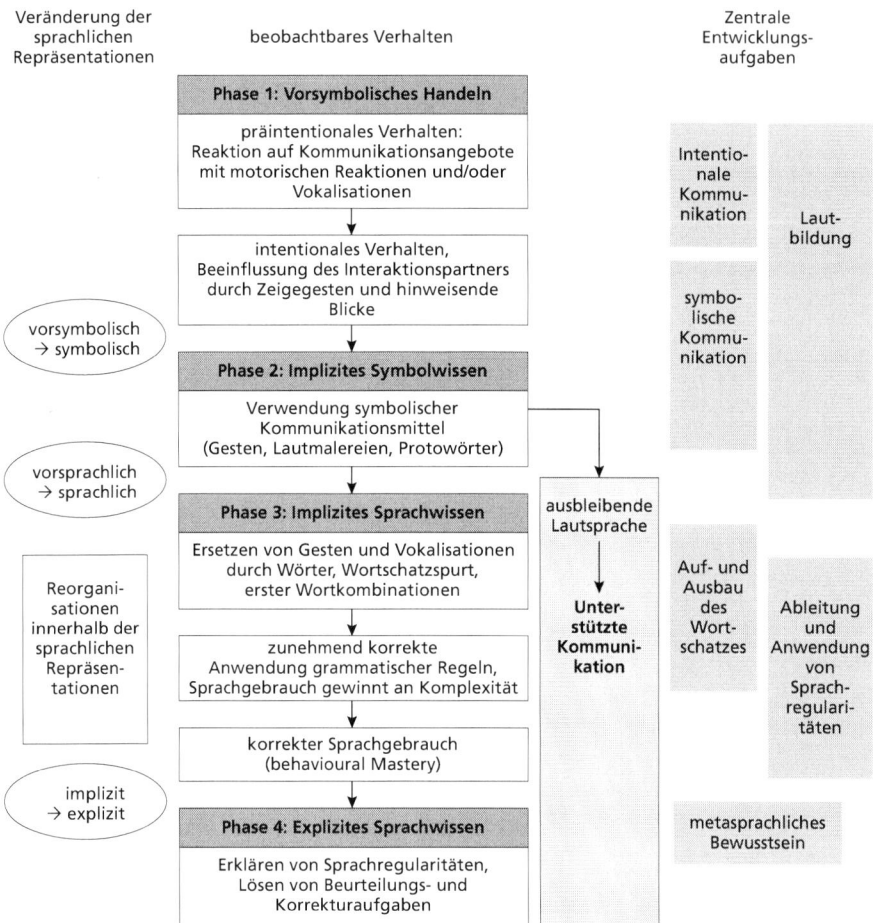

Abb. 1: Das erweiterte theoretische Modell des entwicklungsorientierten Ansatzes (aus Müller, Wolf & Aktas 2018/2021, S. 41, verändert nach Karmiloff-Smith 1992, Aktas 2004)

Phase 1 Vorsymbolisches Handeln: Bereits Neugeborene kommunizieren mit ihren Bezugspersonen, indem sie z. B. Geräusche von sich geben oder den Kopf wegdrehen. Sie drücken damit zwar ihr Befinden aus, aber noch keine Absicht. Sie verhalten sich *präintentional*. Ab etwa neun Monaten beginnt das Kind, Signale *intentional*, also absichtsvoll, einzusetzen. Hierfür nutzt es zunächst *vorsymbolische* Kommunikationsmittel. So zeigt es z. B. auf den Trinkbecher, den es haben möchte, und lässt seinen Blick zwischen der Mutter und dem Becher hin- und herpendeln. Diese Fähigkeit, Objekte in die Interaktion einzubeziehen (triangulärer Blick) und die Aufmerksamkeit zwischen sich und seinem Kommunikationspartner zu koordinieren (Joint Attention), stellt eine wichtige Errungenschaft in dieser Phase dar. Viele Kinder mit einer kognitiven Beeinträchtigung haben hiermit Schwierigkeiten. Was die mehrsprachigen Kinder in dieser Phase an sprachenspezifischem Wissen aufbauen, betrifft v. a. die phonologische Entwicklung. Um die Phonologie gleich mehrerer Sprachen zu erwerben, sind zusätzliche Sprachverarbeitungsprozesse und Speicherkapazitäten notwendig. Dennoch lernen mehrsprachige Kinder ohne kognitive Beeinträchtigung die Phonologie der Sprachen nicht generell langsamer als einsprachige Kinder (vgl. Fox-Boyer & Salgert 2014).

Phase 2 Implizites Symbolwissen: Das Kind erweitert seine kommunikativen Möglichkeiten nun um *symbolische* Mittel. Zugrunde liegt die Erkenntnis, dass ein Objekt/Zeichen/Lautbild für etwas anderes stehen kann. Dieser Übergang zur symbolischen Kommunikation erfolgt bei typisch entwickelten Kindern mit etwa 10–12 Monaten. Symbolische, darstellende Gesten (z. B. Hand öffnen und schließen, um etwas zu erhalten) oder Gebärden und spezifische Vokalisationen (wie »lulu« für Schnuller) sind Ausdruck dieser neu erworbenen Fähigkeit.

Aufgrund ihrer verzögerten kognitiven Entwicklung verstehen und gebrauchen Kinder mit einer kognitiven Beeinträchtigung Symbole in der Regel erheblich verspätet. Mehrsprachige Kinder sollten sich in dieser Phase noch nicht wesentlich von einsprachigen Kindern unterscheiden, da in dieser Phase in der aktiven Kommunikation noch keine Wörter benötigt werden. Natürlich sind mehrsprachige Kinder gefordert, die unterschiedlichen Sprachen zu verstehen und einen jeweils sprachspezifischen rezeptiven Wortschatz aufzubauen.

Phase 3 Implizites Sprachwissen: Während Kinder die ersten Wörter langsam erwerben, vergrößert sich ihr Wortschatz ab der Mitte des zweiten Lebensjahres üblicherweise rasant. Bald bilden sie erste Sätze. Mit drei Jahren sprechen viele Kinder in kurzen, überwiegend korrekten Sätzen und haben bereits die wichtigsten grammatischen Regeln der Sprache abgeleitet. Mit etwa fünf Jahren beherrscht das Kind seine Muttersprache weitgehend fehlerfrei. Kinder mit einer kognitiven Beeinträchtigung durchlaufen auch diese Phase langsamer und zeigen oft Asynchronien zwischen verschiedenen Sprachkomponenten. Bei mehrsprachig aufwachsenden Kindern ist zu bedenken, dass sie Wörter in unterschiedlichen Kontexten lernen. Je nach Situation und sprachlichem Input werden einige Wortfelder in der einen, andere in der anderen Sprache erworben (z. B. die Namen von Bastelutensilien im Kindergarten, die von Kochutensilien zu Hause). So wirkt es für einsprachige Kommunikationspartner zunächst so, als sei der Wortschatz des Kindes zu klein für sein Alter. Es ist daher wichtig, bei mehrsprachigen Kindern immer den konzeptuellen Wortschatz, also den Gesamtwortschatz in allen Sprachen, zu betrachten. In dem Fall bewegt sich die Wortschatzentwicklung im Rahmen dessen, was bei einsprachig aufwachsenden Kindern zu beobachten ist (Klassert & Kauschke 2014). Mit Beginn der Regelableitung und -anwendung treten die Unterschiede im grammatischen Aufbau von Sprachen deutlicher hervor und die Kinder müssen nun die sprachspezifischen Regeln beim Sprechen beachten. Welche typischen Übertragungsfehler mehrsprachige Kinder machen, hängt dabei u. a. von der Grammatik der Erstsprache ab (Gagarina 2014).

Phase 4 Explizites Sprachwissen: Schließlich gelingt es typisch entwickelten Kindern mit etwa 5 bis 7 Jahren auch bewusst, auf ihr sprachliches Wissen zuzugreifen. Mehrsprachig aufwachsende Kinder haben grundsätzlich keine Probleme, explizites Sprachwissen aufzubauen – im Gegenteil, sie scheinen sogar früher als einsprachige Kinder metasprachliches Wissen auszubilden (z. B. Bialystok & Craik 2010). Menschen mit einer kognitiven Beeinträchtigung erreichen diese Phase vermutlich zumeist nicht. Legt man der Sprachdiagnostik dieses Modell zugrunde, kann im Einzelfall ermittelt werden, an welcher Stelle im Spracherwerbsprozess sich ein Kind aktuell befindet, welche Entwicklungsschritte es bereits erfolgreich durchlaufen hat, welche Entwicklungsaufgaben in der Zone der nächsten Entwicklung liegen (Wygotski 1987) und welche Förderziele sich daraus ableiten lassen (Doil 2012).

3 Das diagnostische Vorgehen bei mehrsprachigen Kindern mit einer kognitiven Beeinträchtigung

Das konkrete diagnostische Vorgehen beinhaltet bei mehrsprachigen Kindern mit einer kognitiven Beeinträchtigung folgende Elemente (vgl. Tab 1): Das Elterngespräch, in dem insbesondere die Sprachbiografie und die Sprachlernumwelt des Kindes betrachtet werden (▶ Kap. 3.1); die Erfassung der kindlichen Sprachfähigkeiten in allen Sprachen (▶ Kap. 3.2) und die Analyse der nichtsprachlichen, aber sprachrelevanten Fähigkeiten (▶ Kap. 3.3).

Tab. 1 Ablaufschema der Diagnostik bei mehrsprachigen Kindern mit einer kognitiven Beeinträchtigung (verändert nach Müller, Wolf & Aktas 2018)

1. Elterngespräch	
Inhalt	Methode
Allgemeine Anamnese • allgemeine Angaben zur Person und Familie • Entwicklungsgeschichte und Interessen • Vorbefunde (Hören, Sehen, Kognition) • organische Begleitprobleme, humangenetische Analysen etc.	• Anamnesebögen in verschiedenen Sprachen (s. Liste) • U-Heft, sofern vorhanden • verfügbare Berichte • ggf. in Übersetzung
Erfragen der Sprachbiografie des Kindes (in allen Sprachen) • Sprachlernbeginn → Erwerbstyp • Erreichen sprachlicher Meilensteine • aktuelle sprachliche Auffälligkeiten • bisherige Förderungen und Therapien	»Mehrsprachenbiografie« (Aktas 2021)

Tab. 1 Ablaufschema der Diagnostik bei mehrsprachigen Kindern mit einer kognitiven Beeinträchtigung (verändert nach Müller, Wolf & Aktas 2018) – Fortsetzung

1. Elterngespräch	
Inhalt	**Methode**
Erfragen der (aktuellen) Sprachlernbedingungen des Kindes • dominante bzw. »bessere« Sprache • Qualität und Quantität des Inputs • Systematik, Kontinuität, Motivation	»Mehrsprachenkontexte« (Ritterfeld & Lüke 2011)
2. Erfassung der kommunikativen und sprachlichen Fähigkeiten in allen Sprachen	
Inhalt	**Methode**
1. Ermittlung des aktuellen Sprachstandes im Deutschen	• per adaptivem Testen (Aktas 2012) → »Entwicklungsalter«
2. Detaillierte Analyse der (nonverbalen) kommunikativen Fähigkeiten (sofern erforderlich)	• Freie Beobachtung in Kommunikationssituationen • Beobachtung in Testsituation • ggf. KOMM-Bogen (Müller & Aktas, in Vorb.) • ELFRA-1 (Grimm et al. 2019)
3. Analyse der sprachlichen Fähigkeiten in den anderen Sprachen	• Befragung der Eltern • sofern Verfahren verfügbar: direkte Überprüfung der Erstsprache
3. Analyse weiterer sprachrelevanter Fähigkeiten	
Inhalt	**Methode**
1. Wahrnehmungs- und Verarbeitungsfähigkeiten 2. Kognitive Fähigkeiten (Denken, Gedächtnis, Kategorisierung, Imitation) 3. Exekutivfunktionen (Planungs- und Steuerungsprozesse, Aufmerksamkeit) 4. Basale sozial-kognitive Fähigkeiten (soziale Interessen, Turn-Taking-Verhalten, gemeinsame Aufmerksamkeitsbezüge, Imitation.,	• sprachfreier Intelligenztest • ggf. weitere spezifische Testverfahren • freie Beobachtung in Kommunikationssituationen • Beobachtung in der Testsituation

Ziel ist, das individuelle kommunikativ-sprachliche Profil des Kindes möglichst genau zu bestimmen und einen umfassenden Überblick über die relevanten Einflussfaktoren auf den Spracherwerb zu erlangen. Am Ende des diagnostischen Prozesses steht die Zusammenschau aller erhobenen Informationen und die theoriegeleitete Interpretation, die die Grundlage für Interventionsempfehlungen bildet. Eine Elternberatung zur Optimierung der Lernbedingungen sowie eine unmittelbar am kommunikativ-sprachlichen Profil des Kindes ansetzende Sprachförderung gehen in der Regel Hand in Hand. Gelegentlich sind weitere differentialdiagnostische Untersuchungen empfehlenswert. Schließlich sollte die entwicklungsorientierte Diagnostik in regelmäßigen Abständen wiederholt werden, um Veränderungen abbilden und die Wirksamkeit von Interventionen beurteilen zu können.

3.1 Das Elterngespräch

Dieses spielt bei mehrsprachig aufwachsenden Kindern eine noch größere Rolle als bei einsprachigen Kindern. Sind Familien erst kürzlich nach Deutschland gekommen, existieren oft keine (lesbaren) Vorbefunde. Grundlage für ein diagnostisch gewinnbringendes Elterngespräch ist folglich, dass eine sprachliche Verständigung auf ausreichend hohem Niveau möglich ist. Leider ist es oft nicht realisierbar, einen Dolmetscher und/oder Sprachmittler zu Hilfe nehmen zu können. Manchmal kann eine gemeinsame Fremdsprache wie Englisch genutzt werden.

Allgemeine Anamnese

Es erfolgt zunächst die übliche Anamnese der kindlichen Entwicklung, möglicher prä-, peri- und postnataler Risiken und der familiären und sozialen Situation. Ist die Verständigung mit Eltern über Sprachbarrieren erschwert, können übersetzte Anamnesebögen eine Hilfe sein. Für eine Reihe von häufigen Migrantensprachen liegen seit einigen Jahren Fragebögen vor, manche sind speziell für die Anamnese bei Sprachproblemen konzipiert worden (Wagner, n.d; Asbrock, Ferguson & Hoheiser-Thiel, 2011, Scharff-Rethfeld 2015). Weitere Bögen und Übersetzungen befinden sich in der Entwicklung (Albert & Haupt, 2019). Werden diese den Eltern vorab ausgehändigt, kann im Gespräch daran angeknüpft und ggf. gezielt nachgefragt werden.

Erfragen der Sprachbiografie des Kindes (in allen Sprachen)

Im zweiten Schritt wird ausdrücklich nach der sprachlichen Entwicklung des Kindes gefragt: Welche Sprachen hat das Kind ab welchem Zeitpunkt in welcher Qualität und in welchem Ausmaß gelernt? Hat ein Kind das Deutsche bereits von Geburt an bzw. sehr früh gelernt? (Erwerbstyp: »simultaner Zweitspracherwerb«) oder ist die deutsche Sprache erst zu einem späteren Zeitpunkt hinzugekommen (Erwerbstyp: »sukzessiver Zweispracherwerb«, s. Chilla 2020). Um die vielfältigen Informationen und Daten gut überblicken zu können, bietet sich die Visualisierungshilfe »MehrSprachenBiografie« an (Aktas 2021, s. Abb. 2), in der die Sprachen auf einer Art Zeitstrahl eingetragen und farblich markiert werden können. Anhand der Übersicht kann die Zahl der »Sprachkontaktmonate« bestimmt werden. Ein reines Auszählen der Monate kann allerdings zu falschen Einschätzungen führen. Wichtig ist es vielmehr, die tatsächliche »Netto-Lernzeit« zu bestimmen (tägliche Dauer des Kita-Besuchs abzüglich realer Fehlzeiten).

Erfragen der (aktuellen) Sprachlernbedingungen des Kindes

Für jede Sprache muss erfasst werden, wie die familiären und institutionellen Sprachlernbedingungen aussehen (▶ Kasten 3). Wer spricht in welcher Sprache mit dem Kind? Wie systematisch werden Sprachen getrennt? Wie reagiert das Kind? In welcher Sprache antwortet es? Dabei sind nicht nur die Eltern von Interesse, sondern auch weitere Bezugspersonen und Freunde: Welche Sprachen spricht das Kind in der Kita oder Schule sowie in der Freizeit mit anderen Kindern? Zur Erfassung der Sprachlernbedingungen bietet sich die Visualisierungshilfe »Mehrsprachenkontexte« von Ritterfeld und Lüke (2011) an (▶ Abb. 3). Schließlich sollen die Eltern (und sofern möglich auch das Kind selbst) angeben, welches die stärkere (dominante) Sprache des Kindes ist.

3.2 Erfassung der kommunikativen und sprachlichen Kompetenzen des Kindes in allen Sprachen

Ermittlung des aktuellen Sprachstands im Deutschen

Das adaptive Vorgehen kann mit verschiedenen sprachdiagnostischen Instrumenten umgesetzt werden. Wir arbeiten in der Regel (in aufsteigender Schwierigkeit) mit den Elternfragebögen zur Früherkennung von Risikokindern (ELFRA-1, ELFRA-2) und den Sprachentwicklungstests für zweijährige Kinder (SETK-2) und drei- bis fünfjährige Kinder (SETK 3–5) (für eine ausführliche Beschreibung des Vorgehens s. Aktas 2012). Ergänzend werden im Einzelfall Fragebögen zum vorsprachlichen Kommunikationsverhalten verwendet (KOMM) oder Tests, die einzelne Sprachkomponenten gezielter erfassen (z. B. TROG-D, AWST-R).
Bei mehrsprachigen Kindern wird unabhängig vom Lebensalter des Kindes mit den einfachsten Verstehensaufgaben aus dem SETK-2 begonnen (Wortverstehen). Auch Kinder, die bereits ganze Sätze gut verstehen, freuen sich, wenn ihnen auf diese Weise Erfolgserlebnisse ermöglicht werden. Anschließend werden zunehmend schwierigere Aufgaben vorgegeben, bis das Kind keine interpretierbaren Antworten mehr liefert.
Im Anschluss wird die Sprachproduktion erfasst. Sprechen die Kinder noch keine oder nur einzelne Wörter, werden ausschließlich die Elternfragebögen eingesetzt. Spricht das Kind einige Wörter oder erste Wortkombinationen im Deutschen, wird mit dem Wortschatztest aus dem SETK-2 fortgefahren. Da die Aufgabe ursprünglich für zweijährige Kinder konzipiert wurde, werden bei älteren Kindern Wörter des Alltagswortschatzes erfasst (Messer, Schere, Stuhl, Auto, Bus etc.). Der Wortschatztest stellt zudem eine gute Beobachtungssituation dar. Es kann eruiert werden, auf welche kommunikativen Mittel ein Kind zurückgreift, wenn ihm noch die Wörter fehlen (Benennung in der Muttersprache, Gesten, Blickkontakt etc.) und welche kreativen Umschreibungen es bildet (z. B. »Hinsetzer« für Stuhl).
Danach werden die produktiven Fähigkeiten auf Satzebene überprüft, indem Bildkarten mit kleinen Szenen vorgelegt werden, die das Kind beschreiben soll (Produktion II: Sätze /Enkodierung semantischer Relationen). Je nachdem, wie gut

das Kind diese Aufgabe meistert, folgen Aufgaben zum Sprachgedächtnis (Kunstwörter und Sätze nachsprechen, Kurzzeitgedächtnisspanne) sowie zur morphologischen Regelbildung. In vielen Fällen übersteigen diese Aufgaben aber das Kompetenzniveau von Kindern mit einer kognitiven Beeinträchtigung, genauso wie das von kognitiv typisch entwickelten mehrsprachigen Kindern mit noch schwachen Deutschkenntnissen.

Zweistufige Auswertung der beim adaptiven Testen erhobenen Daten

Bei der normorientiert-quantitativen Auswertung wird für jeden Subtest eine Art »Entwicklungsalter« ermittelt. Dazu werden die Antworten des Kindes zunächst manualgetreu ausgewertet. Dann wird anhand der Normtabellen des jeweiligen Tests der Altersbereich ermittelt, in dem die Rohwerte des Kindes einen Normwert im Normalbereich ergeben würden (genaue Erklärung des Vorgehens bei Aktas, 2004, 2012). Wir schlagen also ausdrücklich vor, zur Einschätzung der sprachlichen Fähigkeiten im Deutschen bei mehrsprachigen Kindern die Normwerte für einsprachige Kinder heranzuziehen (zur Begründung s. Kasten 4).

> **Kasten 4: Darf man bei mehrsprachigen Kindern Tests für einsprachige Kinder verwenden?**
>
> Unser Vorgehen unterscheidet sich von dem anderer Diagnostikerinnen, die die Verwendung von Testverfahren mit einsprachigen Normen ablehnen (z. B. Lemmer, Voet Cornelli & Schulz, 2021). Die vorgebrachten Einwände sind durchaus berechtigt. Allerdings sind nicht das Instrument und die Normtabelle entscheidend, sondern die fachgerechte Interpretation der erhaltenen Werte.
>
> Wir halten das vorgeschlagene Vorgehen für gerechtfertigt, sofern die Diagnostikerin den auf diese Weise ermittelten »aktuellen Sprachstand in der deutschen Sprache« vor dem Hintergrund der bisherigen kindlichen Lernmöglichkeiten des Deutschen einzuordnen weiß.
>
> Das vorgeschlagene Konzept erlaubt, den aktuellen Sprachstand im Deutschen ökonomisch, präzise und damit intraindividuell gut vergleichbar festzustellen. Wenn dieser ins Verhältnis zu den bisherigen Deutschlerngelegenheiten des Kindes gesetzt und mit späteren Messungen verglichen wird, kann zuverlässig abgeschätzt werden, ob sich die sprachlichen Fähigkeiten passend weiterentwickeln oder ob es Hinweise auf ein generelles Sprachlernproblem gibt.
>
> Sehr positiv ist zu bewerten, dass seit mehreren Jahren intensiv an standardisierten Instrumenten zur Verbesserung der Sprachdiagnostik bei mehrsprachigen Kindern geforscht wird (COST-Initiative). Bis diese Instrumente jedoch im Praxisalltag verfügbar sind, ist das entwicklungsorientierte Vorgehen ein gangbarer Weg.

Am Ende der normorientierten Auswertung kann dann abgelesen werden, in welchen Sprachbereichen (Rezeption, Produktion, Sprachgedächtnis) das Kind stärker bzw. schwächer agiert.

Bei der qualitativen Auswertung werden die nonverbalen Reaktionen und wörtlichen Antworten des Kindes in der Testsituation auf Antwortmuster und Fehlertypen hin analysiert mit dem Ziel, den sprachlichen Entwicklungsstand des Kindes im theoretischen Rahmenmodell einzuordnen. In der Praxis finden wir viele Kinder mit einer kognitiven Beeinträchtigung, die noch in keiner Sprache in die Phase des impliziten Sprachwissens eingetreten sind. Bei diesen Kindern steht das während des Tests beobachtete nonverbale Kommunikationsverhalten im Zentrum (vgl. nachfolgender Abschnitt).

Ab der Phase des impliziten Sprachwissens sind die wörtlichen Antworten mit Blick auf die typischen Erwerbsverläufe simultan bzw. sukzessiv-mehrsprachiger Kinder genauer zu betrachten: Welche Wörter kennt und benennt das Kind in der einen oder anderen Sprache? Wie groß ist sein konzeptueller Wortschatz? Kombiniert es Wörter zu Mehrwortäußerungen? Wie komplex sind diese? Entsprechen sie der Grammatik der jeweiligen Sprache? Gibt es Sprachmischungen? Übertragungen? Sind die beobachtbaren »Fehler« typisch oder untypisch für den jeweiligen Erwerbstyp? Hier sind gute theoretische Kenntnisse über die typischen und untypischen Erwerbsverläufe bei Kindern mit Deutsch als Zweitsprache notwendig (z. B. Chilla 2020). Grundkenntnisse der grammatischen Besonderheiten der Erstsprache im Vergleich zum Deutschen sind ebenfalls hilfreich (z. B. »Deine Sprache – meine Sprache«, Lehrmittelverlag Zürich 2020).

Bei der Interpretation der Ergebnisse muss schließlich der Sprachentwicklungsstand im Deutschen ins Verhältnis zur Quantität und Qualität des bisherigen Inputs in der deutschen Sprache gesetzt werden. Hierzu müssen die Ergebnisse der Analyse der Sprachlernbedingungen sowie der Sprachbiografie des Kindes herangezogen werden.

Detaillierte Analyse der (nonverbalen) kommunikativen Fähigkeiten

Bei Kindern, die noch vorsprachlich kommunizieren (Phasen 1 und 2), werden die nonverbalen Fähigkeiten sowohl in freien als auch strukturierten Situationen genau beobachtet. Leitend sind u. a. folgende Fragen: Wie reagiert das Kind auf Ansprache? Handelt es in der Interaktion bereits intentional oder gehen alle Initiativen von der Untersucherin aus? Ist das Kind zu Joint Attention und Turn-Taking in der Lage? Gibt es Anzeichen für erste symbolische Kommunikationsmittel? (Wie) lautiert es? u. s. w.

Darüber hinaus wird das Kommunikationsverhalten im Alltag über Fragebögen (ELFRA und KOMM) von den Eltern und weiteren Bezugspersonen erfragt.

Die Kernfrage bei mehrsprachigen Kindern mit einer kognitiven Beeinträchtigung lautet entsprechend wie bei einsprachigen Kindern: Auf welchem Entwicklungsniveau befinden sich die kommunikativen Kompetenzen des Kindes?

Analyse der sprachlichen Fähigkeiten in den anderen Sprachen

Die Sprachkompetenzen in der Erstsprache eines Kindes gemäß den üblichen diagnostischen Standards zu erfassen, ist zwar wünschenswert, aber nicht möglich (s. Argumentation bei Asbrock et al 2011). Selbst für häufige Erstsprachen existieren zwar Screenings, die eine Eindrucksbildung erlauben, aber keine theoretisch fundierten, den Gütekriterien entsprechende Testverfahren (Bucheli 2018). Solange die Erstsprachkompetenzen nicht zuverlässig direkt beim Kind erhoben werden können, ist es nur möglich, sich den Sprachentwicklungsverlauf von den Eltern möglichst genau schildern zu lassen und dabei die bekannten Risikokriterien für Sprachentwicklungsprobleme zu erfragen (z. B. spätes Sprechen der ersten Wörter, in der Folge nur langsame sprachliche Zugewinne, Late-Talker-Status mit 24 Monaten, Aussprachprobleme etc.). Eltern können dabei umso besser retrospektiv Auskunft geben, je genauer Informationen erfragt werden (Asbrock et al. 2011, Bucheli 2018). Auch bei der Beschreibung der aktuellen Sprachfähigkeiten hilft es, konkret zu werden, wenn Eltern auf die Frage, wie das Kind seine Muttersprache spricht, nur mit »gut« antworten. Nachfragen könnten zum Beispiel so lauten: Spricht ihr Kind heute genauso gut wie andere Kinder mit der gleichen Erstsprache? Oder eher besser? Oder schlechter? Wenn Sie ihr Kind mit seinen Geschwistern vergleichen: Hat ihr Kind im Vergleich zu diesen langsamer, schneller oder gleich schnell sprechen gelernt? u. s. w.

3.3 Analyse weiterer sprachrelevanter Fähigkeiten

Zur Diagnostik der nicht sprachlichen, aber für den Spracherwerb relevanten Fähigkeiten (z.B. Gedächtnisleistungen, Denkfähigkeiten, Exekutivfunktionen, ▶ Tab. 1) ist eine enge Zusammenarbeit mit Fachkräften aus der Entwicklungsdiagnostik erforderlich. Üblicherweise führen diese standardmäßig einen Entwicklungs- oder Intelligenztest durch. Hier ist es bei mehrsprachig aufwachsenden Kindern hochgradig wichtig, ein Instrument zu wählen, das so wenig sprachliche Anforderungen wie möglich stellt und zudem möglichst kulturfair ist. Einige Tests werden explizit als »nonverbale« Tests bezeichnet (z. B. SON-R 2–8), andere haben »sprachfreie« Indizes (z. B. K-ABC II). Wenn ein Test sowohl eine »Sprachskala« als auch eine »Kognitionsskala« beinhaltet (z. B. Bayley III), darf daraus nicht vorschnell geschlossen werden, dass die Kognitionsskala sprachfrei ist. Manche »Kognitionsaufgabe« erfordert zur Lösung durchaus sprachliche Fähigkeiten (z. B. »Gib mir einen Klotz!«). Das Einschätzen der sozialen, sozial-kognitiven und emotionalen Voraussetzungen des Kindes und der Familie erfolgt in der Regel über strukturierte und/oder standardisierte Befragungen der Eltern, die erneut durch Sprachbarrieren erheblich erschwert sein können. Das Einholen einer Fremdanamnese z. B. durch Befragung von Fachkräften aus der Kita oder Schule, Therapeuten etc. ist in der Regel unerlässlich.

4 Das entwicklungsorientierte diagnostische Vorgehen an einem Fallbeispiel

Murat wurde uns erstmals im Alter von 4;11 Jahren von seinen Eltern zur allgemeinen Entwicklungsdiagnostik bei schwachen Deutschfähigkeiten vorgestellt. Akuter Vorstellungsgrund war die anstehende Einschulung.

4.1 Das Elterngespräch

Die Verständigung mit den Eltern gelang nur bedingt. Wichtige Informationen konnten jedoch erfragt werden, da Murats ältere Schwester, die sehr gut Deutsch sprach, anwesend war. Sie hatte der Mutter auch vorab beim Ausfüllen des deutschsprachigen Anamnesebogens geholfen. Die Eltern machten sich Sorgen um Murats weiteres Fortkommen. Er sei ein sehr lieber und fröhlicher Junge, aber irgendwie lerne er nicht viel dazu. Da es langsam in Richtung Schule gehe, habe der Kindergarten zu einer Vorstellung im SPZ geraten. Murat spreche ganz gut Türkisch, nur das Deutsche sei noch schwierig für ihn. Er sei erst seit 4 Monaten im Kindergarten. Vorher habe er zweimal in der Woche eine Spielgruppe besucht. Das Hören sei schon mehrfach ohne Befund überprüft worden. Die Schwangerschaft und Geburt seien unauffällig verlaufen.

Sprachbiografie

In Murats Familie werden Türkisch und Kurdisch gesprochen. Beide Sprachen lernte Murat von Geburt an, wobei seine Mutter Türkisch und der Vater Kurdisch mit ihm sprachen. Die älteren Geschwister sprächen alle drei Sprachen sehr gut. Mit Murat sprächen sie meistens Türkisch. Sorgen habe man sich erstmals um Murats Entwicklung gemacht, als er einfach nicht sprechen wollte. Er habe mit eineinhalb Jahren »Anne« und »Baba« (»Mama« und »Papa« auf Türkisch) gesagt, dann sei lange Zeit nichts dazu gekommen. Vermutlich habe man ihn doch zu sehr verzogen und ihm seine Wünsche zu oft »von den Augen abgelesen«.
Der Abbildung 2 (»MehrSprachenBiografie«, Aktas 2021) ist zu entnehmen, dass Murat mit Eintritt in den Kindergarten erstmalig systematisch mit der deutschen Sprache in Kontakt gekommen war. Zu diesem Zeitpunkt war er bereits 4;6 Jahre alt gewesen. Murat zählt damit zum Erwerbstyp »Deutsch als Zweitsprache« (sequentieller Zweitspracherwerb, DaZ). Er wächst zudem simultan-bilingual mit Türkisch und Kurdisch auf.

Analyse der Sprachlernbedingungen

Murats Mutter berichtete im Gespräch zunächst nur, dass Türkisch und Kurdisch die Familiensprachen seien. Auf gezielte Nachfragen hin wurde das Bild unter Zuhilfenahme der »Mehrsprachenkontexte« von Ritterfeld und Lüke (2011) differenzierter (vgl. Abb. 3).

Abb. 2: MehrSprachenBiografie für Murat; erstellt im Alter von 6;11 Jahren zum dritten Untersuchungszeitpunkt.

Türkisch nimmt mit Abstand den größten Raum in Murats sprachlicher Umgebung ein. Sowohl im Freundes- und Familienkreis als auch in der Nachbarschaft ist diese Sprache vorherrschend. Kurdisch spielt eine untergeordnete Rolle, da nur der Vater gelegentlich diese Sprache mit Murat spricht. Deutsch lernt Murat ausschließlich in der Kita, die er ganztägig und regelmäßig besucht. In der Freizeit schaue er mehrere Stunden Youtube-Videos. Dabei nehme er die Sprachen, »wie sie kommen« (auch englisch, chinesisch, russisch). Therapien habe Murat bisher keine erhalten.

4.2 Erfassung der kommunikativen und sprachlichen Fähigkeiten des Kindes in allen Sprachen

Erfassung der sprachlichen Fähigkeiten in der deutschen Sprache: Adaptives Testen

Da Murat nach Auskunft der Eltern im Deutschen schon eine ganze Reihe von Wörtern sowie kleine Sätze sprach, wurde auf die Ausgabe der Elternfragebögen verzichtet. Die Überprüfung des Sprachverständnisses wurde nach dem Aufgabenset für dreijährige Kinder beendet, da Murat offensichtlich nicht mehr wusste, was er

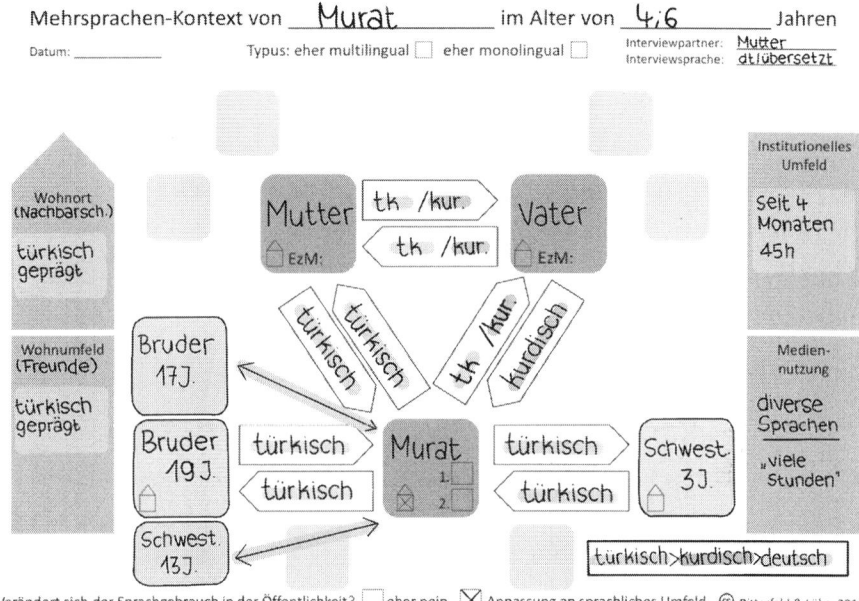

Abb. 3: Mehrsprachenkontexte für Murat; erstellt im Alter von 4;6 Jahren zum ersten Untersuchungszeitpunkt

mit dem Material tun sollte. Die Wort- und Satzproduktionsaufgaben bearbeitete Murat mit sichtlichem Vergnügen. Die Gedächtnisaufgaben wurden nicht vorgegeben.

Quantitative Auswertung

Murat benannte 16 der 30 Objekte aus dem Wortschatztest des SETK-2 korrekt. Bei der Bildbeschreibungsaufgabe erfasste Murat oft sofort, was auf den Bildern zu sehen war, konnte das Gesehene aber noch schwer in Worte fassen. Daher nahm er häufig seine Mimik und Gesten zu Hilfe: »Baby so schlafen« (spielt es vor). Murats sprachliche Fähigkeiten im Deutschen lagen bei einem chronologischen Alter von 4;11 Jahren in etwa auf dem Niveau dessen, was zwei- bis zweieinhalbjährige einsprachig aufwachsende typisch entwickelte Kinder sprechen. Sein Sprachverständnis im Deutschen war etwas besser.

Zum Verständnis der Tabelle 2:

Wenn man Murat die Aufgaben für sein Lebensalter vorgelegt hätte, hätte man den SETK 3-5 und die Normtabellen für 4;6–4;11 Jahre verwendet. Schaut man in diese (vorletzte) Spalte, sieht man, dass diese Aufgaben für Murat viel zu schwer gewesen wären. Das war zu erwarten, er lernt ja erst seit 4 Monaten

Diagnostische Fragen zur Zwei- und Mehrsprachigkeit

Tab. 2: Normorientierte Ergebnisse des adaptiven Testens von Murat im Alter von 4;6 Jahren

Sprachentwicklungstests für zweijährige Kinder (SETK-2, 2016) und für drei- bis fünfjährige Kinder (SETK 3–5, 2015)	T-Wert in Altersgruppe:	2;0–2;5	2;6–2;11	3;0–3;5	3;6–3;11	4;0–4;5	4;6–4;11	5;0–5;11
	Sprachverständnis Wörter	49	42					
	Sprachverständnis Sätze	53	45	37	29	/	/	
	Sprachproduktion Wörter	43	34					
	Sprachproduktion Sätze	46	35	28	21	/	/	
	Gedächtnis für Sprache		Morpho			/	/	/
			PGN			/	/	/
			SG			/	/	/

CA: 4;11 Jahre
MA: 2;11 Jahre

Morpho=Morphologische Regelbildung, PGN=Phonologisches Arbeitsgedächtnis für Nichtwörter, SG=Satzgedächtnis
Weiß hinterlegte T-Werte=durchschnittlich in der jeweiligen Altersgruppe, schwarz=unterdurchschnittlich
CA=chronologisches Alter/Lebensalter, MA=Mentales Alter im SON-R 2 ½-7

systematisch Deutsch. Alle schwarz hinterlegten Kästchen zeigen an, dass Murat dieses Entwicklungsalter noch nicht erreicht hat. In hell unterlegten Kästchen hätte Murat, wenn er denn dieses Alter aufgewiesen hätte, einen Wert im Normalbereich erzielt. Das »Entwicklungsalter« ist hier das höchste Alter, in dem das Kind noch einen Wert im Normalbereich erreicht hätte.

Qualitative Auswertung und Interpretation der Ergebnisse

Bei den Satzverständnisaufgaben wurde deutlich, dass Murat noch Probleme mit einfachen Präpositionen sowie der Verneinung im Satz hat. Mehrteilige Handlungen konnte er nicht ausführen. Im Wortschatztest verwechselte Murat Benennungen von vertrauten Alltagsgegenständen innerhalb semantischer Felder (z. B. »Messer« und »Schere« oder »Apfel« und »Birne«). Bei den Bildbeschreibungsaufgaben produzierte er überwiegend Mehrwortäußerungen, die von zahlreichen grammatischen Fehlern und Auslassungen durchzogen waren (»Da Jung da wa laufen«). Verben wurden selten konjugiert; kurze Sätze mit Verbendstellung überwogen.

Nonverbales sprachliches Verhalten während der Testsituationen

Murat ließ sich gut auf die Interaktion ein und kommunizierte intensiv. Er begrüßte und verabschiedete die Untersucherin angemessen mit einem Lächeln, Kopfnicken und Worten (»Hallo«, »Tschüss«). Er nutzte seinen Blick in sozial koordinierter Weise und zeigte rückversichernde Blicke, wenn er unsicher war. Er strahlte über das ganze Gesicht, wenn er gelobt wurde, initiierte selbst Interaktionen und setzte ausgeprägt Mimik und Gestik ein, um Gesagtes zu unterstreichen. Die affektive Schwingungsfähigkeit war ausgesprochen gut.

Fähigkeiten in der türkischen und kurdischen Sprache

Nach Elternauskunft spreche Murat von allen Sprachen am besten Türkisch. Seit einem sechswöchigen Türkeiurlaub habe er große Fortschritte gemacht. Er spreche jetzt kleine Sätze, die Aussprache sei auch »ok«. Auf Nachfrage berichtet die Mutter, dass die Geschwister in Murats Alter schon sehr gut Türkisch gesprochen hätten, viel besser als Murat jetzt. Kurdisch verstehe Murat auch, allerdings deutlich schlechter als Türkisch. Deutsch sei Murats schwächste Sprache.

4.3 Analyse der nichtsprachlichen sprachrelevanten Fähigkeiten

Im nonverbalen Intelligenztest SON-R 2–8 arbeitete Murat motiviert mit. Bei den Mosaikaufgaben legte er die Steine in den Rahmen, ohne auf das Muster zu achten, bei den anderen Aufgaben schaute er sich die Vorlagen und Bilder gut an, löste das Item aber dennoch falsch. Der ermittelte IQ-Wert lag bei 52 (Konfidenzintervall

49 – 65) und damit im Bereich einer kognitiven Beeinträchtigung. Die Leistungen entsprachen einem mentalen Entwicklungsalter von 2;11 Jahren. Zudem verfügte Murat über eine sehr geringe Gedächtnisspanne. Bei einigen Aufgaben verstand er trotz ausführlicher Erklärung, mehrfacher Demonstration sowie Übersetzung ins Türkische die Aufgabenstellung nicht.

4.4 Zusammenfassung, Interpretation und Empfehlungen

Murat wurde uns zur Erstdiagnostik bei Sprachentwicklungsproblemen vorgestellt. Er wuchs dreisprachig auf, wobei das Deutsche erst vor vier Monaten als dritte Sprache hinzugekommen war. Auf der Grundlage einer umfassenden Entwicklungsdiagnostik wurde bei Murat eine kognitive Beeinträchtigung diagnostiziert. Die verlangsamte sprachliche Entwicklung in den Erstsprachen Türkisch und Kurdisch lässt sich darauf zurückführen. Betrachtet man seine sprachlichen Fähigkeiten im Deutschen, die wir als einzige direkt erheben konnten, so hat Murat in den vier Monaten systematischen Sprachkontakts bereits eine Menge Deutsch gelernt. Sein Sprachverständnis bewegte sich bereits in etwa auf dem Niveau seines mentalen Entwicklungsalters. Die sprachproduktiven Fähigkeiten im Deutschen waren demgegenüber noch etwas schwächer. Murat kannte bereits einige Wörter im Deutschen und bildete auch erste kurze Sätze. Ausgehend von diesen Ergebnissen wurde eine heilpädagogische Frühförderung eingeleitet und die Sprachentwicklung durch eine logopädische Behandlung unterstützt. Die Ergebnisse der entwicklungsorientierten Diagnostik wurden den Therapeutinnen zur Verfügung gestellt, die daraufhin individuelle Förderziele formulierten. Da Murat bis zu diesem Zeitpunkt noch keinerlei Förderung erhalten hatte, wurde angeregt, ihn für ein Jahr von der Einschulung zurückzustellen, was auch bewilligt wurde. Die Eltern wurden dahingehend beraten, den Medienkonsum zu beschränken und zu kanalisieren (Reduzierung plus Beschränkung auf seine drei Sprachen). Ferner wurden sie ermutigt, selbst weiter Türkisch mit Murat zu sprechen, die Geschwister wurden gebeten, überwiegend Deutsch mit ihm zu sprechen. Auf diese Weise konnte mehr Systematik in den Lernbedingungen hergestellt und die Quantität des deutschen Sprachinputs erhöht werden, ohne qualitative Einbußen zu erleiden.

Verzeichnis der genannten Testverfahren

AWST-R:	Kiese-Himmel, C. (2005). Aktiver Wortschatztest. Göttingen: Hogrefe.
BAYLEY-III:	Bayley, N. (2015). Bayley Scales of Infant and Toddler Development – Third Edition. Göttingen: Hogrefe.
ELFRA:	Grimm, H., Doil, H., Aktas, M. & Frevert, S. (2019). Elternfragebögen für die Früherkennung von Risikokindern (EL-

	FRA-1, ELFRA-2) (3., überarbeitete Auflage). Göttingen: Hogrefe.
K-ABC II:	Kaufman, A. S., Kaufman, N. L., Melchers, P. & Melchers, M. (2015). Kaufman Assessment Battery for Children-II. Pearson.
KOMM:	Müller, C. & Aktas, M. (in Vorb.). KOMM – Elternfragebogen zur vorsprachlichen Kommunikation. Göttingen: Hogrefe.
SETK-2:	Grimm, H. (unter Mitarbeit von M. Aktaş und S. Frevert) (2000/2016). SETK-2. Sprachentwicklungstest für zweijährige Kinder. Diagnose rezeptiver und produktiver Sprachverarbeitungsfähigkeiten. Göttingen: Hogrefe.
SETK 3–5:	Grimm, H. (unter Mitarbeit von M. Aktaş und S. Frevert) (2001/2015). SETK 3–5. Sprachentwicklungstest für drei- bis fünfjährige Kinder. Diagnose von Sprachverarbeitungsfähigkeiten und auditiven Gedächtnisleistungen. Göttingen: Hogrefe.
SON-R 2–8:	Tellegen, P.J.; Laros, J.A. & Petermann, F. (2018). Non-verbaler Intelligenztest. Göttingen: Hogrefe.
TROG-D:	Fox, A. (2020/8. Auflage). Test zur Überprüfung des Grammatikverständnisses. Idstein: Schulz-Kirchner.

Literaturverzeichnis

Aktas, M. (2004). Sprachentwicklungsdiagnostik bei Kindern mit Down-Syndrom: Entwicklung eines diagnostischen Leitfadens zum theoriegeleiteten Einsatz standardisierter Verfahren. Unveröffentlichte Dissertation im Fachbereich Psychologie an der Universität Bielefeld. https://pub.uni-bielefeld.de/download/2302157/2302160/Dissertation_Aktas_2004.pdf [letzter Zugriff am 26.01.2022].

Aktas, M. (Hrsg.) (2012). *Entwicklungsorientierte Sprachdiagnostik und -förderung bei Kindern mit geistiger Behinderung. Theorie und Praxis.* München: Elsevier.

Aktas, M. (2021). *Unveröffentlichte Arbeitshilfen zur Sprachdiagnostik bei Mehrsprachigkeit: Mehr-SprachenBiografie und Waage.* https://www.bielefelder-institut.de/neue-publikationen.html [letzter Zugriff am 26.01.2022].

Aktas, M., Asbrock, D., Doil, H. & Müller, C. (2012). Einleitung: Entwicklungsorientiertes Arbeiten bei Kindern mit geistiger Behinderung – ein Überblick. In M. Aktas (Hrsg.), *Entwicklungsorientierte Sprachdiagnostik und -förderung bei Kindern mit geistiger Behinderung. Theorie und Praxis* (S. 1–5). München: Elsevier

Aktas, M., Asbrock. D., Frevert, S. & von Lehmden, F. (2017). Beratung von Eltern mehrsprachig aufwachsender Kinder. In A. Blechschmidt & U. Schräpler (Hrsg.), *Mehrsprachigkeit in Sprachtherapie und Unterricht. Treffpunkt Logopädie 5*, (S. 115–125). Basel: Schwabe Verlag.

Albert, H. & Haupt, C. (2019). Einsatz des Alberta Language & Development Questionnaires in der Sprachdiagnostik bilingualer Kinder in Deutschland. *Forschung Sprache*, 2, 53–64.

Asbrock, D. (2012). Besonderheiten bei mehrsprachig aufwachsenden Kindern mit geistiger Behinderung. In M. Aktas, M. (Hrsg.) (2012), *Entwicklungsorientierte Sprachdiagnostik und -förderung bei Kindern mit geistiger Behinderung. Theorie und Praxis.* (S. 225–256). München: Elsevier.

Asbrock, D., Ferguson, C. & Hoheiser-Thiel, N. (2011). *Sprachdiagnostik bei mehrsprachigen Vorschulkindern: Ein Praxisleitfaden. Köln: ProLog.* (inklusive Anamnesebögen: deutsch, türkisch, russisch).

Bucheli, S. (2018). *Sprachliche Diagnostik mehrsprachiger Kinder aus sprachtherapeutischer Perspektive.* ProDaZ Deutsch als Zweitsprache in allen Fächern. https://www.uni-due.de/imperia/md/content/prodaz/bucheli_sprachliche_diagnostik_mehrsprachiger_kinder_aus_sprachtherapeutischer_perspektive.pdf [letzter Zugriff am 26.01.2022].

Bialystok, E. & Craik, F. I. (2010): Cognitive and linguistic processing in the bilingual mind. *Current directions in psychological science, 19*, 19–23.

Buschmann, A. & Schumm, E. (2017), Welche Fragen haben Eltern mit Migrationshintergrund zum mehrsprachigen Aufwachsen und Erziehen? *Forschung Sprache, 2,* 2017, S. 4–16.

Chilla, S. (2020). Mehrsprachige Entwicklung. In S. Sachse, A.-K. Bockmann & A. Buschmann (Hrsg.), *Sprachentwicklung. Entwicklung – Diagnostik – Förderung im Kleinkind- und Vorschulalter* (S. 109–126). München: Springer.

Doil, H. (2012). Entwicklungsorientierte Sprach- und Kommunikationsförderung. In M. Aktas (Hrsg.) (2012), *Entwicklungsorientierte Sprachdiagnostik und -förderung bei Kindern mit geistiger Behinderung. Theorie und Praxis* (S. 81–115). München: Elsevier.

Fox-Boyer, A. & Salgert, K. (2014). Erwerb und Störungen der Aussprache bei mehrsprachigen Kindern. In S. Chilla & S. Haberzettl (Hrsg.), *Handbuch Spracherwerb und Sprachentwicklungsstörungen: Mehrsprachigkeit* (S. 109–121) München: Urban & Fischer.

Gagarina, N. (2014). Die Erstsprache bei Mehrsprachigen im Migrationskontext. In S. Chilla, & S. Haberzettl, S. (Hrsg.), *Handbuch Spracherwerb und Sprachentwicklungsstörungen: Mehrsprachigkeit* (S. 19–37). München: Urban & Fischer.

Grimm, H. (2012). *Störungen der Sprachentwicklung.* Göttingen: Hogrefe.

Wagner, L. (n.d.). *Anamnesebögen online.* https://anamnesis-online.com/Anamnesebögen in den Sprachen Russisch, Polnisch, Griechisch, Serbokroatisch, Englisch, Türkisch, Arabisch, Italienisch, Spanisch, Französisch. [letzter Zugriff am 21.01.2022].

Karmiloff-Smith, A. (2012). *Beyond modularity. A developmental perspective on cognitive Science. Cambridge:* Bradford.

Klassert, A. & Kauschke, C. (2014). Semantisch-lexikalische Entwicklungsstörungen bei mehrsprachigen Kindern. In S. Chilla & S. Haberzettl (Hrsg.), *Handbuch Spracherwerb und Sprachentwicklungsstörungen: Mehrsprachigkeit* (S. 121–133) München: Urban & Fischer.

Lehrmittelverlag Zürich (Hrsg.) (2020). *Deine Sprache – Meine Sprache. Handbuch zu 19 Migrationssprachen und zu Deutsch.* Zürich: Lehrmittelverlag.

Lemmer, R., Voet Cornelli, B. & Schulz, P. (2021). Warum Sprachdiagnostik bei Mehrsprachigkeit von besonderer Bedeutung ist. *Praxis Sprache, 4,* 204–210.

Müller, C., Wolf, S.M. & Aktas, M. (2018). Entwicklungsorientierte Sprachdiagnostik und Förderplanung bei minimal verbalen Kindern mit Beeinträchtigung. In E. Wilken (Hrsg.), *Unterstützte Kommunikation. Eine Einführung in Theorie und Praxis* (5., überarb. Auflage), S. 38–64., Stuttgart: Kohlhammer.

Pearson, B., Fernandez, S. Lewedeg, V. & Oller, D. K. (1997). The relations of input factors to lexical learning by bilingual infants. *Applied Psycholinguistics,* 18, S. 41–58.

Place, S. & Hoff, E. (2016). Effects and noneffects of input in bilingual environments on dual language skills in 2 ½ year olds. *Bilingualism. Language and Cognition, 19,* 1023–1041.

Ostad, J. (2014). Mehrsprachigkeit im Kontext von primären Störungsbildern. In S. Chilla & S. Haberzettl (Hrsg.), *Handbuch Spracherwerb und Sprachentwicklungsstörung, Mehrsprachigkeit* (S. 85–95). München: Elsevier.

Ritterfeld, U., & Lüke, C. (2011). *Mehrsprachen-Kontexte 2.0. Erfassung der Inputbedingungen von mehrsprachig aufwachsenden Kindern.* http://www.sk.tu-dortmund.de/media/other/Mehrsprachen-Kontexte.pdf [letzter Zugriff: 26.01.2022].

Rondal, J.A. (1998). Cases of exceptional language in mental retardation an Down sydrome: Explanatory perspectives. *Down Syndrome Research and Practice,* 5, 1–15.

Scharff Rethfeldt, W. (2015): *Bilinguales Patientenprofil –* Anamnesebögen auf Deutsch, Türkisch, Englisch und Mandarin. http://www.logo-com.net/logo-mobil.net/Publications.html [letzter Zugriff am 26.01.2022].

Scharff Rethfeldt, W., McNeilly, L., Abutbul-Oz, H., Blumenthal, M., Garcia de Goulart, B., Hunt, E., Laasonen, M. R., Levey, S., Meir, N., Moonsamy, S., Mophosho, M., Salameh, E.-K., Smolander, S., Taiebine, M., & Thordardottir, E. (2021). *Von Eltern und Bezugspersonen häufig gestellte Fragen zur Sprachentwicklung mehrsprachig aufwachsender Kinder und wissenschaftlich fundierte, evidenzbasierte Antworten*; https://ialpasoc.info/faqs/faqs-from-the-multilingual-affairs-committee/ [letzter Zugriff am 26.01.2022]

Tracy, R. (2007). *Wie Kinder Sprachen lernen. Und wie wir sie dabei unterstützen können.* Tübingen: Francke.

Vallar, G. & Papagno. C. (1993). Preserved vocabulary acquisition in Down's Syndrome: The role of phonological short-term memory. *Cortex*, 29. 467–483.

Weinert, S. (1991). *Spracherwerb und implizites Lernen.* Göttingen: Hogrefe.

Wygotski, L. (1987). *Ausgewählte Schriften. Bd. 2: Arbeiten zur psychischen Entwicklung der Persönlichkeit.* Köln: Pahl-Rugenstein.

Sprachförderung von mehrsprachigen Kindern mit Beeinträchtigungen im Vorschulalter

Janina Dott & Ulla Licandro

1 Einführung

Der Erwerb sprachlicher und kommunikativer Kompetenzen ist eine der wichtigsten Entwicklungsaufgaben in der frühen Kindheit – dies gilt auch für mehrsprachige Kinder[1] mit einer sogenannten geistigen Behinderung bzw. kognitiven Beeinträchtigung[2]. Dabei beeinflussen verschiedene Formen von Beeinträchtigungen, z. B. das Down-Syndrom oder Autismus-Spektrum-Störungen, sowie die individuellen kognitiven, perzeptuellen und sozial-emotionalen Kompetenzen den Spracherwerb (Finestack et al. 2012; Roberts et al. 2007); dies gilt auch für die bisherigen Erfahrungen mit den unterschiedlichen Sprachen.

Immer noch erhalten Eltern und Sorgeberechtigte von Kindern mit kognitiven Beeinträchtigungen häufig die Empfehlung, nur eine Sprache – zumeist die Umgebungssprache – mit ihrem Kind zu sprechen, um es nicht zu überfordern. Dies widerspricht nicht nur praktischen Erfahrungen, sondern auch Forschungserkenntnissen, die zeigen, dass mehrsprachige Kinder mit Beeinträchtigungen gegenüber einsprachigen Kindern mit derselben Beeinträchtigung keine sprachlichen Nachteile haben (Kay-Raining Bird et al. 2016; Paradis et al. 2018). Im Gegenteil, zum einen ist die Familiensprache für die Kommunikation und das Wohlbefinden innerhalb der Familie bedeutsam (De Houwer 2015), und zum anderen wurden im Fall von Autismus-Spektrum-Störungen teilweise positive Effekte auf Kommunikation und Verhalten beobachtet (Uljarevic et al. 2016). Unabhängig davon, ob sie eine Beeinträchtigung haben oder nicht – Kinder haben ein Recht auf ein mehrsprachiges Aufwachsen und sollten darin unterstützt werden.

Einen wichtigen Beitrag dazu leisten pädagogisch-therapeutische Angebote im Rahmen der Sprachtherapie (Licandro 2021a) oder der Frühförderung. Im vorliegenden Kapitel wird ergänzend dazu die alltagsintegrierte Sprachförderung in frühpädagogischen Einrichtungen wie der Krippe oder Kindertagesstätte (Kita) fokussiert. Die dargestellten Methoden in Erwachsenen-Kind-Interaktionen lassen sich aber auch auf weitere Settings übertragen. Da andere Kinder, die Peers, ebenfalls ein wichtiger Teil des Sprachumfelds sind, fokussiert der Beitrag auch diese Gruppe von Interaktionspartner*innen. Zudem ist für eine gelingende Sprachförderarbeit die

---

1 In diesem Kapitel wird von »mehrsprachigen Kindern« bzw. »Mehrsprachigkeit« gesprochen, wobei dies auch das zweisprachige Aufwachsen miteinschließt.
2 Im Folgenden wird der Begriff »kognitive Beeinträchtigung« verwendet. Diese Bezeichnung schließt Kinder mit einer sogenannten geistigen Behinderung mit ein.

Kooperation mit Eltern und weiteren Fachpersonen wichtig, auf die abschließend eingegangen wird. Eine Auflistung weiterführender Links, Materialien und Informationen rundet den Beitrag ab.

2 Gestaltung sprachförderlicher Interaktionen für mehrsprachige Kinder mit Beeinträchtigungen – Interaktionspartner*innen und Prinzipien

Die Interaktion mit einem bedeutungsvollen und (sprach)anregenden Umfeld gilt als wesentliche Voraussetzung für den Spracherwerb. Mit dem Eintritt in die Krippe oder Kita beginnen Kinder, täglich längere Zeiträume mit erwachsenen Interaktionspartner*innen und ihren Peers in unterschiedlichen pädagogisch angeleiteten (z. B. Morgenkreis) und frei zu gestaltenden Situationen zu verbringen. In diesen Alltagssituationen bieten sich vielfältige Möglichkeiten, die Interaktionen sprachförderlich zu gestalten.

Wie Erwachsene dementsprechend Interaktionen mit Kindern gestalten können und welche Besonderheiten bei der Zielgruppe mehrsprachiger Kinder mit kognitiven Beeinträchtigungen auftreten können, erläutert das nachfolgende Unterkapitel.

2.1 Sprachförderliche Gestaltung von Erwachsenen-Kind-Interaktionen

Roos und Sachse (2019, 63) benennen allgemeine Prinzipien für eine gelingende Sprachförderung, von denen einige nun für mehrsprachige Kinder mit Beeinträchtigungen konkretisiert werden:

- für die Sprache(n) der Kinder sensibel werden,
- sich auf die Sprache(n) der Kinder einlassen,
- die sprachlichen Kompetenzen der Kinder sehen,
- als kompetente*r Andere*r fungieren (Sprachvorbild sein),
- vielfältige Gesprächsanlässe schaffen,
- eine anregungsreiche literale Umgebung gestalten,
- das eigene Sprechen reflektieren und weiterentwickeln.

... für die Sprache(n) der Kinder sensibel werden

Wenn Kinder wenig Eigeninitiative zeigen oder ihre kommunikativen Signale aufgrund einer Beeinträchtigung verzögert oder unklar sind, kann es für Interaktionspartner*innen schwierig sein, diese zu erkennen. Stehen Kinder am Beginn des

Erwerbs einer zweiten Sprache, initiieren und gestalten sie ihre Interaktionen womöglich vermehrt nonverbal, z. B. über Gesten oder Handlungen (Syczewska & Licandro 2021). Daher ist es bei mehrsprachigen Kindern mit kognitiven Beeinträchtigungen wichtig, für nonverbale Signale und individuelle Kommunikationswege sensibel zu sein, da sonst das Risiko besteht, als Interaktionspartner*in eher direktiv zu handeln, das Gespräch stark zu lenken und wenig auf die Bedürfnisse oder Initiativen der Kinder einzugehen. Im Gegensatz dazu braucht es ein hohes Maß an *Responsivität*, also »das feinfühlige Wahrnehmen von Initiativen und (non-)verbalen Äußerungen des Kindes verbunden mit einer prompten und angemessenen Reaktion« (Buschmann 2020, 284).

… sich auf die Sprache(n) der Kinder einlassen

Aus der Sensibilität für die Sprache(n) eines Kindes sollte folgen, diese in Interaktionen angemessen zu berücksichtigen. Chilla und Niebuhr-Siebert (2017) sprechen von *Stützenden Dialogen:* Eltern und pädagogische Fachkräfte sollten auf Strategien von Kindern, ihren Gesprächswillen zu zeigen (z. B. Blickkontakt, auf einen Gegenstand zeigen), feinfühlig reagieren und an ihren Aktivitäten, Bedürfnissen und Interessen ansetzen. Dazu gehört auch, in Dialogen eine längere Zeit zu warten, um dem Kind die Möglichkeit für eine Reaktion zu geben. Neben den lautsprachlichen Kompetenzen sind weitere Kommunikationsmodalitäten wie Gebärden oder andere Formen der unterstützten Kommunikation (UK) zu beachten (s. Lingk; Wilken in diesem Band).

… die sprachlichen Kompetenzen der Kinder sehen

Der Sprachentwicklungsstand des Kindes und das sprachliche Angebot sollten eine Passung ergeben, so dass das Kind unterstützt wird, die nächsten Entwicklungsaufgaben zu meistern. Eine wichtige Rolle spielen hier Formate (Bruner 1981), also wiederkehrende sprachliche Interaktionsmuster. Durch ihre feste Struktur bieten sie ein *Scaffold*, also »Gerüst«, für den Spracherwerb. Im pädagogischen Alltag treten sie oft im Zusammenhang mit Tagesabläufen und Ritualen, z. B. bei der Begrüßung oder in Esssituationen, auf.

Bei mehrsprachigen Kindern ist es wichtig, Äußerungen in allen gesprochenen Sprachen als Teil ihrer sprachlichen Kompetenzen wahrzunehmen. Dabei ist das *Translanguaging*, also der dynamische und flexible Gebrauch mehrerer Sprachen innerhalb von Interaktionssituationen (García 2009), als normales Phänomen und Kompetenz mehrsprachiger Personen wahrzunehmen und wertzuschätzen. Unter Umständen ist es hilfreich, sich von Bezugspersonen Worte mitteilen zu lassen, die das Kind häufig in der Familiensprache nutzt.

... als kompetente*r Andere*r fungieren (Sprachvorbild sein)

Das *handlungsbegleitende Sprechen* lässt sich als konkrete Strategie zur effektiven Sprachförderung in Alltagssituationen beschreiben: Darunter versteht man die sprachliche Begleitung von Handlungen sowie das Benennen von Gegenständen, während man sie nutzt (Krug 2011; *»Gut, du hast schon deine Jacke angezogen. Ich helfe dir, den Reißverschluss zu schließen«*). Auf diese Weise werden Kindern Begriffe in direkt erfahrbaren und für sie bedeutsamen Situationen präsentiert. Die Verknüpfung von Sprache mit der Wahrnehmung anderer Sinneseindrücke (z. B. in Kombination mit Tast- und Bewegungsspielen, bei der Zubereitung von Essen) kann den Spracherwerb besonders unterstützen.

... vielfältige Gesprächsanlässe schaffen

Neben sprachlichem Input benötigen Kinder vielfältige Möglichkeiten, selbst zu sprechen und ihre Sprachkompetenzen zu erweitern. Über Gesprächsstrategien, die sich am aktuellen Entwicklungsstand orientieren, können Kinder zu sprachlichen Äußerungen motiviert werden. Dazu zählt die Formulierung von geschlossenen Fragen, Alternativfragen (*»Möchtest du mit dem Auto oder den Bausteinen spielen?«*), W-Fragen, um die Wortschatzerweiterung der Kinder zu fördern (*»Was möchtest du auf deinem Brötchen essen?«*), oder komplexen offenen Fragen, die Kindern Raum zum Ausprobieren ihrer sprachlichen Fähigkeiten geben. Verbale oder nonverbale Impulse (Blickkontakt, Lächeln, Nicken) können helfen, die Aufmerksamkeit aufrechtzuerhalten und Gesprächsbereitschaft zu signalisieren.

... eine anregungsreiche literale Umgebung gestalten

Ein Beispiel für eine Möglichkeit, literale Erfahrungen in den Alltag zu integrieren, ist das *dialogische Lesen*. Dabei kommt im Rahmen einer Bilderbuchbetrachtung ein Dialog zwischen einem Kind und Interaktionspartner*in zustande. Das Kind nimmt die erzählende Rolle ein, während die erwachsene Person Rückfragen stellt, Sprechimpulse gibt und Aussagen erweitert (Zevenbergen & Whitehurst 2003). Mit Hilfe von Bilderbüchern in verschiedenen Sprachen kann der Wortschatz mehrsprachiger Kinder, gegebenenfalls in der Kooperation von Kita und Sorgeberechtigten, gefördert werden.

... das eigene Sprechen reflektieren und weiterentwickeln

Um Interaktionen sprachförderlich zu gestalten, können Modellierungstechniken genutzt werden. Bei der Expansion wird eine Äußerung des Kindes zu einem grammatisch korrekten Satz vervollständigt (»Hund!« – »Da ist ein Hund.«). Bei der Extension handelt es sich um eine Erweiterung des Inhaltes (»Ich hab' einen Apfel!« – »Stimmt, du hast einen grünen Apfel in der Dose.«). Mit Hilfe des korrektiven Feedbacks werden Laute, Begriffe oder grammatische Strukturen von Kindern durch eine Wiederholung der Äußerung indirekt korrigiert (»Puppe müde is« – »Oh, die Puppe ist müde«). Durch die Reflexion des eigenen Sprechens können potenziell förderliche Situationen identifiziert und genutzt werden. Dieser Lernprozess kann beispielsweise mittels Videoaufnahmen von Interaktionen beobachtet und reflektiert werden, wie es bei der Marte Meo-Methode angewendet wird (siehe Materialtipps und Links).

Ergänzend zur sprachförderlichen Gestaltung von Erwachsenen-Kind-Interaktionen fokussiert das folgende Unterkapitel die Bedeutung und die Förderung von Peer-Interaktionen für mehrsprachige Kinder mit Beeinträchtigungen.

2.2 Peer-Interaktionen von mehrsprachigen Kindern mit Beeinträchtigungen fördern

Peers nehmen eine wichtige Rolle in der sprachlichen und sozialen Umwelt der Kinder ein. Im Gegensatz zu Erwachsenen-Kind-Beziehungen, die durch Asymmetrien in Wissen, Fähigkeiten, Autorität und Macht gekennzeichnet sind, gestalten sich Interaktionen unter Peers auf einer gleichberechtigteren Basis (Youniss 1994). Durch das Erleben und das Ausdrücken von gemeinsamen Ideen, Interessen und Handlungen entstehen Gefühle der Zugehörigkeit und Zusammengehörigkeit (Degotardi & Pearson 2014). Im Rahmen von Interaktionen mit einem oder mehreren Peers sind Kinder einem breiten Spektrum an sprachlichen Modellen ausgesetzt und herausgefordert, eigene Beiträge an das Gespräch anzupassen und sich Gehör zu verschaffen (Blum-Kulka & Snow 2004). Untersuchungen mit mehrsprachigen Kindern fanden Zusammenhänge zwischen der Häufigkeit der Interaktionen mit Peers sowie der Wortmenge und sprachlichen Varianz in Spielinteraktionen und dem Wortschatzwachstum (z. B. Gámez et al. 2019; Palermo et al. 2014). Cekaite und Björk-Willén (2012) beobachteten, wie drei- bis fünfjährige mehrsprachige Kinder im Freispiel gegenseitig ihre Aussprache korrigierten und einander beim Treffen der korrekten Wortwahl halfen.

Forschungsarbeiten zu Kindern mit Beeinträchtigungen in inklusiven frühpädagogischen Einrichtungen zeigen, dass Kinder von den Sprachkompetenzen ihrer Peers beeinflusst werden. Kinder mit Beeinträchtigungen, deren Peers durchschnittlich höhere sprachliche Fähigkeiten hatten, machten im Durchschnitt mehr sprachliche Fortschritte als Kinder, die Gruppen mit Peers mit niedrigeren Fähigkeiten besuchten (Justice et al. 2014).

Exklusionsrisiko

Dabei ist wichtig anzuerkennen, dass die Interaktion mit Gleichaltrigen in sprachlicher, kognitiver und sozialer Hinsicht eine anspruchsvolle Aktivität darstellt. Fähigkeiten in den Bereichen der Aufmerksamkeit, Selbstregulation, emotionalen Reaktionsfähigkeit und Sprachkompetenz können den Zugang zu Peer-Interaktionen erleichtern, aber auch erschweren (Guralnick 2001; Syczewska & Licandro 2021). Kinder mit Entwicklungsbeeinträchtigungen sind insgesamt einem größeren

Risiko des Ausschlusses durch andere Kinder ausgesetzt (Licandro 2016; Lloyd-Esenkaya et al. 2020; Ytterhus 2011).

Als Gruppe gesehen zeigte sich, dass Kinder mit Beeinträchtigungen im Vergleich zu ihren Altersgenossen ohne Beeinträchtigung in inklusiven Einrichtungen kleinere Spielnetzwerke bilden (Chen et al. 2019) und in Freispielsituationen weniger Interaktionen mit Peers eingehen als Kinder ohne Beeinträchtigung (Bulgarelli & Stancheva-Popkostadinova 2017). Weitere Forschungsarbeiten haben gezeigt, dass Kinder mit kognitiven Beeinträchtigungen seltener das Spiel mit Gleichaltrigen initiieren und Schwierigkeiten mit der Aufrechterhaltung von Interaktion haben können (Luttropp & Granlund 2010). Diese möglichen Schwierigkeiten gehen nicht nur von den Kindern selbst aus. Kinder mit (noch) geringen Kompetenzen in der Umgebungssprache werden von ihren Peers womöglich als weniger attraktive Spielpartner*innen wahrgenommen (von Grünigen et al. 2010).

Unterstützung von Peer-Interaktionen im pädagogischen Alltag

Regelmäßige und gegenseitig anregende Peer-Interaktionen ergeben sich also nicht automatisch. Pädagogische Fachkräfte sind herausgefordert, aufmerksam zu beobachten und individuelle Unterstützung anzubieten, ohne einzelne Kinder zu überfordern. Indem Signale und Kommunikationswege erkannt und ggf. »übersetzt« werden, kann die Aufmerksamkeit potenzieller Spielpartner*innen auf bestimmte Kinder gelenkt werden. In der Gestaltung des räumlich-materiellen Umfelds kann darauf geachtet werden, lautere von leiseren Spielecken zu trennen und eine Überfüllung zu vermeiden, um der Entstehung von Konflikten entgegenzuwirken. Ansprechende Spielmaterialen in ausreichender Menge (z. B. Verkleidungsstücke und Requisiten, Spielfiguren) können das Spielverhalten fördern. Bei pädagogischen Gruppenangeboten können Kinder mit unterschiedlich weit entwickelten sprachlichen und sozialen Kompetenzen nebeneinander platziert und beispielsweise Bastelmaterialien gezielt verteilt werden, um Sprechanlässe zu schaffen. Schließlich sollte das Bedürfnis nach Rückzug respektiert werden, wenn Kinder eine Pause vom Gruppengeschehen benötigen (Licandro 2021b).

3 Kooperation im Kontext Sprachförderung für mehrsprachige Kinder mit Beeinträchtigungen

Um verschiedene Perspektiven in der Sprachförderung zu berücksichtigen, bedarf es der Beteiligung aller relevanten Bezugspersonen eines Kindes, insbesondere der Eltern[3]. Zwar haben Krippen und Kitas einen Betreuungs-, Bildungs- und Förder-

---

3 Wenn im Folgenden von Eltern bzw. Sorgeberechtigten gesprochen wird, schließt dies alle

auftrag für alle Kinder, allerdings sind sie in der Regel nicht primär für sonder-/heilpädagogische oder therapeutische Aufgaben zuständig. An den Schnittstellen dieser Bereiche ist daher die Zusammenarbeit mit anderen Professionen angezeigt, um eine individuelle Unterstützung zu ermöglichen.

3.1 Zusammenarbeit von Eltern und frühpädagogischen Einrichtungen

Die Zusammenarbeit mit Eltern und anderen Sorgeberechtigten stellt einen festen Bestandteil der Arbeit in frühpädagogischen Einrichtungen dar und sollte im Sinne einer gleichberechtigten Erziehungs- und Bildungspartnerschaft gestaltet werden (Friederich 2011). Wertschätzung und Anerkennung sind als grundlegende Haltung zu verstehen, um einen vertrauensvollen Austausch zu ermöglichen, wobei Eltern als Expert*innen für die Entwicklung und Bedürfnisse ihres Kindes angesehen und eingebunden werden.

In der Sprachförderung ist dies z. B. bei der Festlegung von Förderzielen relevant, um individuelle Ressourcen und Bedürfnisse berücksichtigen zu können (Buschmann 2020). Ein regelmäßiger Austausch über Sprachfördermethoden kann ermöglichen, diese sowohl in der frühpädagogischen Einrichtung als auch in der Familie anzuwenden. Außerdem können pädagogische Fachkräfte Eltern darin beraten, ihre Äußerungen an die sprachlichen und kognitiven Kompetenzen ihrer Kinder anzupassen (Sarimski 2020) und sie in der mehrsprachigen Erziehung bestärken.

Zusätzlich erfüllen Krippen und Kitas eine Vermittlungsaufgabe, da sie oft die erste Anlaufstelle für Eltern darstellen. Wenn Familien einen Migrationshintergrund haben und/oder eine Sprachbarriere vorliegt, kann es erschwert sein, einen Überblick über Ansprüche und Fördermöglichkeiten zu erlangen, die ihrem Kind zustehen (Amirpur 2013). Daher ist es wichtig, die Zusammenarbeit mit Eltern zielgruppenspezifisch zu gestalten und ihnen eine Begleitung im Hilfesystem zu bieten. Im Falle einer Sprachbarriere können Dolmetscher*innen unterstützen.

3.2 Interdisziplinäre Kooperation

Das Feld der Sprachförderung ist durch eine große Interdisziplinarität geprägt, da hier Fachkräfte mit verschiedensten Qualifikationen, Aufträgen und Perspektiven (z. B. Erzieher*innen, Sonder-/Heilpädagog*innen, Sprachtherapeut*innen) tätig sind. Krippen und Kitas bieten sich aufgrund der hohen Betreuungsquoten und Niedrigschwelligkeit besonders für die Vernetzung verschiedener Akteur*innen an. Dafür benötigen alle Beteiligten entsprechende Kompetenzen (Sallat et al. 2017) – diese schließen neben dem Wissen über mögliche Anlaufstellen auch den Aufbau und die Aufrechterhaltung von Kooperationen und Netzwerken mit ein.

---

sorgetragenden Bezugspersonen von Kindern ein, die je nach Familienkonstellation variieren können (z. B. in Patchwork-Familien, Großeltern, Adoptiv- oder Pflegeeltern).

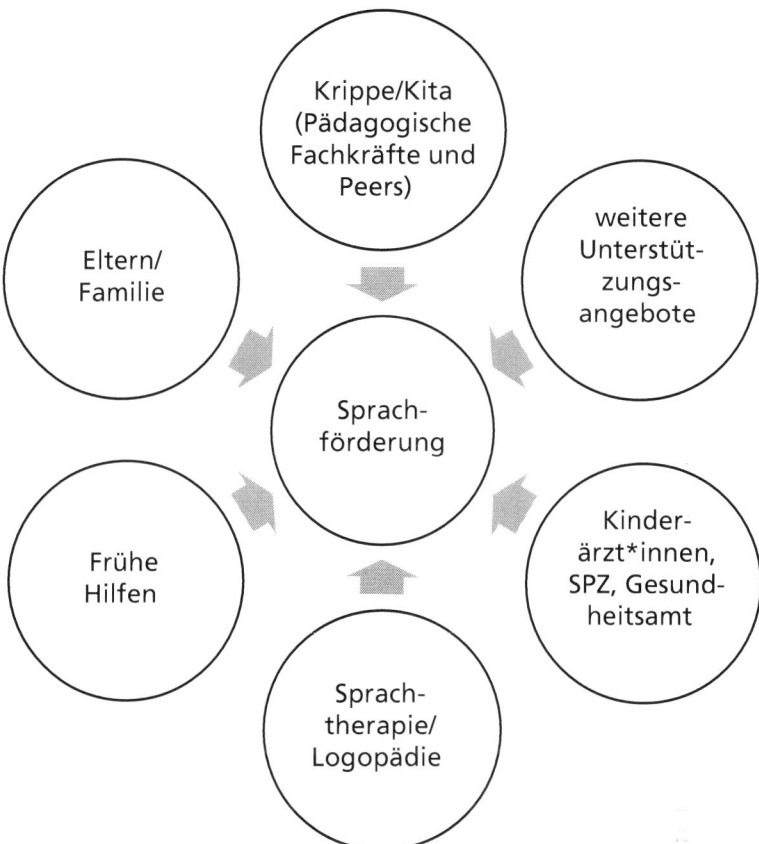

Abb. 1: Akteur*innen im Kontext Sprachförderung

Als Akteur*innen im Kontext Sprachförderung stellen die Frühen Hilfen eine Unterstützung, Begleitung und Beratung von (werdenden) Eltern und Familien mit jungen Kindern dar (Nationales Zentrum Frühe Hilfen 2020). Neben universellen Angeboten für alle Familien und speziellen Hilfen für Familien in Problemlagen ist hier die (interdisziplinäre) Frühförderung verortet, die medizinisch-therapeutische sowie pädagogische Leistungen für behinderte oder von Behinderung bedrohte Kinder bietet (Pretis 2020). Da die Familienorientierung ein grundlegendes Prinzip der Frühförderung ist, zählt die Beratung von Eltern und Sorgeberechtigten zu den Aufgaben der Fachkräfte. Teilweise kann die Förderung direkt in der Krippe oder Kita stattfinden, um dort die soziale Teilhabe des Kindes zu unterstützen.

Daneben kann die Zusammenarbeit mit (Sprach-)Therapeut*innen notwendig sein, um bestimmte Kommunikationsstrategien, z. B. im Bereich der UK, settingübergreifend anzuwenden. Die Durchführung von Therapien in der Krippe oder Kita kann eine Entlastung für Eltern darstellen und den interdisziplinären Austausch »zwischen Tür und Angel« ermöglichen. Auch ein Austausch mit Kinderärzt*innen, Sozialpädiatrischen Zentren (SPZ) oder dem Gesundheitsamt hinsichtlich Diagnostikergebnissen ist hilfreich, wenn auch nur indirekt über Eltern oder Therapeut*innen (Sallat et al. 2017). Darüber hinaus ergibt sich bei Kindern kurz vor dem Schuleintritt die Notwendigkeit, mit der zukünftigen Schule zu kooperieren, um den Übergang zu gestalten (siehe Jungmann & Thümmel in diesem Band).

Je nach Lebenssituation kann eine Zusammenarbeit mit weiteren externen Personen oder Unterstützungssystemen sinnvoll sein (s. Abb. 1). Dazu zählen z. B. Fachberatungen für frühpädagogische Einrichtungen, soziale Dienste oder Stadtteilvereine. Die Entscheidung, welche Akteur*innen miteinbezogen und die Sprachförderung unterstützen können, muss für jedes Kind individuell getroffen werden. Bei Familien mit Migrationshintergrund könnten Migrationsfachdienste hilfreiche Kooperationspartner*innen sein, um einen Einblick in die Lebenssituation und einen Perspektivwechsel zu ermöglichen (Amirpur 2013).

4 Ausblick

Abschließend lässt sich festhalten, dass vor allem ein responsives und an den individuellen Bedürfnissen, Interessen und Kompetenzen der Kinder ansetzendes Interaktionsverhalten eine Grundlage zur Sprachförderung von mehrsprachigen Kindern mit kognitiven Beeinträchtigungen darstellt. Durch einen vielfältigen sprachlichen Input sowie das Schaffen von Sprechanlässen (z. B. beim dialogischen Lesen) kann der Spracherwerb alltagsintegriert unterstützt werden. Neben Interaktionen mit Erwachsenen sind auch solche mit Peers bedeutsam für den Spracherwerb. Dabei sollten Besonderheiten der Sprachentwicklung unter den Bedingungen mehrsprachigen Aufwachsens sowie Einflüsse verschiedener Beeinträchtigungen individuell berücksichtigt werden. Ebenso sollte die Zusammenarbeit mit Eltern und anderen Sorgeberechtigten ein fester Bestandteil der Sprachförderung sein; bei Bedarf ist zudem der Austausch mit weiteren Kooperationspartner*innen sinnvoll.

Die hier beschriebenen Methoden und Prinzipien bieten Anhaltspunkte zur Gestaltung eines sprachförderlichen Umfelds für mehrsprachige Kinder mit kognitiven Beeinträchtigungen. Bisher liegen allerdings noch wenige Forschungsarbeiten zu den Spracherwerbswegen und zur Sprachförderung mehrsprachiger Kinder mit Beeinträchtigungen vor. Es bedarf weiterer Erkenntnisse, um alle Kinder bestmöglich in ihrer Sprachentwicklung unterstützen zu können.

5 Materialtipps und Links

Die nachfolgenden Materialien und Links bieten Tipps, Anregungen und weiterführende Ideen für die Praxis

Sprachförderung von mehrsprachigen Kindern mit kognitiven Beeinträchtigungen

- Mehrsprachige Bilderbücher, die im Rahmen des dialogischen Lesens eingesetzt werden können, sind u. a. folgende:
  - »Die kleine Raupe Nimmersatt« von Eric Carle (Gerstenberg Verlag), englischdeutsche Ausgabe (weitere Sprachen verfügbar):
    https://www.die-kleine-raupe-nimmersatt.de/shop/produkt/9783836950558
  - »Der Regenbogenfisch« von Marcus Pfister (NordSüd – bi:libri), in sieben Sprachen verfügbar:
    https://www.edition-bilibri.com/books/der-regenbogenfisch
  - »Wer hat mein Eis gegessen?« von Rania Zaghir (Edition Orient), in 19 Sprachen verfügbar:
    https://www.edition-orient.de/product_info.php? products_id=620
- Auf folgender Website finden sich weitere Tipps zum mehrsprachigen Vorlesen, wie z. B. erklärende Videos: https://www.lesestart-fuer-fluechtlingskinder.de
- Durch mehrsprachige Lieder oder Verse können die Erstsprachen von Kindern in den Alltag miteinbezogen werden. Einige Beispiele finden Sie hier: https://silvia huesler.ch/kinderbuecher/verse_lieder
- Mit Hilfe von Bildern und Symbolen können Kinder darin unterstützt werden, ihren Wortschatz zu erweitern. Bildkarten mit Begriffen in mehreren Sprachen sind beispielsweise in der »Wort-Schatz-Kiste« des Klett Kinderbuch Verlags enthalten:
- https://www.klett-kinderbuch.de/buecher/details/einfach-alles.html

Zusammenarbeit mit Eltern und weiterführende Informationen

- Das Buch »Dolmetscher für Erzieherinnen und Erzieher« kann die Kommunikation mit anderssprachigen Eltern ermöglichen, wenn keine übersetzende Person verfügbar ist. Es stellt Satzmuster, Vokabellisten und Kommunikationshilfen in zehn Sprachen bereit.
  Dolmetscher für Erzieherinnen und Erzieher (9. Aufl.). Verlag an der Ruhr. ISBN: 978-3-8346-5283-6, verfügbar unter https://www.verlagruhr.de/dolmetscher-fuer-erzieherinnen-9-auflage.html Auch die visuelle Darstellung von Wörtern kann hilfreich sein. Auf der folgenden Website werden Begriffe zu verschiedenen Themen mit Bildern sowie in Deutsch und anderen Sprachen anzeigt: https://babadada.com/topic/school/ger/eng
- Die Materialien des Landeskompetenzzentrum zur Sprachförderung an Kindertageseinrichtungen in Sachsen (LakoS) stellen Informationen zur (mehrsprachi-

gen) Sprachentwicklung in vielen Sprachen bereit: https://www.lakossachsen.de/lakos-materialien-1/
- Bei der Marte Meo-Methode können Interaktionen mit Hilfe von Videografien strukturiert beobachtet und ressourcenorientiert analysiert werden. Auf diese Weise können u. a. Eltern oder pädagogische Fachkräfte darin geschult werden, Kinder in ihrer individuellen Entwicklung zu unterstützen. Weitere Informationen finden Sie hier: https://www.martemeo.com/de/

Literatur

Amirpur, D. (2013). *Behinderung und Migration – eine intersektionale Analyse im Kontext inklusiver Frühpädagogik.* Weiterbildungsinitiative Frühpädagogische Fachkräfte, WiFF Expertisen, *36*.

Blum-Kulka, S. & Snow, C. E. (2004). Introduction: The potential of peer talk. In: *Discourse Studies, 6* (3), 291–306.

Bruner, J. (1981). The social context of language acquisition. In: *Language & Communication, 1* (2–3), 155–178.

Bulgarelli, D. & Stancheva-Popkostadinova, V. (2017). Play in children with intellectual disabilities. In: S. Besio, D. Bulgarelli & V. Stancheva-Popkostadinova (Hrsg.), *Play development in children with disabilities* (S. 88–93). Warschau: De Gruyter.

Buschmann, A. (2020). Einbezug der Eltern in die Sprachförderung. In: S. Sachse, A.-K. Bockmann & A. Buschmann (Hrsg.), *Sprachentwicklung. Entwicklung – Diagnostik – Förderung im Kleinkind- und Vorschulalter* (S. 283–308). Berlin: Springer.

Cekaite, A. & Björk-Willén, P. (2012). Peer group interactions in multilingual educational settings: Co-constructing social order and norms for language use. In: *International Journal of Bilingualism, 17* (2), 174–188.

Chen, J., Lin, T.-J., Justice, L. & Sawyer, B. (2019). The social networks of children with and without disabilities in early childhood special education classrooms. In: *Journal of Autism and Developmental Disorders, 49* (2019), 2779–2794.

Chilla, S. & Niebuhr-Siebert, S. (2017). *Mehrsprachigkeit in der KiTa: Grundlagen – Konzepte – Bildung.* Stuttgart: Kohlhammer.

Degotardi, S. & Pearson, E. (2014). *The relationship worlds of infants and toddlers: Multiple perspective from early years theory and practice.* McGraw-Hill Education.

De Houwer, A. (2015). Harmonious bilingual development: Young families' well-being in language contact situations. In: *International Journal of Bilingualism, 19* (2), 169–184

Finestack, L. H., Sterling, A. M. & Abbeduto, L. (2012). Discriminating Down Syndrome and Fragile X Syndrome based on language ability. In: *Journal of Child Language, 40* (2013), 244–265.

Friederich, T. (2011). *Zusammenarbeit mit Eltern – Anforderungen an frühpädagogische Fachkräfte.* Weiterbildungsinitiative Frühpädagogische Fachkräfte, WiFF Expertisen, *22*

Gámez, P. B., Griskell, H. L., Sobrevilla, Y. N. & Vazquez, M. (2018). Dual language and english-only learners' expressive and receptive language skills and exposure to peers' language. In: *Child Development, 90* (2), 471–479.

García, O. (2009). Education, multilingualism and translanguaging in the 21st Century. In: T. Skutnabb-Kangas, R. Phillipson, A. K. Mohanty & M. Panda (Hrsg.), *Social Justice through Multilingual Education* (S. 140–158). Bristol: Multilingual Matters.

Guralnick, M. J. (2001). Social competence with peers and early childhood inclusion. In: M. J. Guralnick (Hrsg.), *Early Childhood Inclusion. Focus on Change* (S. 481–502). Baltimore: Brookes.

Jungmann, T. (2020). Sprachförderung in Kindertagesstätten. In: S. Sachse, A.-K. Bockmann & A. Buschmann (Hrsg.), *Sprachentwicklung. Entwicklung – Diagnostik – Förderung im Kleinkind- und Vorschulalter* (S. 309–330). Berlin: Springer.

Justice, L. M., Logan, J. A. R., Lin, T. & Kadevarek, J. N. (2014). Peer effects in early childhood education: Testing the assumptions of special-education inclusion. In: *Psychological Science*, 25 (9), 1722–1729.

Kay-Raining Bird, E., Cleave, P., Trudeau, N., Thordardottir, E., Sutton, A. & Thorpe, A. (2005). The language abilities of bilingual children with Down Syndrome. In: *American Journal of Speech-Language Pathology*, 14 (3), 187–199.

Krug, B. (2011). *Beziehungsvoll gestaltete Alltagssituationen in Kinderkrippen. Ihre Relevanz für sozial-kommunikative Entwicklungsprozesse von Kindern unter 3 Jahren.* München: Deutsches Jugendinstitut e.V.

Licandro, U. (2021a). Mehrsprachige Kinder mit Sprachentwicklungsstörungen – Fragen, Erkenntnisse und Implikationen für die Praxis. In: *Sprachförderung und Sprachtherapie in Schule und Praxis*, 2 (2021), 83–87.

Licandro, U. (2021b). Förderung durch Peers. In A. Harr & B. Geist (Hrsg.), *Handbuch Deutschunterricht in Theorie und Praxis (DTP), Band Sprachförderung in Kindertagesstätten* (S. 186–198). Baltmannsweiler: Scheider Verlag Hohengehren.

Licandro, U. (2016). Peer-Interaktionen in der inklusiven Kindertageseinrichtung als Motor für die Entwicklung ein- und mehrsprachiger Kompetenzen. In: *Gemeinsam leben. Zeitschrift für Inklusion*, 03 (2016), 142–149.

Lloyd-Esenkaya, V., Russell, A. J. & St Clair, M. C. (2020). What are the peer interaction strenghts and difficulties in children with developmental language disorder? A Systematic Review. In: *International Journal of Environmental Research and Public Health*, 17 (9), 3140–3166.

Luttropp, A. & Granlund, M. (2010). Interaction – it depends – a comparative study of interaction in preschools between children with intellectual disability and children with typical development. In: *Scandinavian Journal of Disability Research*, 12 (3), 151–164.

Nationales Zentrum Frühe Hilfen (Hrsg.) (2020). *Begriffsbestimmung Frühe Hilfen.* Zugriff am 19.01.2022 unter https://www.fruehehilfen.de/grundlagen-und-fachthemen/grundlagen-der-fruehen-hilfen/fruehe-hilfen-begriffsbestimmung/

Palermo, F., Mikulski, A. M., Fabes, R. A., Hanish, L. D., Martin, C. L. & Stargel, L. E. (2013). English exposure in the home and classroom: Predictions to Spanish-speaking preschoolers' English vocabulary skills. In: *Applied Psycholinguistics*, 35 (6), 1163–1187.

Paradis, J., Govindarajan, K. & Hernandez, K. (2018). *Bilingual Development in Children with Autism Spectrum Disorder from Newcomer Families.* Verfügbar unter https://era.library.ualberta.ca/items/d53d7b1b-c4d6-4d2f-a595-3ac2ecd8a52c/view/229ca8a8-b060-473d-89a5-93cfc7b9e652/Bilingual-20ASD_FINAL_SummaryReport_05MAR2018.pdf

Pretis, M. (2020). *Frühförderung und Frühe Hilfen. Einführung in Theorie und Praxis.* München: Reinhardt.

Roberts, J. E., Price, J. & Malkin, C. (2007). Language and communication development in Down Syndrome. In: *Mental Retardation and Developmental Disabilities Research Reviews*, 13 (1), 26–35.

Roos, J. & Sachse, S. (2019). Sprachliche Bildung und Förderung in Kindertageseinrichtungen. In: B. Kracke & P. Noack (Hrsg.), *Handbuch Entwicklungs- und Erziehungspsychologie* (S. 49–68). Berlin: Springer.

Sallat, S., Hofbauer, C. & Jurleta, R. (2017). Inklusion an den Schnittstellen von sprachlicher Bildung, Sprachförderung und Sprachtherapie. *Weiterbildungsinitiative Frühpädagogische Fachkräfte, WiFF Expertisen, 50.*

Sarimski, K. (2020). Sprachentwicklung bei Kindern mit Behinderungen. In: S. Sachse, A.-K. Bockmann & A. Buschmann (Hrsg.), *Sprachentwicklung. Entwicklung – Diagnostik – Förderung im Kleinkind- und Vorschulalter* (S. 397–414). Berlin: Springer.

Syczewska, A. & Licandro, U. (2021). Children who lead get the language they need!? Initiierungen von Peer-Interaktionen von Kindern im Zweitspracherwerb. In: *Frühe Bildung*, 10 (2), 80–87.

Uljarevic, M., Katsos, N., Hudry, K. & Gibson, J. L. (2016). Practioner Review: Multilingualism and neurodevelopmental disorders – an overview of recent research and discussion of clinical implications. In: *The Journal of Child Psychology and Psychiatry, 57* (11), 1205–1217.

von Grünigen, R., Perren, S., Nägele, C. & Alsaker, F. D. (2010). Immigrant children's peer acceptance and victimization in kindergarten. The role of local language competence. In: *British Journal of Developmental Psychology, 28* (3), 679–697.

Youniss, J. (1994). *Soziale Konstruktion und psychische Entwicklung.* Frankfurt a. M.: Suhrkamp.

Ytterhus, B. (2011). »Das Kinderkollektiv« – Eine Analyse der sozialen Position und Teilnahme von behinderten Kindern in der Gleichaltrigengruppe. In: M. Kreuzer & B. Ytterhus (Hrsg.), *»Dabeisein ist nicht alles« – Inklusion und Zusammenleben im Kindergarten* (2. Aufl.) (S. 112–131). München: Reinhardt.

Zevenbergen, A. A. & Whitehurst, G. J. (2003). Dialogic reading: A shared picture book reading intervention for preschoolers. In: A. van Kleeck, S. A. Stahl & E. B. Bauer (Hrsg.), *On Reading Books to Children: Parents and Teachers* (170–191). London: Routledge.

Sprachsensibler Unterricht – ein Konzept für zwei- und mehrsprachige Schülerinnen und Schüler mit kognitiven Beeinträchtigungen?

Tanja Jungmann & Ingeborg Thümmel

1   Problemaufriss

»Sprache ist der Schlüssel zur Welt«, so lässt sich das bekannte Zitat des Philosophen Ludwig Wittgenstein (*1889 † 1951) positiv akzentuiert zusammenfassen, um daraus ableitend die fundamentale Bedeutung der schulischen Sprachbildung hervorzuheben. Die Entwicklung (bildungs-)sprachlicher Kompetenzen stellt einen zentralen Aspekt für den gesamten Bildungsweg von Kindern und Jugendlichen dar. Durch nationale und internationale Studien ist mittlerweile gut belegt, dass schulischer Erfolg und damit der Zugang zum Berufsleben mit den sprachlichen Fähigkeiten verknüpft ist (z. B. Law, Rush, Schoon & Parsons 2009; Stanat, Rauch & Segeritz 2010). Negative Effekte geringer Sprachleistungen auf schulische Kompetenzen, die psychische Gesundheit und das Sozialleben konnten wiederholt nachgewiesen werden (z. B. Law et al. 2009).

Immer wieder wird in diesem Zusammenhang das Vorliegen eines Migrationshintergrundes als Problem oder Potenzial kontrovers diskutiert. Nach aktueller Forschungslage ist der Mythos, dass Mehrsprachigkeit eine kognitive und sprachliche Überforderung darstellt, widerlegt (z. B. Genesee 2015). Grundsätzlich sind Kinder problemlos in der Lage, mehr als eine Sprache kompetent zu entwickeln, sodass eine Mehrsprachigkeit nicht per se zu einem erhöhten Risiko für die Entwicklung sprachlicher Auffälligkeiten und Störungen führt (Chilla 2020). Eltern von Kindern und Jugendlichen mit primären Beeinträchtigungen wie beispielsweise einer Autismus-Spektrum-Störung (ASS) oder kognitiven Beeinträchtigungen erhalten aber nach wie vor häufiger den Rat von Lehrkräften, Sprachtherapeutinnen und -therapeuten, ihr Kind einsprachig zu erziehen (Feltmate & Kay-Raining Bird 2008). Empirische Untersuchungen zeigen jedoch, dass insbesondere bei Kindern mit ASS und Trisomie 21 das Vorhandensein einer Mehrsprachigkeit keinen zusätzlichen negativen Effekt, sondern eher positive Effekte auf die Entwicklung insbesondere der kommunikativen Kompetenzen hat (z. B. Ostad, 2008; Uljarevic, Katsos, Hudry & Gibson 2016; Feltmate & Kay-Raining Bird 2008).

Um diese, bisher im deutschen Sprachraum wenig beachtete und beforschte Schülergruppe, deren mehrsprachige Entwicklung eingebettet in den Kontext einer primären Entwicklungsbeeinträchtigung vollzogen wird, soll es in diesem Beitrag gehen. Zunächst wird die Ausgangslage zur Zielgruppe der Schülerinnen und Schüler mit dem Schwerpunkt Geistige Entwicklung vor dem Hintergrund des Zweitspracherwerbs ohne kognitive Beeinträchtigungen beschrieben (Kapitel 2). In Kapitel 3 wird der sprachsensible Unterricht als Rahmenkonzept vorgestellt. Das

Scaffolding als Teilkonzept besteht aus den Elementen Makro- und Mikro-Scaffolding. Während es beim Makro-Scaffolding v. a. um die fachliche und sprachliche Unterrichtsplanung, die sich an den Lernausgangslagen und -prozessen orientiert, geht, steht beim Mikro-Scaffolding die konkrete Gestaltung der sprachlich-kommunikativen Interaktionsprozesse im Vordergrund. Hierzu wird exemplarisch auf die Arbeitstechniken Inputspezifizierung und Modellierung, ergänzt um Methoden der Unterstützten Kommunikation (UK) fokussiert. Der Beitrag schließt mit einem Fazit und der Ableitung von Desideraten, die in Zukunft von der Profession und der Disziplin dringlich zu bearbeiten sind.

2 Mehrsprachigkeit im Kontext kognitiver Primärbeeinträchtigung

Mit einem Anteil von 26,7 Prozent Migrantinnen und Migranten an der Gesamtbevölkerung ist Deutschland für Menschen aus aller Welt das dritt attraktivste Einwanderungsland nach den USA und Saudi-Arabien (Statistisches Bundesamt Deutschland 2021; United Nations 2017, 6). Damit geht eine enorme Heterogenität an gesprochenen Erst- oder Heimatsprachen einher, die sich auf ca. 200 beziffern lässt.

Diese sprachliche Vielfalt in der Gesellschaft spiegelt sich auch an deutschen Schulen wider. Bezogen auf die Zielgruppe der 325.368 Schülerinnen und Schüler, die im Schuljahr 2019/2020 eine Förderschule besuchten, entfällt ein Anteil von 26 Prozent auf die Förderschule mit dem Schwerpunkt Geistige Entwicklung (KMK 2021, 4). Wiederum 15 Prozent davon wurden als ausländische Schülerinnen und Schüler gekennzeichnet. Der Anteil der Schülerinnen und Schüler mit Migrationshintergrund, inklusive der ausländischen Schülerschaft, dürfte bundesweit deutlich höher liegen, lässt sich aber nicht pauschal beziffern (Selmayr & Dworschak 2021, 38). Dies erschwert eine belastbare Bedarfsdarstellung, an die bekanntlich im Bildungssystem Ressourcen gebunden sind, um zusätzliche Fördermaßnahmen – an dieser Stelle bezogen auf das Erlernen von Deutsch als Zweitsprache (DaZ) an Förderschulen mit dem Schwerpunkt Geistige Entwicklung – einzurichten.

2.1 Typen des Zweit- und Mehrspracherwerbs

Der Erwerb der Erst- (L1) und der Zweitsprache (L2) ist hochkomplex. Die Lernenden müssen nicht nur den Wortschatz aufbauen, sondern sich auch das gesamte strukturelle Regelsystem einer Sprache, das Lautsystem (Phonologie), die Regeln zur Wortbildung (Morphologie) sowie die Regeln zur Satz- und Textbildung (Syntax) aneignen. Ferner muss der Gebrauch von Sprache in einer konkreten Kommunikationssituation mit unterschiedlichen Kommunikationspartnerinnen und -partner gelernt werden (Pragmatik).

Die zwei- und mehrsprachige Entwicklung ist dabei nie unabhängig von dem jeweiligen *Spracherwerbstyp* (Chilla 2020). Unterschieden wird zwischen dem simultan bilingualen Erstspracherwerb (2 L1) und dem sukzessiven Zweit- oder Mehrsprachenerwerb (L1, L2 …Ln) (De Houwer, Bornstein & De Coster 2014). Sprechen die Elternteile verschiedene Sprachen und jeweils ihre Erstsprache von Geburt an bzw. vor dem zweiten Geburtstag mit ihren Kindern (*one person – one language*), so ist davon auszugehen, dass sich der simultane Erwerb von zwei und mehreren Sprachen nicht wesentlich von einem monolingualen Erstspracherwerb unterscheidet (Niebuhr-Siebert & Baake, 2014, 24). Von einem frühen sukzessiv-bilingualen Erwerb wird dann gesprochen, wenn die Konfrontation mit der zweiten Sprache oder weiteren Sprachen zwischen einem Alter von ca. 2;9 bis ca. 4;6 Jahren erfolgt. Dieser Erwerbstyp ist zumeist dadurch gekennzeichnet, dass die Familiensprache die Erstsprache ist und der Kontakt mit der Sprache der Mehrheitsgesellschaft Deutsch in der Bildungsinstitution Kindertageseinrichtung stattfindet (*one setting – one language*). Beide Erwerbstypen eröffnen Kindern die Option, ein (annähernd) primärsprachliches Kompetenzniveau in den beiden Sprachen zu erreichen (Chilla 2020). Die Unterscheidung des Inputs nach Personen und sozialen Kontexten erleichtert den Kindern also das Verstehen und eine adressaten- und kontextbezogene Anwendung der beiden Sprachen. Ein später sukzessiv bilingualer Spracherwerb wird zeitlich ab dem Alter von 4;7 Jahren bis zur Pubertät eingeordnet und ist vergleichbar mit dem Zweitspracherwerb im Erwachsenenalter.

Neben dem Erwerbsbeginn der Zweitsprache und der konsequenten personen- und kontextgebundenen Trennung der zu erlernenden Sprachen werden in der Literatur weitere Einflussgrößen aufgeführt, wie die Quantität und die Qualität des Inputs, die Möglichkeiten der Sprachverwendung im Alltag (Conboy 2013; Iarocci, Hutchison & O'Toole 2017) sowie »die kognitive Reife und das tatsächliche Entwicklungsalter« (Chilla 2019, 76).

2.2 Sprachliche Profile bei kognitiver Behinderung

Hinsichtlich der rezeptiven und expressiven Sprachfähigkeiten zeigt sich die Schülerschaft im Schwerpunkt Geistige Entwicklung sehr heterogen. Die Fähigkeitsspanne reicht von nichtsprechenden Schülerinnen und Schülern bis hin zu Kindern und Jugendlichen, die formalsprachlich korrekte Sätze und Texte formulieren können (Koch & Jungmann 2017).

Aktuelle Daten einer landesweiten bayerischen Studie an Förderschulen mit dem Schwerpunkt Geistige Entwicklung bestätigen und konkretisieren dies: So gaben die befragten Lehrkräfte an, das Sprachverständnis bei sieben Prozent ihrer Schülerinnen und Schüler nicht einschätzen zu können, etwa 32 Prozent der Schülerschaft verstehe Wörter, einfache Sätze und Anweisungen und 61 Prozent der Kinder und Jugendlichen auch komplexe Sätze und Anweisungen (Baumann 2021, 100). Hinsichtlich des Sprachgebrauchs gaben die befragten Lehrkräfte an, dass 18 Prozent der Schülerschaft über keine Lautsprache verfüge, 19 Prozent sprächen für Fremde unverständlich, 29 Prozent sprächen für Fremde verständlich und 33 Prozent hätten keine Artikulationsstörungen (ebd., 101). In Bezug auf die Alltagskommunikation gab etwa die Hälfte der Lehrkräfte an, dass diese gelänge. Sprachhandlungen im Unterricht werden von der Schülerschaft im Schwerpunkt Geistige Entwicklung zumeist multimodal vollzogen (Baumann ebd., Stegkemper 2018, 382). Mögliche Ausdruckformen, die Lautsprache ergänzen (augmentativ) oder ersetzen (alternativ), können den Vollzug wichtiger Sprachhandlungen im Unterricht unterstützen. Tabelle 1 weist sowohl die primären Sprachhandlungen in der Schule wie auch Formen der Unterstützten Kommunikation (UK) aus.

Tab. 1: Übersicht der Sprachhandlungen und der multimodalen Ausdrucksformen im Unterricht (kompiliert nach Stegkemper 2018, 382, d. Verf.)

Wichtige Sprachhandlungen in der Schule	
• Aushandeln	• Berichten/Erzählen
• Benennen	• Erklären/Erläutern
• Beschreiben/Darstellen	• Argumentieren/Stellung nehmen
• Beurteilen/Bewerten	• Simulieren/Modellieren

Ausdrucksform							
nonverbal				*verbal*			
Idiosynkratische Zeichen	Konventionelle Gesten	Gebärden	Zeigen auf Fotos, Bilder, Piktogramme	Einwortsatz	Mehrwortsatz	Komplexe Sätze, alltagssprachlich	Komplexe Sätze, komplexe sprachliche Mittel

2.3 Besonderheiten des mehrsprachigen Erwerbskontexts bei kognitiven Beeinträchtigungen

Eltern von Kindern mit kognitiver Beeinträchtigung sind unabhängig von ihrer Herkunft, ihrer Kultur, ihren Normen und Werten häufig ängstlicher und besorgter im Hinblick auf den Schulbesuch ihrer Kinder. Eltern aus außereuropäischen Ländern haben zusätzlich oft Vorbehalte gegenüber (Förder-)Schulen, da sie deren Bildungsauftrag nicht kennen. Viele Eltern bezweifeln, dass ihre Kinder aufgrund ihrer Behinderung Lernfortschritte erzielen können. An dieser Stelle brauchen sie Ermutigung, sich über die Ziele und Methoden schulischer Bildungsarbeit zu informieren und sich als Bildungspartner zu qualifizieren (Gomolla 2009, 36; Niebuhr-Siebert & Baake 2014, 290).

Eher kontraindiziert sind in diesem Zusammenhang die Empfehlungen pädagogischer Fach- und Lehrkräfte an die Eltern, mit ihren Kindern ausschließlich in der Sprache der Mehrheitsgesellschaft zu sprechen. Der monolinguale Habitus in Kombination mit dem sich hartnäckig haltenden, aber längst widerlegtem Mythos, Mehrsprachigkeit könnte diese Kinder überfordern, kommt in solchen wohlmeinenden, aber falschen Empfehlungen zum Ausdruck (Gogolin 2008). Bisher ist überwiegend durch Einzelfallstudien gut belegt, dass das Erlernen der Herkunftssprache auch bei Kindern mit kognitiven Beeinträchtigungen die familiären Bindungen festigt und sichert, während der Erwerb der Zweitsprache die Teilhabe an der Mehrheitsgesellschaft ermöglicht (z. B. Beauchamp, Rezznocio & MacLeod 2020; Gonzalez-Barrero & Nadig, 2019). Daher sollten die Eltern für die förderlichen Erwerbsbedingungen, wie die strikte Beachtung von Personen- und Kontextgebundenheit von Erst- und Zweitsprache sowie die Sicherstellung eines reichen Inputs in der Herkunftssprache, sensibilisiert werden. Dies ist umso wichtiger, weil in Deutschland das Vorliegen eines Migrationshintergrundes häufig mit limitierten ökonomischen Ressourcen und einem begrenzten Bildungskapital konfundiert sind. Neben den sprachlichen und kulturellen Diversitätsdimensionen stellt ein niedriger sozio-ökonomischer Status mit der Dimension »kognitive Beeinträchtigungen« einen zusätzlichen Risikofaktor für das Lernen dar.

Zusammengenommen ergibt sich aus den bisherigen Ausführungen die Forderung nach einer Abkehr vom monolingualen Habitus zugunsten sprachlicher und kultureller Pluralität, die sich auch in bildungspolitischen, curricularen und methodisch-didaktischen Konzepten für mehrsprachige Schülerinnen und Schüler mit kognitiven Beeinträchtigungen niederschlagen muss (Wilken 2019, 113).

3 Didaktisch-methodische Konzeptelemente für mehrsprachige Schülerinnen und Schüler mit kognitiven Beeinträchtigungen

Sprachbildung im Schwerpunkt Geistige Entwicklung basiert auf einem erweiterten Verständnis von Handeln mit Sprache in einem konkreten Kontext. Bei gering ausgeprägten sprachlich-kommunikativen Kompetenzen können neben lautsprachlichen auch nonverbale multimodale Kommunikationsformen wie Gebärden, Bilder, Symbole, Schrift sowie technische Hilfen mit und ohne Sprachausgabe zum Einsatz kommen. Diese werden unter den Begriff der Unterstützten Kommunikation (UK) gefasst (Lüke & Vock 2019; Boenisch & Sachse 2020). Für die mehrsprachige Sprachbildung im Schwerpunkt Geistige Entwicklung lassen sich die folgenden Grundprinzipien ableiten.

- Die Lehrkräfte planen und gestalten Unterricht auf der Grundlage der Feststellung der individuellen sprachlichen Voraussetzungen der Schülerinnen und Schüler und ihrer Sprachentwicklungsprozesse.
- Mit Blick auf die Heterogenität der Kinder und Jugendlichen im Schwerpunkt Geistige Entwicklung bietet sich das Konzept des sprachsensiblen Unterrichts an, der auf dem Prinzip der Durchgängigkeit der Sprachbildung in allen Lernbereichen beruht. Dem Konzept inhärent sind die Wertschätzung der Herkunftssprache und eine positive Einstellung zur Bilingualität

- Die Schülerinnen und Schüler erhalten im Rahmen des Mikro-Scaffolding viele Gelegenheiten, Sprachhandlungen wie Benennen, Beschreiben, Erzählen, Beurteilen etc. mit unterschiedlichen Kommunikationspartnerinnen und -partnern unter Berücksichtigung der Inputspezifizierung sowie durch Modellierung zu erproben. Dabei können sowohl die Lautsprache als auch multimodale Kommunikationsformen der UK eingesetzt werden.

Diese Grundprinzipien werden im Folgenden näher ausgeführt.

3.1 Erfassung der Lernausgangslage und des Lernfortschritts

Um am Sprachstand der mehrsprachig aufwachsenden Kinder und Jugendlichen anzuknüpfen sowie entwicklungsangemessene, förderliche Maßnahmen und Praktiken zu ermitteln, empfehlen Lüke, Starke und Ritterfeld (2020) den Einsatz von vier diagnostischen Bausteinen für mehrsprachig aufwachsende Kinder ohne kognitive Beeinträchtigungen: Anamnese, Ermittlung der sprachlichen und kommunikativen Kompetenzen in der Erst- und Zweitsprache, Erfassung des phonologischen Arbeitsgedächtnisses und dynamisches Testen. Für Kinder mit kognitiven Beeinträchtigungen hat Aktas (2012) das Konzept des entwicklungsorientierten adaptiven Testens entwickelt (vgl. dazu auch Beitrag von Aktas & Wolf in diesem Band).

In der *Anamnese* sollte die soziolinguistische Lebenswelt der Schülerinnen und Schüler erfasst werden. Dabei wird zusammengetragen, welche Sprachen in den jeweiligen Lebenskontexten (Familie, Freizeit, Schule) präsent sind und von welchen Bezugspersonen diese verwendet werden. Zur systematischen Erfassung aller Sprache eignet sich die Anamnesehilfe »Mehrsprachen-Kontexte 2.0« (Ritterfeld & Lüke 2013, http://hdl.handle.net/2003/31166). Auf einer einseitigen Grafik können alle Informationen über den sprachlichen Input einer Person eingetragen werden. Auf diese Weise lässt sich leicht erkennen, ob und wenn ja, welche Sprachen lebensweltlich relevant sind und daher in der Sprach- und Kommunikationsförderung berücksichtigt werden sollten.

Für eine erste qualitative Einschätzung des *produktiven Sprachentwicklungsstandes in der Herkunftssprache* bietet sich der Einsatz eines Elternfragebogens an. Hier ist beispielsweise der SBE-2-KT (Suchodoletz & Sachse 2008) frei verfügbar und liegt mittlerweile in 32 Sprachen übersetzt vor (https://www.ph-heidelberg.de/sachse-stef fi/professur-fuer-entwicklungspsychologie/elternfragebogen-sbe-2-kt-sbe-3-kt/sbe-2-kt-fremdspr.html).

Um die *rezeptiven und produktiven sprachlichen Fähigkeiten in der Sprache der Mehrheitsgesellschaft* zu ermitteln, wird das Konzept des entwicklungsorientierten adaptiven Testens (Aktas 2012; Aktas 2021) verwendet. Es ist bereits bekannt, dass die mehrsprachigen Schülerinnen und Schüler mit zusätzlichen kognitiven Beeinträchtigungen nicht annähernd die altersentsprechenden Aufgaben, die für deutschsprachige Kinder und Jugendliche ohne kognitive Behinderung konzipiert sind, lösen können. Daher werden Verfahren ausgewählt, mit denen – unabhängig vom Lebensalter – der tatsächliche Kompetenzstand in der Sprache der Mehrheitsgesellschaft Deutsch erfasst werden kann. Idealerweise erfolgt der Einstieg über einfache Wortverständnisaufgaben (z. B. aus dem Sprachentwicklungstest für zweijährige Kinder, SETK-2), gefolgt von Satzverständnisaufgaben (z. B. aus dem SETK-2 und dem SETK 3–5) und der Erfassung des phonologischen Arbeitsgedächtnisses (z. B. SETK 3–5) in aufsteigender Schwierigkeit. Die weitere Subtestauswahl zur Ermittlung der genauen Lernausgangslage richtet sich nach der Einschätzung, ob das Kind bereits Sätze spricht oder nur einzelne Wörter. Wichtig für die Interpretation sind auch entwicklungstypische Zwischenformen, Neukreationen oder andere verbale und nonverbale Reaktionen des Kindes. Die Testsituation wird also als standardisierte Beobachtungssituation genutzt. Jeder Subtest wird dann sowohl quantitativ-normorientiert als auch qualitativ-theoretisch ausgewertet (Aktas 2021).

Die *Erfassung des Lernstands und des Lernfortschritts in der Schule* besteht primär in einer individuellen Beobachtung der Schülerinnen und Schüler sowie der Beobachtung der Klasse (Pineker-Fischer 2017, 91). Die Analyse des sprachlichen Lerngegenstands und die Lernstandserfassung ergänzen sich dabei komplementär. Aufgrund des Abgleichs der Ergebnisse des sprachlichen Lerngegenstands in einem Fach mit den Befunden der Lernstandserfassung lassen sich die Fragen beantworten, ob die Schülerinnen und Schüler die in der Bedarfsanalyse erhobenen lexikalisch-semantischen und morphologisch-syntaktischen Anforderungen erfüllen und ob sie über die festgelegten Literacy-Kompetenzen verfügen. Nach diesem Abgleich erfolgt die Unterrichtsplanung, in der neben dem Thema und der fachlichen Sachanalyse die zu erwerbenden sprachlichen Zielstrukturen und fachlichen Zielstellungen ausgewiesen werden. Diese sollten sich in der »Zone der nächsten Entwicklung« (ZNE, Vygotsky 1962, 1978) der einzelnen Schülerinnen und Schüler befinden.

3.2 Sprachsensibler Unterricht als Rahmenkonzept im Schwerpunkt Geistige Entwicklung

In den Förderschulen mit dem Schwerpunkt Geistige Entwicklung werden Schülerinnen und Schüler von der Klasse 1 bis zur Klasse 12 unterrichtet, wobei die Mehrzahl erst im Verlauf ihrer Schullaufbahn dorthin wechselt. Dies gilt insbesondere für Schülerinnen und Schüler mit Migrationshintergrund (Flüchtlinge und Zugezogene). Daraus ergibt sich die dringende Notwendigkeit, Sprachbildung im Unterricht durchgängig und adressatenbezogen einzusetzen, um fachliches und sprachliches Lernen zu verbinden. Die Unterrichtsgestaltung bedarf eines pädagogischen Rahmenkonzeptes, das Ziele, Inhalte, Methoden und Medien verknüpft. Hier erscheint das Konzept des sprachsensiblen Unterrichts geeignet. Als primäre Grundregel gilt, dass Sprachbildung im Schwerpunkt Geistige Entwicklung in allen Fächern und in allen Lernbereichen erfolgt. Durchgängige Sprachbildung verfolgt das Ziel, Kinder und Jugendliche durch sachbezogenes Sprachlernen »mit solchen sprachlichen Handlungskompetenzen auszustatten, die ihnen eine umfassende positive Partizipation im gesellschaftlichen Leben ermöglichen« (Lütke 2019, 38). Weiterhin ist eine durchgehende Förderung des sachbezogenen Sprachlernens intendiert, um »fachliches Lernen nicht durch (vermeidbare) sprachliche Schwierigkeiten zu verstellen« (Leisen 2011, 5). Der sprachsensible Ansatz, der ursprünglich für den Unterricht in den Sekundarstufen I und II entwickelt wurde, ist für das Sprachlernen im Schwerpunkt Geistige Entwicklung anschlussfähig, weil »mit der Sprache, die da ist – und sei sie noch so defizitär« (Leisen 2010, 42) – gearbeitet wird. Auf dieser Basis konfrontiert der sprachsensible Unterricht die Lernenden mit möglichst authentischen Situationen und Problemstellungen, die sich sprachlich an der ZNE (Zone der nächsten Entwicklung) ausrichten. Weiterhin ist in diesem Kontext zu fragen, welche Hilfestellung durch die Lehrkräfte erfolgen muss, damit die Aufgabenbewältigung gelingt. Leisen (2010, 6) verweist auf unterschiedliche Darstellungsformen von Aufgaben auf verschiedenen Abstraktionsebenen (z. B. gegenständlich, bildhaft, symbolisch), um das Sprachverständnis von Lernenden, deren Erstsprache nicht Deutsch ist, zu unterstützen. Bei geringem Sprachverständnis oder schwer verständlicher Lautsprache werden lautsprachergänzende oder ersetzende Kommunikationsformen eingesetzt (von Tetzchner & Martinsen 2000, 10).

3.3 Ausgewählte Konzeptelemente des sprachsensiblen Unterrichts

An dieser Stelle lässt sich das »Kerngeschäft« des Scaffolding-Konzeptes (Gibbons 2015) verorten. Um die Lernenden zu unterstützen, die in der ZNE (Zone der nächsten Entwicklung) liegenden Kompetenzen zu erreichen, kommt dem sprachlichen Verhalten und der sprachlichen Steuerung des Unterrichts durch die Lehrkraft, das sog. Mikro-Scaffolding, besondere Aufmerksamkeit zu. Die konkreten Interaktionen von Lernenden und Lehrkräften zeichnen sich durch »sensible und diagnostisch anspruchsvolle, adaptive Lehraktivitäten und -impulse (…)« (Luefer, Kühme & Schröder 2019, 187) aus, die erfolgreichen Unterrichtsinteraktionen ihren konstruktiven Charakter verleihen.

Die nachfolgende Tabelle 2 gibt eine Übersicht ausgewählter Scaffolding-Strategien am Beispiel des Sachunterrichtsthemas »Wie entzünde ich ein Streichholz«.

Tab. 2: Scaffolding-Strategien in der Lehrkraft-Lernenden-Interaktion (modifiziert nach Bellon, Ogletree & Harn 2000)

Scaffolding-Strategie	Definition	Beispiel
Lückentext	Sprechpause an der Stelle, an der Informationen eingefügt werden sollen.	L: Zuerst hole ich die… S.: Schachtel (ggf. zeigt auf die Bildkarte mit der Streichholzschachtel).
Alternativfragen	Angebot einer begrenzten Anzahl an Alternativantworten auf eine Frage unter Einsatz von Modellierungstechniken.	L: *Öffne* oder *schließe* ich die Schachtel? S.: Öffnen (macht zusätzlich die Gebärde für das Verb »öffnen«)

Tab. 2: Scaffolding-Strategien in der Lehrkraft-Lernenden-Interaktion (modifiziert nach Bellon, Ogletree & Harn 2000) – Fortsetzung

Scaffolding-Strategie	Definition	Beispiel
W-Fragen	Es werden W-Fragen zur Sprachanregung eingesetzt, die in ihrer sprachlichen Komplexität an das Lernausgangsniveau angepasst sind.	L.: Und was passiert nun? (L. entzündet das Sreichholz) S.: Uh, oh…
Expansionen	Die Äußerungen der Schülerin oder des Schülers werden aufgegriffen und durch weitere Informationen angereichert.	L.: Genau, wenn ich mit dem Kopf (*zeigt auf den Zündholzkopf*) über die Reibefläche (*zeigt auf die Reibefläche*) streiche, dann brennt das Streichholz!

Die *Inputspezifizierung* ist eine zweiphasige indirekte Lehr und Lernmethode, die im sprachheiltherapeutischen Setting entwickelt wurde (Niebuhr-Siebert & Baake 2014, 223–225; Kauschke & Siegmüller 2017). In der ersten Phase besteht die herausfordernde Aufgabe der Lehrkraft darin, die sprachlichen Zielstrukturen, die zu fördern sind, zu ermitteln sowie sinnvolle und kontextualisierte Zusammenhänge zu identifizieren. Dies ist insbesondere bei Schülerinnen und Schülern, die im Schwerpunkt Geistige Entwicklung unterrichtet werden, wichtig.

> Die Vorbereitung des sprachlichen Inputs kann wiederum beispielhaft an dem Thema »Wie entzünde ich ein Streichholz – Erarbeitung einer Handlungsanleitung« gezeigt werden. Als Zielstruktur wurde die Zweitstellung des finiten Verbs hinter dem Subjekt gewählt. Das Sprachmaterial bezieht sich auf einen konkreten Handlungsablauf, z. B.: »Ich hole die Streichholzschachtel. Ich öffne die Schachtel. Ich nehme ein Streichholz aus der Schachtel usw.«

In der zweiten Phase wird die Zielstruktur in der Unterrichtsinteraktion den Schülerinnen und Schülern hochfrequent und konzentriert präsentiert. Die Herausforderung für die Lernenden besteht vorrangig darin, die angebotene Zielstruktur wahrzunehmen. Es wird nicht gefordert, sie sofort anzuwenden.

Eine Übersicht der prominentesten Präsentationstechniken gibt Tabelle 3.

Tab: 3: Merkmale der Präsentationstechniken (nach Niebuhr-Siebert & Baake 2014, 224–225)

Merkmal	Beschreibung	Beispiele
natürlich	Sprachlich angemessene grammatische und prosodische Reaktionen in der Interaktion	• Verlangsamung der Rede • Einsatz von Lautdehnung und Lautstärke zur prosodischen Strukturierung eines Satzes/Hervorhebung einer Zielstruktur • Akzentuierung der Intonation, um Unterschiede zwischen Aussage- und Fragesatz zu verdeutlichen
frequent	Häufige Wiederholungen im Verlauf einer Lerneinheit	• Wiederholung der Zielstruktur in unterschiedlichen Kontexten • Erfragen der Zielstruktur (häufige Rezeption und Produktion der Zielstruktur)
prägnant	Die Präsentation ist so gestalten, dass die Schülerinnen und Schüler auf die Zielstruktur aufmerksam werden.	• deutliche Artikulation • inszenierter Sprecher-Hörer-Wechsel (turn-taking)
variabel	Das Sprachmaterial soll variantenreich präsentiert werden.	• Präsentation auf enaktiver, ikonischer und symbolischer Ebene
flexibel	Unterschiedliche Satzstrukturen, z. B. Erweiterungen durch Nebensätze	• Lehrkraft ergänzt Hauptsatz durch Nebensätze
kontrastreich	Zielstruktur wird in Kontrast zu anderen Zielstrukturen gesetzt.	z. B. Aktiv- vs. Passivsätze: S. entzündet das Streichholz vs. Das Streichholz wird von S. entzündet.
funktional eingebettet	Die sprachliche Zielstruktur wird sinnvoll kontextualisiert.	Schaffung von zwingenden Kontexten, in denen die Anwendung der Zielstruktur verbindlich ist.

Bei der *Modellierung* setzt die Lehrkraft ihre Sprache im Unterricht gezielt als Sprachinput oder als Rückmeldung auf Äußerungen der Schülerinnen und Schüler ein (Heinzl & Rodian 2019). Die Lehrersprache dient dabei als Sprachmodell für die Schülerinnen und Schüler. Dadurch wird das Entdecken sprachlicher Regelhaftigkeiten und die direkte Übernahme von Formulierungen in die eigene Sprache ermöglicht.

Modellierungen, die den Schüleräußerungen vorausgehen, sind bereits in der Planung, möglichst wörtlich, festzuhalten. Dies bietet sich insbesondere bei einem Lehrervortrag, einer Präsentation zur Einführung und Erweiterung des (Fach-) Wortschatzes und bei der Festigung von syntaktisch-morphologischen Strukturen an.

Bei der *nachfolgenden Modellierungstechnik* schließt die Lehrkraft unmittelbar an die Äußerung der Schülerin oder des Schülers an, spiegelt den Bedeutungsinhalt und bietet eine formalsprachlich korrekte Zielstruktur an. Vorrangig ist zu beachten, dass die Schülerin oder der Schüler bereits die neue Zielstruktur kennt, ggf. auch schon eingesetzt hat, sich aber noch unsicher zeigt. Die Anwendung der nachfolgenden Modellierungstechnik ist als interaktiver Prozess zu verstehen. Eine prompte Antwort oder direkte Übernahme der durch die Lehrkraft vorgegebene sprachliche Zielstruktur wird von der Schülerin oder dem Schüler nicht erwartet. Intendiert wird der Abgleich der spontanen oder elizitierten (hervorgelockten) Äußerung und der von der Lehrkraft vorgegebenen Zielstruktur durch die Schülerin oder den Schüler. Als weitere Schritte, die von den Schülerinnen und Schülern vollzogen werden müssen, sind Erprobung, Festigung und Automatisierung zur Übernahme der Zielstruktur notwendig.

Die *Unterstützte Kommunikation (UK)* kommt zum Einsatz, wenn die Schülerinnen und Schüler zwar lautsprachliche Kompetenzen besitzen, diese jedoch nicht für ein vollständig verständliches Sprechen ausreichen (z. B. Bildkarten, Kommunikationstafeln oder Gebärden, die teilweise auch bereits in mehreren Sprachen vorliegen, vgl. Lüke & Vock 2019). Als Ausdrucksmittel werden sie von Schülerinnen und Schülern eingesetzt, die über ein gutes Sprachverständnis verfügen, aber Unterstützung bei der Sprachproduktion benötigen. Bei eingeschränkten Lesefertigkeiten werden für Wörter und Aussagen Fotos und Symbole genutzt. In Tagebüchern können mithilfe von Symbol-, Bildkarten und Fotos auch Erlebnisse festgehalten werden, wie ein Zoobesuch oder eine Geburtstagsfeier. So kann der nichtsprechende Schüler oder die Schülerin auch »erzählen«, indem die Lehrkraft oder ein Mitschüler bzw. eine Mitschülerin parallel zu den Zeigegesten vorliest, was im Tagebuch steht.

Als Ersatzsprache wird die UK von Schülerinnen und Schülern eingesetzt, die ein Kommunikationssystem benötigen, das sie bei der Sprachaufnahme und beim Sprachoutput unterstützt. Diese Hilfen ähneln oft tragbaren Computern und sind mit einer Sprachausgabe ausgestattet. Werden Tasten gedrückt, gibt das Gerät die gespeicherte Aussage wieder. Wie viele unterschiedliche Aussagen möglich sind, hängt von der Komplexität des Gerätes ab. Weiterhin bestimmt der Umfang der Hilfen (z. B. die zur Verfügung stehenden Wörter), was gesagt werden kann und was nicht. Daher ist es unbedingt notwendig, die Hilfen an die Bedürfnisse von mehrsprachigen Schülerinnen und Schülern anzupassen (Lüke & Vock 2019). Schon bei der Vermittlung und Einführung von Emblemen sollte bedacht werden, dass u. U. unterschiedliche kulturelle Bedeutungen vorliegen. Dies sollte im offenen Dialog mit den Bezugspersonen geklärt werden, ebenso wie die Bedeutung von lautsprachunterstützenden Gebärden in allen relevanten Sprachen. Dafür ist es empfehlenswert, einen Ordner mit allen erarbeiteten Gebärden anzulegen und zu jeder Gebärde die Bedeutung in allen Sprachen zu notieren. Die Lehrkräfte und die Bezugspersonen sollten die Gebärden dann parallel zur Lautsprache nutzen, um das Sprachverständnis zu erhöhen. Zur Verbesserung der Sprachproduktion ist es bei mehrsprachigen Schülerinnen und Schülern wichtig, neben Wörtern aus dem Kernvokabular und kontextspezifischen Wörtern aus dem Randvokabular auch kulturspezifisches und ggf. religiöses Vokabular zur Verfügung zu stellen, damit sie in beiden bzw. allen Sprachgemeinschaften kommunizieren und kulturspezifische Äußerungen produzieren können. Weiterhin muss die gewählte Methode der UK die Schülerinnen und Schüler in die Lage versetzen, dem Unterrichtsgeschehen zu folgen, die Unterrichtsinhalte eigenständig zu benennen und damit im Unterricht zu agieren. Hierzu wäre es beispielsweise notwendig, einer Schülerin, die mit einer komplexen elektronischen Kommunikationshilfe versorgt ist, bei der Beschäftigung mit geometrischen Figuren im Mathematikunterricht alle notwendigen Begriffe in Kombination mit den entsprechenden Bildsymbolen in beiden Sprachen zur Verfügung zu stellen (für eine umfassende Übersicht mehrsprachiger Kommunikationshilfen s. Lüke & Vock 2019).

4 Fazit

Mit dem Anstieg der Anzahl mehrsprachiger Menschen weltweit steigt auch der Anteil mehrsprachiger Schülerinnen und Schüler mit kognitiven Beeinträchtigungen. Die Eltern dieser Kinder sind oft verunsichert, zumal sie häufig den Rat erhalten, mit ihrem Kind nur in einer Sprache, der Sprache der Mehrheitsgesellschaft Deutsch zu sprechen. Dabei wird übersehen, dass das Erlernen der Herkunftssprache auch bei Kindern mit kognitiven Beeinträchtigungen die familiären Bindungen festigt und sichert, während der Erwerb der Zweitsprache die Teilhabe an der Mehrheitsgesellschaft ermöglicht. Neben der Sensibilisierung der Eltern für die positiven Effekte des zwei- oder mehrsprachigen Aufwachsens ihres Kindes sollten Lehrkräfte diesen Kindern größtmögliche Aktivität und Teilhabe am Unterrichtsgeschehen ermöglichen.

In den Grundschulen und den Sekundarschulen I und II erhalten Schülerinnen und Schüler mit Migrationshintergrund und unzureichenden Deutschkenntnissen Förderstunden in Deutsch als Zweitsprache, nicht aber Schülerinnen und Schüler mit dem Schwerpunkt Geistige Entwicklung. In der Konsequenz muss Sprachbildung in allen Lernbereichen der Schule mit dem Schwerpunkt Geistige Entwicklung stattfinden. Das Rahmenkonzept des Sprachsensiblen Unterrichts mit dem Teilkonzept des Scaffolding, das aus den Konzeptelementen Makro-Scaffolding (Erfassung der Lernausgangslage und der Lernprozesse) und Mikro-Scaffolding (mit den Arbeitstechniken Inputspezifizierung und Modellierung) besteht, erscheint durch die Orientierung an den heterogenen Lernausgangslagen der Schülerinnen und Schüler mit kognitiven Beeinträchtigungen, das konsequente Arbeiten in der ZNE sowie die Interaktionsgestaltung mit Ausdrucksformen der UK anschlussfähig.

Die vorstehenden Ausführungen erheben nicht den Anspruch, ein umfassendes Handlungskonzept entworfen zu haben. Es bleibt jedoch festzuhalten, dass der Bedarf an einem durchgängigen, sprachsensiblen Unterricht für Schülerinnen und Schüler im Schwerpunkt Geistige Entwicklung dargestellt, Gelingensbedingungen genannt und ein konzeptueller Grundriss zur Sprachbildung dieser Zielgruppe entwickelt wurde. An diesen ersten Ansatzpunkten sollte in Theorie, Praxis und Forschung weitergearbeitet werden.

Literatur

Aktas, M. (2012). *Entwicklungsorientierte Sprachdiagnostik und -förderung bei Kindern mit geistiger Behinderung: Theorie und Praxis*. München: Elsevier.
Aktas, M. (2021). Fallbeispiel: Sprachentwicklungsstörung oder fehlende Deutschkenntnisse? *Praxis Sprache*, 4/2021, 211–215.
Baumann, D. (2021). Kommunikative Kompetenzen. In: Baumann, D., Dworschak, W., Kroschwski, M, Ratz, Ch., Selmayr, A. & Wagner, M. (2021), *Schülerschaft mit dem Förderschwerpunkt geistige Entwicklung II (SFG II)*. (S. 89–116). Bielefeld: Athena wbv.
Bellon, M. L., Ogletree, B. T. & Harn, W. E. (2000). Repeated storybook reading as a language intervention for children with autism: A case study on the application of scaffolding. *Focus on Autism and other Developmental Disabilities, 15* (1), 52–58.
Beauchamp, M. L. H., Rezzonico, S. & MacLeod, A. A. N. (2020). Bilingualism in school-aged children with ASD: a pilot study. *Journal of Autism and Developmental Disorders*, 50, 4433–4488.
Boenisch, J. & Sachse, S. K. (Hrsg.) (2020). *Kompendium Unterstützte Kommunikation*. Stuttgart: Kohlhammer.
Chilla, S. (2019). Spracherwerbsverzögerung – Spracherwerbsstörung. In: Jeuk, St. & Settinieri, J. (Hrsg.), *Sprachdiagnostik. Deutsch als Zweitsprache. Ein Handbuch* (S. 71–96). Berlin, Boston: Walter de Gruyter.
Chilla, S. (2020). Mehrsprachige Entwicklung. In: Sachse, S., Bockmann, A.-K. & Buschmann, A. (Hrsg.), *Sprachentwicklung* (S. 109–130). Berlin: Springer.
Conboy, B. (2013). Neuroscience Research: How Experience with One or More Languages Affects the Developing Brain. In: State Advisory Council on Early Learning and Care (Hrsg.), *California's Best Practices for Young Dual Language Learners. Research Overview Papers*. Sacramento: California Department of Education. (S. 1–50). Sacramento: Department of Education, Sacramento.
De Houwer, A., Bornstein M.H. & De Coster S. (2014). A bilingual – monolingual comparison of young children's vocabulary size: Evidence from comprehension and production. *Applied Psycholinguistics 6* (35) 1–23.
Feltmate, K. & Kay-Raining Bird, E. (2008). Language learning in four bilingual children with down syndrome: A detailed analysis of vocabulary and morphosyntax. *Canadian Journal of Speech-Language Pathology and Audiology, 32* (1), 6–20.
Genesee, F. (2015). Myths about early childhood bilingualism. *Canadian Psychology, 56* (1), 6–15.
Gibbons, P. (2015). *Scaffolding language – Scaffolding learning. Teaching English Language Learners in the Mainstream Classroom* (2. Auflage). Portsmouth, NH: Heinemann.
Gogolin, I. (2008). *Der monolinguale Habitus der multilingualen Schule*. Münster, New York, München & Berlin: Waxmann.
Gomolla, M. (2009). Elternbeteiligung in der Schule. In: Fürstenau, S. & Gomolla, M. (Hrsg.), *Migration und schulischer Wandel: Elternbeteiligung*. (S. 21–50). Wiesbaden: VS-Verlag.
Gonzalez-Barrero, A. M. & Nadig, A. (2019). Brief Report: Vocabulary and grammatical skills of bilingual children with autism spectrum disorders at school age. *Journal of Autism and Developmental Disorders*, 49, 3888–3897.
Heinzl, C. & Rodrian, B. (2019). »Modellieren« als Methode zur Sprachförderung. Lehrbausteine Inklusion Sprache. https://www.idl.lehrerbildung-at-lmu.mzl.uni-muenchen.de/foerderschwerpunkte/sprache/unterrichtsprinzipien/modellieren_basistext.pdf (Zugriff am 27.12.2021).
Iarocci, G., Hutchison, S.M. & O'Toole, G. (2017). Second Language Exposure, Functional Communication, and Executive Function in Children With and Without Autism Spectrum Disorder (ASD). *J Autism Dev Disord 6* (47) 1818–1829. DOI 10.1007/s10803-017-3103-7.
Kauschke, C. & Siegmüller, J. (2017). Der Patholinguistische Ansatz (PLAN) in der Therapie von Sprachentwicklungsstörungen im Überblick. Hintergrund, Prinzipien und Methoden. *Logos 4* (25) 264–275.

Kniffka, G. (2010). Scaffolding. https://www.uni-due.de/imperia/md/content/prodaz/scaffolding.pdf (Zugriff am 27.12.2021).
Koch, K. & Jungmann, T. (2017). *Kinder mit geistiger Behinderung unterrichten*. München: ERV.
Law, J., Rush, R., Schoon, I. & Parsons, S. (2009). Modeling developmental language difficulties from school entry into adulthood: literacy, mental health, and employment outcomes. *Journal of Speech, Language, and Hearing Research, 52*, 1401–1416.
Leisen, J. (2010). Leseverstehen und Leseförderung in den Naturwissenschaften. In: Fenkart, G., Lembens, A. & Erlacher-Zeitlinger E. (Hrsg.), *Sprache, Mathematik und Naturwissenschaften*. (S. 212–231). Innsbruck u. a.: Studienverlag lag Leisen.
Leisen, J. (2011). Praktische Ansätze schulischer Sprachförderung – Der sprachsensible Fachunterricht. https://www.hss.de/download/111027_RM_Leisen.pdf (Zugriff am 27.12.2021).
Leufer, N., Kühme, N. & Schröder, K. (2019). »Was jeder erstmal kognitiv verstehen muss...« – Sprache und »Deutsch als Zweitsprache« im Fach Mathematik. In: Danilovich, Y. & Putjata, G. (Hrsg.), *Sprachliche Vielfalt im Unterricht. Fachdidaktische Perspektiven auf Lehre und Forschung im DaZ-Modul*. (S. 175–199). Wiesbaden: Springer VS.
Lüke, C., Starke, A. & Ritterfeld, U. (2020). Sprachentwicklungsdiagnostik bei mehrsprachigen Kindern. In: Sachse, S., Bockmann, A.-K. & Buschmann, A. (Hrsg.), *Sprachentwicklung* (S. 221–238). Berlin: Springer.
Lüke, C. & Vock, S. (2019). *Unterstützte Kommunikation bei Kindern und Erwachsenen*. Berlin: Springer.
Lütke, B. (2019). Sprachsensibler Fachunterricht im Spiegel von Sprachbildung und Inklusion. In: Rödel, L. & Simon, T. (Hrsg.), *Inklusive Sprach(en)bildung. Ein interdisziplinärer Blick auf das Verhältnis von Inklusion und Sprachbildung* (S. 38–48). Bad Heilbrunn: Julius Klinkhardt.
Niebuhr-Siebert, S. & Baake, H. (2014). *Kinder mit Deutsch als Zweitsprache in der Grundschule: eine Einführung*. Stuttgart: Kohlhammer-Urban.
Ostad, J. (2008). *Zweisprachigkeit bei Kindern mit Down-Syndrom*. Hamburg: Dr. Kovac.
Pineker-Fischer, A. (2017). *Sprach- und Fachlernen im naturwissenschaftlichen Unterricht: Umgang von Lehrpersonen in soziokulturell heterogenen Klassen mit Bildungssprache*. Wiesbaden: Springer VS.
Sekretariat der Ständigen Konferenz der Kultusminister der Länder in der Bundesrepublik Deutschland IVC/Statistik (2021). *Sonderpädagogische Förderung in Förderschulen (Sonderschulen) 2019/2020*. https://www.kmk.org/fileadmin/Dateien/pdf/Statistik/Dokumentationen/Aus_Sopae_2019.pdf (Zugriff am 27.12.2021).
Selmayr, A. & Dworschak, W. (2021). Soziobiografische Aspekte. In: Baumann, D., Dworschak, W., Kroschewski, M., Ratz, Ch., Selmayr, A. & Wagner, M, (Hrsg.), *Schülerschaft mit dem Förderschwerpunkt geistige Entwicklung II (SFGE II)*. (S. 35–56). Bielefeld: Athena wbv.
Stanat, P., Rauch, D. & Segeritz, M. (2010). Schülerinnen und Schüler mit Migrationshintergrund. In: Klieme, E., Artelt, C., Hartig, J., Jude, N., Köller, O., Prenzel, M., Schneider, W. & Stanat, P. (Hrsg), *PISA 2009. Bilanz nach einem Jahrzehnt* (S. 200–230). Waxmann, Münster.
Statistisches Bundesamt Deutschland (2021). *Bevölkerung. Migration und Integration. Ergebnisse des Mikrozensus, Erstergebnisse des Mikrozensus 2020*. https://www.destatis.de/DE/Themen/Gesellschaft-Umwelt/Bevoelkerung/Migration-Integration/_inhalt.html (Zugriff am 27.12.2021).
Stegkemper, J.M. (2018). Erweitertes Verständnis bildungssprachlicher handlungen. In: Caruso, C., Hofmann, J. & Rhode, A. (Hrsg.), *Sprache im Unterricht. Ansätze, Konzepte, Methoden* (S. 373–383). Trier: WVT.
Tetzchner, S. von & Martinsen, H. (2000). *Einführung in Unterstützte Kommunikation*. Berlin: edition sigma.
Uljarevic, M., Katsos, N., Hudry, K. & Gibson, J. L. (2016). Practioner Review: Multilingualism and neurodevelopmental disorders – an overview of recent research and discussion of clinical implications. *Journal of Child Psychology and Psychiatry, 57* (11), 1205–1217.
United Nations Department of Economic and Social Affairs (2017). *International Migration Report 2017 – Highlights*. New York. https://www.un.org/en/development/desa/population/migration/publications/migrationreport/docs/MigrationReport2017_Highlights.pdf (Zugriff am 27.12.2021).

Vygotskij, L. S. (1962). *Thought and language.* Cambridge, MA: MIT Press.
Wilken, E. (2019). *Sprachförderung bei Kindern mit Down-Syndrom. Mit ausführlicher Darstellung des GuK-Systems* (13., aktualisierte Auflage). Stuttgart: Kohlhammer.

Die Bedeutung von Gebärden in der Sprachförderung zwei- und mehrsprachiger Kinder mit kognitiver Beeinträchtigung

Etta Wilken

Die Entwicklung von Kindern mit kognitiven Beeinträchtigungen fällt oft durch eine allgemeine Verzögerung auf. Besonders betroffen ist meistens die Sprachentwicklung. Einige der Schwierigkeiten, die die Kinder haben, werden bereits in ihrer präverbalen Entwicklung deutlich. Sie können sich sowohl auf die motorisch-funktionalen Fähigkeiten wie Saugen, Kauen, Lippen- und Zungenbeweglichkeit beziehen sowie auf die emotionalen und kognitiven Grundlagen wie referentieller Blickkontakt, Objektpermanenz, Symbolverständnis oder deklaratives Zeigen (Wilken 2019, 56). Für diese Kinder hat es sich als hilfreich erwiesen, frühzeitig differenzierte Hilfen bei den erkennbaren Problemen in Alltagssituationen zu geben und bereits in der Frühförderung auch ergänzende Möglichkeiten der Kommunikation anzubieten.

Dabei haben sich – so weit keine erheblichen motorischen Beeinträchtigungen vorliegen – Gebärden als eine wichtige Unterstützung bewährt, um den Kindern sowohl das Verstehen als auch das Mitteilen zu erleichtern. Für Kinder, die zwei- oder mehrsprachig aufwachsen, können Gebärden zudem eine Brücke zwischen den Sprachen darstellen. Es sind dabei allerdings die kulturabhängigen Unterschiede in der nonverbalen Kommunikation zu reflektieren. Für Kinder, die hören können und sprechen lernen sollen, ist zu beachten, dass ihre lautsprachliche Orientierung in der frühen Entwicklung nicht gefährdet wird. Alternative Kommunikation und Gebärden haben für viele Kinder mit kognitiven Beeinträchtigungen keine die Lautsprache ersetzende, sondern eine unterstützende Funktion.

1 Gesten, Gebärden und Gebärden-unterstützte Kommunikation

Die meisten Menschen benutzen in der Kommunikation ergänzend zum Sprechen verschiedene Handzeichen – abhängig vom individuellen Temperament, aber auch von der kulturellen Tradition. Gestenkommunikation hat vor allem das Ziel, das Gesprochene zu unterstützen, Aussagen zu betonen und Emotionen deutlich zu machen. Manche der Handzeichen wie zum Beispiel die drohende Faust, der begeistert hochgestellte Daumen oder das Victory-Zeichen mit dem gespreizten Zeige-

und Mittelfinger haben sich sogar als häufig benutze Emojis zum Kommentieren von Nachrichten verbreitet.

Aber manche Gesten, die im deutschen Sprachraum allgemein verständlich sind, wie z. B. jemandem »einen Vogel zeigen« oder das Kopfschütteln zur Verneinung und das bestätigende Kopfnicken zur Bejahung, haben in anderen sprachlichen Kontexten eine abweichende Bedeutung. Diese Unterschiede sind deshalb in der frühen Förderung zwei- und mehrsprachig aufwachsender Kinder bewusst zu reflektieren.

Die Zeigegeste ist dagegen kulturunabhängig und allgemein verständlich. Sie ist besonders für die präverbale Kommunikation der Kinder von Bedeutung. Indem das Kind auf die konkreten Dinge zeigt, kann es auswählen, Fragen beantworten und Wünsche mitteilen. Das Zeigen hat deshalb in der frühen Kommunikationsförderung mehrsprachiger Kinder eine wichtige Funktion. Auch das beantwortende Handeln aufgrund von Bitten oder Aufforderungen und das Kopfschütteln oder Kopfnicken zur Beantwortung von Fragen ist ebenfalls wichtig für die frühe Kommunikation.

Wenn gehörlose Personen miteinander kommunizieren, benutzen sie Gebärden. Abweichend von Gesten sind diese Gebärden vollwertige visuelle Sprachen, die sich über Jahrhunderte in der alltäglichen Kommunikation entwickelt haben. Deshalb sind Gebärden auch nicht international gleich! Es gibt in den einzelnen Ländern verschiedene Gebärdensprachen und selbst gleiche Lautsprachen haben verschiedene Gebärden (z. B. in Deutschland, Österreich, Schweiz, aber auch in England, USA, Australien). Gebärden sind kulturabhängig und es gibt, wie in der Lautsprache, regionale Gebärden-Dialekte.

Unterschiede ergeben sich auch abhängig davon, ob die Gebärde formbeschreibend oder tätigkeitsnachahmend ist (z. B. bei *Ball* die Form oder das Spiel). Für *Hund* gibt es in der Deutschen Gebärdensprache (DGS) drei verschiedene Gebärden, abhängig davon, ob der Begriff durch »Männchen machen«, »bei Fuß« oder »Ziehen am Halsband« dargestellt wird (Maisch/Wisch 1996, 131).

Die Gebärdensprachen haben einen umfangreichen Gebärdenwortschatz, eine eigene differenzierte Grammatik, und die Sätze werden nach speziellen Regeln gebildet. Es gibt keine Artikel, und alle Verben stehen in der Grundform. Deshalb unterscheidet sich die Deutsche Gebärdensprache (DGS) erheblich von der Lautsprache. Auch werden beim Gebärden oft weitere Informationen in die Grundgebärde aufgenommen (Inkorporation, Simultanität), und es gibt eine spezielle bedeutungstragende Mundgestik und Mimik (vgl. Hennies 2013, 15). Syntax und Grammatik der Gebärdensprachen der Gehörlosen unterscheiden sich deshalb so erheblich von den jeweiligen Lautsprachen, dass es nicht möglich ist, gleichzeitig zu gebärden und dabei die Lautsprache korrekt zu sprechen.

Wenn Gebärden ergänzend zur Lautsprache für zwei- und mehrsprachig aufwachsende Kinder mit kognitiven Beeinträchtigungen als eine visuell und motorisch hilfreiche Brücke zwischen ihren Sprachen eingesetzt werden, müssen deshalb die gleichen Gebärden parallel zu den unterschiedlichen Lautsprachen verwendet werden. Dabei werden zwar bestimmte Gebärden aus der DGS übernommen, aber die Kinder lernen Gebärden nur sprachunterstützend, weil sie hören können und hörgerichtet kommunizieren sollen, um sich später zunehmend lautsprachlich zu verständigen.

Um begleitend zum Sprechen gebärden zu können, wurden die Lautsprachbegleitenden Gebärden (LBG) entwickelt. Sie sind aus der Gebärdensprache abgeleitet, entsprechen in der Abfolge jedoch der Lautsprache. Das Ziel ist, hörgeschädigten Kindern die Lautsprache sichtbar zu machen und das Absehen zu erleichtern. Aber lautsprachbegleitendes Gebärden ist eine »Kunstsprache«, die langsamer als die Gebärdensprache und langsamer als das normale Sprechen ist.

Bei der Anwendung von lautsprachbegleitenden Gebärden zur Förderung noch nicht sprechender Kinder mit kognitiven Beeinträchtigungen kommt es durch die Gleichsetzung von Gebärden und Wörtern auch oft zu merkwürdigen Fehlern. So wurde etwa in einer Förderschule immer zu Beginn des Unterrichts gefragt »Wie geht es dir?« und dann nicht nur jedes Wort gebärdet, sondern *geht* mit der Gebärde für *gehen* begleitet.

Lautsprachbegleitende Gebärden sind zur Sprachförderung zwei-und mehrsprachig aufwachsender Kinder mit kognitiven Beeinträchtigungen nicht geeignet. Das Sprechen wird durch das begleitende Gebärden der einzelnen Wörter verlangsamt und die Sprechmelodie und Betonung, die Prosodie, wird erheblich verändert. Dadurch wird aber den kleinen Kindern im Spracherwerb eine ganz wesentliche kommunikative Orientierungshilfe entzogen, denn »am Anfang steht die Prosodie« (Grimm 2012, 23). Prosodische Merkmale ermöglichen sogar bereits Säuglingen, zwischen ihrer Muttersprache und fremden Sprachen zu unterscheiden (ebd. 30), deshalb sind sie für mehrsprachige Kinder besonders wichtig.

In Abgrenzung zur Deutschen Gebärdensprache (DGS) und zu den lautsprachbegleitenden Gebärden (LBG) wird von mir mit Gebärden-unterstützter Kommunikation (GuK) ein Verfahren bezeichnet, das sich überwiegend an kleine Kinder wendet, die hören, aber noch nicht sprechen können. Durch den Begriff Gebärden-unterstützte Kommunikation (GuK) wird nicht nur der Unterschied zur Gebärdensprache betont, sondern es soll vor allem die spezielle Zielsetzung und das andere methodische Vorgehen hervorgehoben werden.

GuK will durch den sprachbegleitenden Einsatz von Gebärden die Kommunikation mit Kindern, die (noch) nicht sprechen, erleichtern und basale sprachrelevante »Vorausläuferfähigkeiten« (Grimm 2012, 25) vermitteln, damit der Spracherwerb unterstützt wird.

Bei der Auswahl der Gebärden aus den vorhandenen Gebärdensammlungen wurden die motorischen Fähigkeiten kleiner Kinder bezüglich schwieriger Fingerstellungen berücksichtigt und auf Mundgestik und Inkorporation verzichtet. Dagegen spielen die natürliche Mimik und die Prosodie eine wesentliche Rolle. Weil nur einzelne bedeutungstragende Wörter mit Gebärden begleitet werden, gibt es keine Auswirkungen auf Syntax und Grammatik.

Auch die für das Verständnis der Gebärden nötigen kognitiven Voraussetzungen werden beachtet. Es wurden deshalb möglichst transparente Gebärden ausgewählt, die von kleinen Kindern und auch von komplexer beeinträchtigten Personen leichter gelernt und behalten werden können. Denn im Unterschied zu Wörtern sind viele Gebärden transparent, d. h. durch die Übernahme eines kennzeichnenden Merkmales des jeweiligen Begriffes wird auch ein entsprechendes Bild davon vermittelt. Deshalb müssen aber einige Begriffe kontextabhängig verschieden gebärdet werden, z. B. ob ein Buch oder eine Person dick ist.

Da Gebärden bei GuK die Aufgabe haben, nur so lange die Kommunikation zu unterstützen, bis das Kind hinreichend sprechen kann, liegt lediglich ein Grundwortschatz vor, der bei Bedarf ergänzt werden kann durch Gebärden aus den vorliegenden Gebärden-Sammlungen oder der im Internet veröffentlichten Gebärden der DGS.

Bei zwei- und mehrsprachig aufwachsenden Kindern ist zu reflektieren, dass zwar die gleichen Gebärden begleitend zu den verschiedenen Sprachen eingesetzt werden, dass aber doch eine personen- oder kontext-bezogene Trennung der Sprachen ermöglicht wird.

So wie auch in der DGS viele Gebärden sich auf mehr oder weniger große Begriffsfelder beziehen, repräsentieren auch die GuK-Gebärden oft ein größeres Begriffsfeld. Die Gebärde für »gut« kann eingesetzt werden für »Lob« und sprachlich unterschiedlich begleitet werden z. B. mit »das hast du gut gemacht« oder »super« und entsprechend auch in der Zweitsprache. Gleiches gilt für *Tadel, Verbot* oder für *fertig* bzw. *Schluss, Ende, aufhören*. Auch für *Fliege, Mücke, Biene* wird dieselbe Gebärde benutzt. Viele Substantive und die zugehörigen Verben werden gleich gebärdet, z. B. *Messer* und *schneiden*, *Pferd* und *reiten* oder *Bett* und *müde*. Einige Gebärden lassen sich nur sinnvoll im Zusammenhang mit einer bestimmten Handlung durchführen, z. B. *an, aus, zu, auf* oder *weg*.

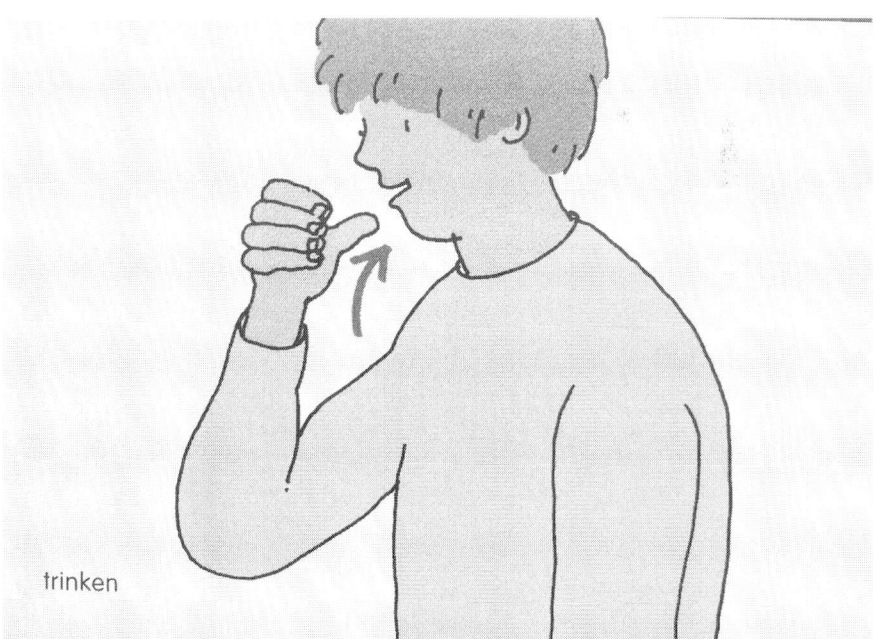

Abb 1: Bei den Gebärdenbildern verdeutlicht der Pfeil die Bewegungsrichtung

Das begleitende Sprechen und die entsprechende Prosodie – und nicht Mundgestik oder andere ergänzende visuelle Zeichen – ermöglichen dann die entsprechende Differenzierung. So kann die Gebärde für Fliege lautmalerisch mit »sss« begleitet werden und die gleiche Gebärde zur Bezeichnung von Biene mit »sum, sum, sum«. Meistens ist auch die Prosodie in den verschiedenen Sprachen entsprechend, vor allem bei Lob oder Tadel. Für alle Kinder können deshalb Gebärden für das Verstehen hilfreich sein.

Den zwei- und mehrsprachig aufwachsende Kinder ermöglichen die Gebärden zu verstehen, dass die Bedeutung des Handzeichens unabhängig davon ist, wie es sprachlich begleitet wird. So kann z. B. die Gebärde für *trinken* – so tun als ob man trinkt – dann französisch mit *boire* oder polnisch mit *pić* versprachlicht werden.

Die Gebärden bieten deshalb eine Brücke zwischen den Sprachen und ermöglichen den Kindern, besser zu verstehen und sich früher mitzuteilen. Bei kleinen Kindern mit kognitiven Beeinträchtigungen fördert die Gebärden-unterstützte Kommunikation den Spracherwerb, aber sie ist zur Unterstützung der Kommunikation nur so lange nötig, bis das Kind hinreichend sprechen kann.

2   Förderung des Spracherwerbs mit Gebärden

Vorliegende Untersuchungen zeigen, dass Kindern mit Beeinträchtigungen der Sprachentwicklung das begleitend zur Lautsprache eingesetzte Gebärden der Schlüsselwörter hilft, Mitteilungen früher und besser zu verstehen und sich eher mitzuteilen. Dabei ist besonders wichtig, dass »den Verstehensprozessen eine Schrittmacherfunktion für die (Sprach-)Produktion zukommt« (Grimm 2012, 45) und dass »das Sprachlernen innerhalb von biologischen Zeitfenstern erfolgt« (ebd. 20), die auch für Kinder mit Beeinträchtigung zu berücksichtigen sind. Die zeitgerechte Entwicklung »biolinguistischer Kompetenzen« ist aber nicht an eine verbale Sprache gebunden. Die für »das Sprachlernen notwendigen neuronalen Systeme« (ebd.) können auch mit Gebärden aktiviert werden. Gebärden bewirken eine erhöhte wechselseitige Aufmerksamkeit von Kind und Bezugsperson. Das ist wichtig, weil »beiläufiges Sprechen ohne die Herstellung von Blickkontakt« am Säugling »spurlos vorbei geht« (ebd. 54). Zudem erleichtern die verlangsamte Sprache und die visuelle kontextbezogene Betonung der Schlüsselwörter dem Kind das Verstehen, während sonst in einem längeren gesprochenen Satz die wichtigen Informationen untergehen können. Auch kann man die Kinder bei der Durchführung der Gebärde handlungsbezogen gut unterstützen und die dabei gegebene visuelle und motorische Erfahrung hilft den Kindern, sich besser daran zu erinnern. Da die motorische Steuerung der Hände einfacher ist als bei den Sprechbewegungen, ermöglichen die Gebärden auch, dass die Kinder sich damit früher mitteilen können als verbal.

Die Kinder erleben dabei, dass gebärdete Mitteilungen etwas bewirken, sie erfahren weniger frustrierende Situationen und ihre Mitteilungsbereitschaft wird deshalb gefördert. Gebärden können darum sprachanbahnende Funktion haben und wirken sich keineswegs nachteilig auf das Sprechen lernen aus. Das gilt besonders auch für zwei- und mehrsprachig aufwachsende Kinder, weil sie unabhängig von Personen und vom Kontext die Erfahrung machen, dass sie sich verständigen können.

Entsprechende Untersuchungen aus England bestätigen diese Erfahrungen. Sie zeigen, dass Gebärden die Kommunikationsfähigkeit verbessern und den Spracherwerb beschleunigen können (LePrevost 1993, 29). Mit wachsender Akzeptanz von Gebärden zur Unterstützung der Kommunikation werden diese Erfahrungen mittlerweile vielerorts bestätigt. »Wir konnten mehrmals die Beobachtung machen, dass die behinderten Menschen vermehrt zu reden beginnen, weil sie durch die Kombination von Wort und Gebärde von den Mitmenschen verstanden werden« (Portmann 1993, 7).

Von Bedeutung ist auch, dass Gebärden bei kleinen Kindern mit kognitiven Beeinträchtigungen die Entwicklung prosodischer und pragmatischer Basis-Fähigkeiten der Kommunikation unterstützen können. Auch erste Dialoge werden mit Gebärden möglich und der rezeptive Wortschatz kann – obwohl das Kind noch nicht spricht – kontinuierlich erweitert werden. Oft ermöglichen die Gebärden des Kindes den Bezugspersonen zu erkennen, welche Kompetenzen, Interessen und Vorlieben das noch nicht sprechende Kind hat.

Dabei fällt bei zweisprachigen Kindern auf, dass ihr begleitendes Lautieren erkennbar prosodische Merkmale der dominanteren Sprache aufweist und oft auch einzelne Laute der Zweitsprache enthält.

Mit Zunahme der gesprochenen Sprache lassen Kinder die Gebärden weg (Kumin 1994, 59; Wagner & Sarimski 2010, 50 und 2013, 21). Kinder mit Down-Syndrom sind dann meistens 4–6 Jahre alt (National Down Syndrome Society-NDSS 2021, 51). Für manche Kinder mit komplexeren Beeinträchtigungen sind Gebärden auch länger ergänzend wichtig oder bleiben ihre dauerhafte Möglichkeit zur Verständigung.

Eine wesentliche Voraussetzung für die Unterstützung der sprachlichen Entwicklung mit Gebärden ist, dass ihre Bedeutungen im natürlichen Kontext erlebt und vermittelt werden und das Erlernen nicht als Training ohne sinngebenden Bezug erfolgt. Das gilt auch für die Auswahl der gebärdeten Wörter, die sich sowohl an den Interessen des Kindes als auch an den für kleine Kinder typischen ersten Wörtern orientiert (vgl. Grimm 2012, 36). Dabei ist eine Unterscheidung wichtig, welche Gebärden dem Kind im Alltag helfen sollen zu verstehen und welche ihm wichtig sein könnten, um uns etwas mitzuteilen.

Das Wiederholen und Üben einzelner Gebärden ist sinnvoll, sollte jedoch möglichst eingebunden werden in gemeinsame Handlungen und Spiele, beim Betrachten von Bilderbüchern oder beim Singen. Ein Abfragen einzelner Begriffe dagegen (wie geht Hund? wie geht Katze?) ist für das Kind nicht nur wenig interessant, sondern es fehlt vor allem der sprachrelevante Bedeutungsbezug. Das gilt besonders für Wörter, die nicht abbildbar sind wie z.B. *fertig* oder *nochmal*, *müde* oder *verboten*, *spielen* und *singen*.

Motivierend für den Einsatz von Gebärden bei zwei- und mehrsprachig aufwachsenden Kindern ist es, wenn sie erleben, dass ihre Handzeichen unabhängig

Abb. 2: Dialogisches Lesen und Anschauen eines Bilderbuches mit ergänzenden Gebärden

von der begleitenden Lautsprache auch von verschiedenen Personen in ihrem Lebensumfeld verstanden werden.

> Ein dreijähriger Junge hört von seinen Eltern zu Hause überwiegend Englisch und hat ergänzend etliche GuK-Gebärden gelernt. Als er in den deutschen Kindergarten kommt, hat er keine Schwierigkeiten, sich zu verständigen, weil man auch dort seine Gebärden kennt. Begeistert aber war er, als er auch bei einem Besuch bei den Verwandten in England, sich verständigen konnte.

Gebärden unterstützen (noch) nicht sprechende Kinder auch darin, die für den Spracherwerb wichtigen vielfältigen sprachgebundene Erkenntnisse zu lernen. Sie ermöglichen das kognitive Verarbeiten und Speichern von Erfahrungen, die Bildung von Kategorien und bieten für das Vergleichen und bedeutungsbezogene Bewerten (gebärden-)sprachliche Symbole. Dadurch können sie sowohl eine Vergrößerung des Wortschatzes als auch eine qualitative Reorganisation des Wissens wie Oberbegriffe, Vergleiche oder Relationen fördern, da solche Erkenntnisse nicht an die verbale Sprache, wohl aber an ein differenziertes Kommunikationssystem gebunden sind.

> Ein dreijähriger Junge betrachtet mit der Mutter ein Bilderbuch. Auf einer Doppelseite sind verschiedene Lebensmittel abgebildet. Als er diese Seite sieht, lautiert er ›mmm‹ und macht eine kreisende Bewegung auf seinem Bauch als Zeichen für Essen. Er hat spontan einen Oberbegriff gewählt, bevor er die einzelnen Dinge wie Banane, Eis und Keks benennt.

In der allgemeinen Sprachentwicklung gehen Kinder kreativ mit Wörtern um und klassifizieren u. a. nach Ähnlichkeit im Aussehen oder in der Funktion. So wurde von einem Kind der *Mond* als *Lampe* bezeichnet und ein *Elch* als *Muh*. Diese generalisierenden Klassifikationen ermöglichen auch Gebärden. Ein kleines Mädchen benutzte die Gebärden für *Fliege* und *gehen*, um einen Käfer zu bezeichnen. Ein anderes Kind gebärdete *Baum* und *Katze* und zeigte auf ein *Eichhörnchen*.

Ergänzende Kommunikationsverfahren erleichtern Kindern mit Beeinträchtigungen der Sprachentwicklung nicht nur die Verständigung, sondern fördern auch die Entwicklung basaler sprachgebundener kognitiver Strukturen. Zudem können Gebärden das oft geringere auditive Kurzzeitgedächtnis und die beeinträchtigte auditive Diskrimination ausgleichen und haben einen deutlichen Laut- bzw. Worterinnerungseffekt. Das wirkt sich auch positiv bei Zwei- und Mehrsprachigkeit aus wie Erfahrungen mit noch nicht Deutsch sprechenden Kindern in der Krippe und im Kindergarten zeigen.

Interessant sind die in verschiedenen Studien nachgewiesenen Parallelen zwischen der Entwicklung von Gebärdensprache und Lautsprache (vgl. Clibbens 1995, S. 12). Bei beiden Kommunikationsformen muss das Kind ein basales Verständnis für die einzelnen Elemente des Systems und ihrer Beziehungen zueinander haben. Diese übergeordneten Strukturprinzipien sind bei den verschiedenen Lautsprachen gleich und werden durch Gebärden gestützt. Kinder, die gelernt haben, sich mit Gebärden zu verständigen, können deshalb die erworbenen grundlegenden Prinzipien auch auf eine oder mehrere Sprachen übertragen. Sie haben grundlegende sprachliche Kompetenzen erworben und müssen dann einen relativ geringen Transfer leisten, wenn sie von der Gebärdensprache zur Lautsprache umschalten und mit dem Sprechen beginnen. Deshalb verzögern Gebärden den Spracherwerb nicht, sondern können ihn eher beschleunigen.

Da die Bewegungssteuerung der Hände und des Mundes in benachbarten Hirnarealen repräsentiert sind, ist davon auszugehen, dass die Aktivität der Hände beim Gebärden wahrscheinlich auch für die motorische Steuerung der Sprechbewegungen förderlich sein kann (vgl. Kolzowa 1975, 644f).

Vor allem gibt es aber weniger frustrierende kommunikative Situationen und die Kinder erleben die positiven Auswirkungen sprachlicher Mitteilungen. Die visuelle Verdeutlichung durch die Gebärde lenkt und fokussiert ihre Aufmerksamkeit und erleichtert ihnen das Verstehen. Gebärden können zudem als sichtbare Zeichen gerade ihre oft vorliegende verzögerte Aufnahme und Verarbeitung auditiver Informationen ausgleichen.

3 Mit GuK zwei- und mehrsprachige Kinder mit kognitiven Beeinträchtigungen fördern

Für den Spracherwerb werden relevante Zeitfenster angenommen, die für die sprachliche Entwicklung aller Kinder wichtig sind und deshalb bei der Förderung zu berücksichtigen sind.

Tab. 1: Entwicklungsorientierte Angebote und Förderziele

Entwicklungsalter	Angebot	Ziel	Zwei-/Mehrsprachigkeit
etwa 0–8 Monate	emotionale, dialogische Ansprache, prosodische Betonung, einzelne Gebärden im Kontext	Verstehen der sprachspezifischen Prosodie, situatives Verstehen unterstützt durch Gebärden	Verstehen im Kontext – unabhängig von der Lautsprache, Übernahme typischer prosodischer Merkmale
etwa 8–18 Monate	relevante Gebärden für den Alltag, Bilder, Fördern von Kontext bezogenem Sprachverständnis	Förderung prodomaler Fähigkeiten, deklaratives Zeigen, erste Gebärden zum Mitteilen, Bilder als Abbildungen verstehen	auf Fragen mit Zeigen antworten, unabhängig von der Lautsprache
1–2 Jahre	Objekte und Bilder ergänzend mit Gebärden benennen, Bilderbücher, Fingerspiele und Lieder	Verstehen der Bedeutung von Objekten, Symbolen und Bildern; Fragen mit Gebärden und Zeigen beantworten, Wortschatzerweiterung	Verstehen der verschiedenen Sprachen, Wortschatz systematisch personen- oder kontextabhängig erweitern, Mitteilungsfähigkeit fördern, Auswählen durch Zeigen
2 Jahre und älter	Fördern von Wort und Satzverständnis, Aufbau des Gebärdenwortschatzes und des begleitenden Sprechens	Fördern der prosodischen Begleitung beim Gebärden, Benennen von Bildern und Handlungen unterstützen; Pragmatische Kompetenz, Förderung des Sprechens	Trennung der Sprachen – abhängig von der Person oder dem Kontext; Sprechen erster Wörter in den angebotenen Sprachen oder nur in der dominierenden Sprache, zunehmende Verständigungsfähigkeit

Am Anfang ihrer Sprachentwicklung ist es für kleine Kinder wichtig, dass sie die Bedeutung des Hörens in konkreten Situationen erleben, um ihre von Geburt an gegebenen prosodischen Fähigkeiten zu erweitern und zu differenzieren. Das Kind lernt, über Tonhöhe, Lautstärke, Rhythmik und Betonung wesentliche präverbale sprachrelevante Fähigkeiten in dialogischen Situationen zu erfassen und zudem bei Zwei- und Mehrsprachigkeit die sprachspezifische Prosodie zu unterscheiden. Es erlebt gerade in Alltagssituationen in seiner Familie emotionale Nähe und Wärme in der Kommunikation. Das gelingt den Bezugspersonen meistens nur in ihrer jeweiligen Muttersprache und ist in einer anderen Sprache für sie deutlich schwieriger zu vermitteln. Bei kleinen hörenden Kindern mit kognitiven Beeinträchtigungen, denen sprachbegleitend die Gebärden-unterstützte Kommunikation angeboten wird, muss deshalb auch ihre lautsprachliche Orientierung weiterhin unterstützt werden. Dabei sind die emotionalen und sozialen Grundlagen der Kommunikation unbedingt zu beachten.

Deshalb kann es ein Problem sein, wenn durch das Anbieten von Gebärden ein Fokussieren auf überwiegend visuelle Elemente erfolgt, weil dadurch bei den Kindern die wichtige Entwicklung präverbaler prodromaler (vorausgehender) Fähigkeiten wie referentieller Blickkontakt, Prosodie und deklaratives Zeigen gefährdet werden könnten. Gerade wenn dem Kind verschiedene Sprachen angeboten werden, ist die Prosodie eine wesentliche Hilfe bei der Unterscheidung und Trennung.

Ab einem Entwicklungsalter von etwa einem halben Jahr kann es für das *Verstehen* unterstützend sein, dem Kind lautsprachbegleitend erste ausgewählte Gebärden für »Schlüsselwörter« in konkreten Situationen anzubieten. (Das Lebensalter eines Kindes mit einer kognitiven Beeinträchtigung ist dann entsprechend höher.) Beim Ins-Bett-Bringen kann man z. B. ergänzend zur Lautsprache *müde* gebärden oder, wenn man dem Kind seine Flasche gibt, *trinken*. Die Gebärden dienen dabei dem besseren Verstehen und haben noch nicht das Ziel, dass sie vom Kind schon zur Mitteilung eingesetzt werden. So kann die Gebärde für *fertig* lautsprachbegleitend regelmäßig beim Beenden von verschiedenen gemeinsamen Aktivitäten wie Essen, Wickeln oder Baden gezeigt werden, und das Kind lernt dadurch, die Bedeutung von *fertig* unabhängig von der begleitenden Lautsprache zu verstehen. Dabei spielt besonders die begleitende Prosodie für das differenzierte Verstehen eine wesentliche Rolle. So ist es ein großer Unterschied, ob zu dieser Gebärde nachdrücklich »Hör auf!« gesagt wird oder freudig »Jetzt sind wir fertig!«. Es ist aber wichtig, sich deutlich zu machen, dass, obwohl das Kind die mit der Gebärde verbundenen Aussage schon gut versteht, es selbst die Gebärde zur Mitteilung immer deutlich später einsetzt, zumeist erst, wenn es die Erfahrung macht, damit etwas zu bewirken.

In einem Entwicklungsalter von 10 Monaten oder vielleicht erst mit einem Jahr ist zu beobachten, dass Kinder auf Dinge zeigen, die sie haben möchten oder beim Verabschieden »winke, winke« machen, und dabei benutzen sie oft ergänzende auffordernde Laute wie »e e e« oder Wörter wie »da«. Zunehmend lernen sie auch, Fragen mit Kopfschütteln oder Kopfnicken zu beantworten und dies auch entsprechend prosodisch zu begleiten. Meistens beginnen sie in diesem Entwicklungsalter auch selbst damit, erste Gebärden zur Mitteilung einzusetzen.

Es ist jetzt sinnvoll, auch den aktiven Wortschatz des Kindes gezielt weiter aufzubauen.

Dabei sind verschiedene sprachfördernde Spiele hilfreich. Es ist z. B. möglich, unterschiedliche Gegenstände auszuwählen und vom Kind in eine Stofftasche legen zu lassen. Dazu gibt man dem Kind z. B. eine Banane und sagt dazu Banane, macht begleitend die entsprechende Gebärde und fordert das Kind auf »Leg die Banane in die Tasche«.

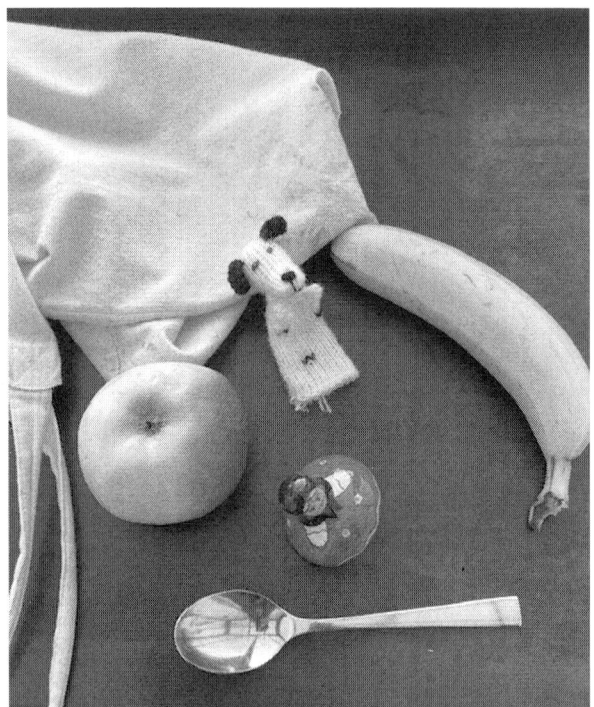

Abb. 3: Multimodales Benennen verschiedener Gegenstände

Das Kind fühlt die Banane, hört das Wort und sieht die Gebärde und verknüpft damit einen haptischen Eindruck. So entwickelt es Vorstellungen – nicht in den Fingern (!), sondern als Gedächtnisleistung! Wenn es dann aufgefordert wird »Gib mir die Banane« und in die Tasche greift und die Banane findet, ohne hineinzusehen, hat es das Wort verstanden und mit seiner haptischen Vorstellung verknüpft. Vielleicht kann es dann auch mit Unterstützung das entsprechende Objekt mit der Gebärde bezeichnen. Diese Kombination von fühlen, sehen, gebärden und benennen unterstützt das aktive Erinnern des Kindes und fördert seine Mitteilungsfähigkeit.

Zunehmend lernen die Kinder, auch Bilder als Abbildungen zu erkennen und bei Aufforderung ihr Verstehen durch Zeigen mitzuteilen. Dabei können zum verbalen Benennen ergänzend wieder Gebärden angeboten werden.

Jetzt ist es auch möglich, ein persönliches Bilderbuch (Ich-Buch) anzulegen, in dem Fotografien von den verschiedenen, oft wiederkehrende Handlungen und Tagesabläufen des Kindes sowie Bilder von den tatsächlich benutzten Dingen eingeklebt werden. So kann man zum Thema »Einkaufen« ein Foto des Kindes im Einkaufswagen machen und dann Bilder von den Dingen, die das Kind kennt und

3 Mit GuK zwei- und mehrsprachige Kinder mit kognitiven Beeinträchtigungen fördern

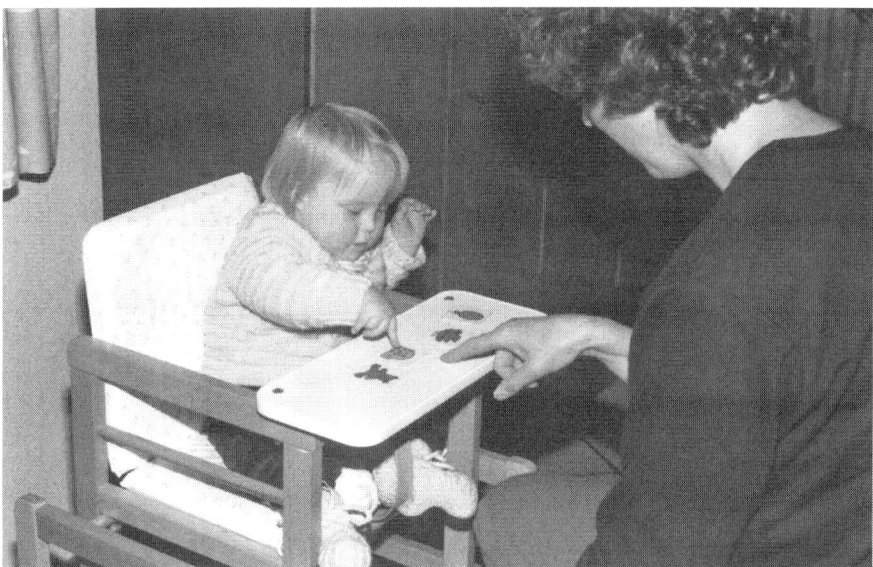

Abb. 4: Zeigen, Benennen und Gebärden von Bildern fördert das Verstehen und Mitteilen

oft eingekauft werden, wie z. B. Bananen, Äpfel, Milch, Brot. Zum Thema »Schlafen gehen« kann man u. a. die Zahnbürste, die Creme, den Schlafsack und das Kuscheltier des Kindes fotografieren. Beim Betrachten der Bilder im »Ich-Buch« werden diese benannt und dazu gebärdet. Eine bildliche Veranschaulichung von Abfolgen kann nachfolgende Handlungen ankündigen, z. B. »Wir besuchen Oma und Opa« oder »Wir gehen zum Kindergarten« und dann erfolgt der Besuch oder man geht zum Kindergarten. Es ist auch möglich, dem Kind einzelne Objekte zu zeigen als Ankündigung bestimmter häufig wiederkehrender Handlungen. So kann man ihm z. B. sein Lätzchen zeigen und damit mitteilen, dass jetzt gegessen wird, oder den Schlafsack zeigen zur Ankündigung, dass es gleich ins Bett gebracht wird. Dabei können wir begleitend gebärden und das Kind auffordern, die Gebärde für *essen* bzw. für *schlafen* mitzumachen oder wir unterstützen es direkt bei der Ausführung. Die begleitende Lautsprache ist dabei meistens die Familiensprache oder die Sprache der mit dem Kind spielenden Person.

Man kann auch Bilder mit Klammern an eine Leine hängen und das Kind auffordern »Hol mir den Ball«. Mit Bildern von verschiedenen Lebensmitteln kann man auch einkaufen spielen. Das Kind wird dann aufgefordert, Brot, Milch oder andere Dinge zu holen. Es kann, wenn es mehrere Bilder genommen hat, diese in eine Tasche legen und beim Auspacken mit Gebärden benennen. Das Gebärden des Kindes sollte dabei immer ergänzend mit der jeweils kontext- oder personenbezogenen Sprache lautsprachlich begleitet werden.

Es kann zudem für Kinder interessant sein, in einige der gern benutzten Bilder- oder Liederbücher spezielle Punkte zu kleben, die man besprechen kann und die zu einem Vorlesestift gehören (AnyBook Reader). Das Kind kann sich dann die Texte, sogar wenn es sich das Buch allein ansieht, vorlesen lassen. Dabei können wir das

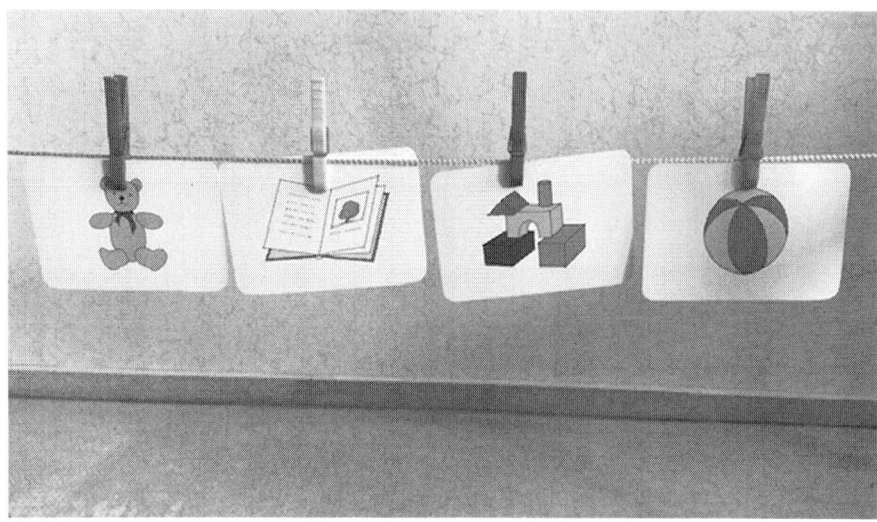

Abb. 5: Spielerisch sprachliche Aufforderungen verstehen und Bilder mit Gebärden benennen

Kind ermutigen, auch dabei seinen Möglichkeiten entsprechend selbst zu lautieren und zu gebärden. Durch farblich verschieden markierte Klebe-Punkte kann zudem eine sprachliche Trennung der beiden dem Kind angebotenen Sprachen visuell gestützt werden.

Wenn das Verständnis von Sprache und Gebärden zunehmend erweitert wird und das Kind selbst Gebärden und vielleicht erste Wörter zur Mitteilung einsetzt, kann nicht nur der Wortschatz weiter aufgebaut werden, sondern spielerisch oder in konkreten Alltagssituation kann auch das Satzverständnis erweitert werden. Das Kind ist jetzt zu ermuntern, zwei Gebärden oder ein Wort und eine Gebärde zu kombinieren. Dann gebärdet das Kind vielleicht *Keks* und *essen* oder sagt *Ball* und gebärdet *haben*. Sinnvoll ist es, für diese Förderangebote interessante Spielsituationen zu gestalten, die das Kind veranlassen, solche Kombinationen beim Spielen öfter zu wiederholen. Bei gemeinsamen Aktivitäten können wechselseitig Aufforderungen erfolgen (*Hol das Auto, hol das Buch*) oder es werden Dinge, aber auch Bilder versteckt und dazu wird entsprechend gebärdet und gesprochen: der *Ball* ist *weg*, der *Teddy* ist *weg*; *wo* ist der *Ball?*, *wo* ist der *Bär?*).

Zur Förderung der pragmatischen Kompetenzen ist es zudem wichtig, im Lebensalltag des Kindes seine Mitteilungsfähigkeit durch aktives kommunikatives Warten zu unterstützen, d. h. wir müssen durch unsere Haltung deutlich machen, dass wir Antworten erwarten und nicht durch Ungeduld das Kind entmutigen oder durch unsere vorschnelle erneute Aktivität seine oft langsamere Antwortfähigkeit stören und es dadurch zu einer passiven abwartenden Haltung verleiten.

Für zwei- und mehrsprachige Kinder können Objekte, Bilder und Gebärden eine Brücke zwischen den verschiedenen Sprachen bilden und sowohl das Verstehen als auch das Mitteilen unterstützen. Das Kind kann lernen, uns ein Buch zu bringen und uns damit auffordern, ihm vorzulesen oder uns sein Lätzchen zu zeigen und uns so mitteilen, dass es essen möchte.

4 Erfahrungen mit Gebärden bei zwei- und mehrsprachigen Kindern mit kognitiven Beeinträchtigungen

Eltern, die auch ihr Kind mit einer kognitiven Beeinträchtigung zwei- oder sogar mehrsprachig erziehen wollen, da sie selbst eine andere Sprache als die Umgebungssprache sprechen oder weil die Eltern verschiedene Muttersprachen haben, erhalten oftmals den Hinweis, dass das für ihr Kind mit einer kognitiven Beeinträchtigung eine Überforderung sei und dadurch seine sprachliche Entwicklung erheblich gefährdet würde. Die vorliegenden Erfahrungen bestätigen diese noch oft bestehende Meinung allerdings nicht. Ob und wie lange es jedoch für ein Kind mit Beeinträchtigung sinnvoll sein kann, die Sprachentwicklung mit Gebärden ergänzend zu unterstützen, ist individuell sehr verschieden und hängt auch von der Ursache und dem Grad der Behinderung ab. Es ist jedoch erwiesen, dass Gebärden auch bei Kindern mit kognitiven Beeinträchtigungen die Sprachentwicklung nicht gefährden, sondern sie im Gegenteil sogar fördern (Wilken 2021, 81).

Manche Kinder benutzen nur wenige Gebärden, weil sie relativ bald in der Lage sind zu sprechen. Für andere Kinder sind die Gebärden für einige Jahre eine wichtige Kommunikationsform, die Nicht-Verstehen und dadurch bedingte Frustrationen reduziert. Kinder mit sehr ausgeprägten kognitiven Beeinträchtigungen lernen manchmal nur wenige Gebärden und vielleicht nur einzelne Wörter. Dann ist zu überlegen, ob und welche anderen Formen der Unterstützten Kommunikation zusätzlich angeboten werden können (Objekte, Objektsymbole, Bilder, verschiedene Sprachausgabegräte). Gerade für Kinder, die in einer zwei- oder mehrsprachigen Familie oder Umwelt aufwachsen, sind diese nicht lautsprachlich gebundenen Kommunikationshilfen oft eine wichtige Möglichkeit, für eine basale Verständigung in ihrem Lebensalltag. Dazu ist allerdings eine alltagsorientierte Zusammenarbeit mit den Eltern unbedingt nötig.

Literatur

Clibbens, J. (1995). Der Einsatz von Gebärdensprache bei Kindern mit Down-Syndrom. In: *Leben mit Down-Syndrom*, Nr. 19, 12–14.
Grimm, H. (2012). *Störungen der Sprachentwicklung*. Göttingen.

Hennies, J. (2013). Schnittstellen zwischen gebärdensprachlicher Mehrsprachigkeit und Unterstützter Kommunikation. In: *uk & forschung*, Heft 2, 13–17.
Kolzowa, M. (1975). Untersuchungen zur Sprachentwicklung. In: der kinderarzt, 6, 643–648.
Kumin, L. (1994). *Communication Skills in Children with Down-Syndrome.* Bethesda..
LePrevost, P. (1993). The Use of Signing to Encourage First Words. In: Buckley, S., Emslie, M., Haslegrave, G. & LePrevost, P., *The Development of Language and Reading Skills in Children with Down's Syndrome.* University of Portsmouth.
Maisch, G. & Wisch, F.-H. (1996). *Gebärdenlexikon.* Hamburg
National Down-Syndrome Society & Down-Syndrome Education International (Hrsg. 2021). Down Syndrome: Guidelines for Inclusive Education. https://go.dselink.net/appg-education-report.
Portmann, A. (1993). *Wenn mir die Worte fehlen.* Schüpfheim.
Wagner, S. & Sarimski, K. (2010). Guckst Du? Wortschatzumfang für Gebärden und gesprochene Worte bei kleinen Kindern mit Down-Syndrom. In: *Leben mit Down-Syndrom*, Nr. 65, 46–50.
Wagner, S. & Sarimski, K. (2013). Entwicklung des Wortschatzes für Gebärden und Worte bei Kindern mit Down-Syndrom im Verlauf. In: *uk & forschung*, Heft 2, 19–22
Wilken, E. (2000). *Sprechen lernen mit GuK. Bild- und Gebärdenkarten.* Lauf.
Wilken, E. (2018). *GuK mal! Sprechverse und Lieder mit GuK begleiten.* Lauf
Wilken, E. (2019). *Sprachförderung bei Kindern mit Down-Syndrom.* 13. Auflage. Stuttgart.
Wilken, E. (2021) (Hrsg.). *Unterstützte Kommunikation.* 6. Auflage. Stuttgart.

Zwei- und Mehrsprachigkeit bei Kindern mit Autismus-Spektrum-Störungen

Kristin Snippe

1   Autismus und Sprachentwicklung

Für Eltern von Kindern im Autismus-Spektrum[1] steht die Sprachentwicklung häufig im Zentrum ihrer Sorge – einige Kinder kommen ohne therapeutische Intervention nicht in die verbale Sprache, andere verwenden Echolalien[2] zur Kommunikation. Selbst wenn die formalen Sprachebenen im Bereich Wortschatz, Artikulation und Grammatik gut ausgeprägt sind, sind oft Schwierigkeiten in der Pragmatik erkennbar: Das Knüpfen, Aufrechterhalten und Gestalten von Kontakten fällt vielen autistischen Kindern schwer.

Autismus kennzeichnet sich durch Auffälligkeiten in den Bereichen »Kommunikation und soziale Interaktion« sowie »repetitives und stereotypes Verhalten« und wirkt sich als »tiefgreifende Entwicklungsstörung« auf alle Entwicklungs- und Lebensbereiche des Kindes aus (WHO 2021). Die Sprachentwicklung autistischer Kinder ist aufgrund der vielfältigen Besonderheiten in Wahrnehmung, Aufmerksamkeit und Motivation qualitativ anders als die von Kindern mit unauffälliger Sprachentwicklung oder sonstigen Sprachentwicklungsstörungen und erfordert daher von Seiten der Sprachtherapie autismusspezifische Interventionen (Snippe 2013, 125) – dies trifft ganz besonders, aber nicht nur, auf die nichtsprechenden autistischen Kinder zu.

Gerade bei mehrsprachigen autistischen Kindern stellt sich auf diesem Hintergrund für Eltern, Therapeutinnen und Pädagoginnen die Frage: Gelten die allgemeinen Empfehlungen? Braucht es auch in Bezug auf die Mehrsprachigkeit eine autismusspezifische Herangehensweise? Ist das Lernen verbaler Sprache in einem mehrsprachigen Setting für ein autistisches Kind zu komplex?

Um diese Frage auf Basis aktueller wissenschaftlicher Evidenz zu klären, werden im Folgenden zuerst Daten zur Sprachentwicklung mehrsprachiger autistischer Kinder aufgeführt. Im Anschluss erfolgt die Darstellung der Perspektive mehrsprachiger Familien autistischer Kinder. Da im pädagogischen und therapeutischen Setting nach wie vor häufig eine Reduzierung auf ein einsprachiges Input emp-

---

1 Die Wortwahl »autistisches Kind« (identity first) oder »Kind im Autismus-Spektrum« (person first) orientiert sich an den Empfehlungen von Botha, Hanlon & Williams (2021, 2).
2 Von ganzheitlicher Sprachwahrnehmung geprägtes direktes oder verzögertes Nachsprechen von Gesagtem. Funktionen können stimulierender Art sein, das Sprachverstehen unterstützen, aber auch zur Aufrechterhaltung eines Turn-takings oder der Kommunikation von Bedürfnissen dienen.

fohlen wird, werden die möglichen Folgen einer inszenierten Einsprachigkeit beleuchtet. Am Ende des Kapitels finden sich Richtlinien für die Praxis mit konkreten Beispielen zur Umsetzung im Alltag.

Die folgenden Ausführungen betreffen immer autistische Kinder, die in realen mehrsprachigen Kontexten leben. In den meisten Fällen sind dies Kinder aus Familien mit Migrationshintergrund, bei denen die Umgebungssprache eine andere als die Familiensprache ist.

2   Autismus und Bilingualität

Autismus ist eine hereditäre, genetisch bedingte Disposition, die sich auf die Neurophysiologie und damit auf die Wahrnehmung, das Lernen und die Kognition der Kinder auswirkt. Hieraus wiederum entstehen häufig Besonderheiten im Verhalten der Betroffenen (Fletcher-Watson & Happé 2019, 30ff). Um Eltern autistischer Kinder kompetent beraten zu können und auf ihre Fragen und Sorgen eingehen zu können, benötigen wir Daten zur Frage: Was macht Mehrsprachigkeit mit der Sprachentwicklung autistischer Kinder? Belastet sie das Lernen der Kinder? Oder stellt ein mehrsprachiges Input vielleicht sogar einen Vorteil dar?

Nach wie vor werden Familien immer wieder mit der Idee konfrontiert, eine Mehrsprachigkeit würde ihr autistisches Kind überlasten oder verwirren (Lim et al. 2018, 2890). So müssen die Kinder verstehen, dass ein Konzept mehreren Wortlauten zugeordnet werden kann, sie müssen die verschiedenen Sprachkontexte als solche erkennen und zwischen unterschiedlichen grammatischen Systemen wechseln (Lim et al. 2018, 2890ff). Aktuelle Forschung zur Frage nach einer Belastung durch Mehrsprachigkeit zeigen allerdings keinerlei Hinweise auf einen negativen Effekt von Bilingualität auf die Entwicklung autistischer Kinder (Lim et al. 2018, 2892). In einem Review von Beauchamp & MacLeod (2017, 259) wies keine der Studien darauf hin, dass autistische Kinder in bilingualen Settings eine Sprachverwirrung erleben. Hambly & Fombonne (2012, 1348) wiesen nach, dass der Zeitpunkt, ab dem Kinder im Autismus-Spektrum einem bilingualen Setting ausgesetzt sind, keine Auswirkungen auf die Sprachfertigkeiten hatte. Bilingualität jeglicher Art bedeutete bei den Kindern, die oft Schwächen in geteilter Aufmerksamkeit, dem Sprachverständnis und weiteren Sprachvorläufern haben, kein zusätzliches Risiko.

Auch Lund et al (2017, 106ff) fanden in einem systematischen Review über Studien, die monolinguale und bilinguale autistische Kinder verglichen, keine ausgeprägten Unterschiede: Während die bilingualen Kinder im Autismus-Spektrum einen leichten Vorsprung im Wortschatz zeigten, äußerten die monolingualen Kinder die ersten Worte graduell früher. Zhou et al (2019, 395) kamen sogar zu dem Schluss, dass autistische Kinder aus mehrsprachigen Elternhäusern bessere Ergebnisse in den Bereichen Wortschatz, erste Gesten und adaptives Verhalten erreichten. Auf eine zweijährige sprachtherapeutische Intervention reagierten autistische Kinder aus mehrsprachigen und aus monolingualen Elternhäusern gleich gut. Die Autoren vermuteten sogar einen sozialkommunikativen Vorteil der mehrsprachigen Kinder. Diese Vermutung wird durch Andreou et al (2020) unterstützt: In einer Studie mit 27 monolingualen und 29 bilingualen Kindern im Autismus-Spektrum konnten die Forscher nachweisen, dass die bilingualen Kinder in Satzverständnisaufgaben, die einen Perspektivwechsel zu einer anderen Person erforderten, die Theory of Mind[3] stärker einbezogen. In einer Studie von Gonzalez-Barrero & Nadig (2019, 1043 ff) zeigten mehrsprachige Kinder im Autismus-Spektrum gegenüber einsprachigen Kindern einen Vorteil im Kontextwechsel[4] auf experimenteller Übungsebene, der sich durch Interviews mit den Eltern jedoch nicht auf Alltagssituationen übertragen ließ. Die Theorie des bilingualen Vorteils besagt, dass das ständige Wechseln zwischen verschiedenen sprachlichen und kulturellen Systemen eine Übung des Kontextwechsels und damit eine Verbesserung dieser Fähigkeit bewirken könnte. Das verstärkte Bewusstsein für sprachliche und kulturellen Kontexte könnte in autistischen Kindern sogar ein stärkeres Bewusstsein für Individualität und Diversität anregen (Hampton et al. 2017, 436).

Peristeri et al. (2020, 1 ff) wiesen in einer Studie mit vierzig bilingualen und vierzig monolingualen autistischen Kindern zwischen 7 und 12 Jahren eine Überlegenheit der bilingualen Kinder im Erzählen (sowohl bezüglich der Mikro- als auch der Makrostruktur) nach. Die bilingualen Kinder zeigten außerdem deutliche Stärken im Arbeitsgedächtnis und in der visuellen Aufmerksamkeit.

In ihrer Studie zur sprachlichen Diversität bei Menschen im Autismus-Spektrum wiesen Digard et al. (2020, 2172) denen, die auf mehrere Sprachen zugreifen konnten, eine höhere Lebenszufriedenheit sowie eine höhere Zufriedenheit mit sozialen Beziehungen nach. Der Effekt war hier gering, aber signifikant. Die Autoren sehen die Vorteile der Mehrsprachigkeit darin bestätigt, dass sich sogar eine Überlegenheit der mehrsprachigen im Vergleich zu den bilingualen Probanden zeigte. Ob hier die Mehrsprachigkeit zu gelingenden sozialen Beziehungen oder die Sozialorientiertheit zum Erlernen weiterer Sprachen führte, ist jedoch nicht hinreichend geklärt.

Insgesamt ergeben sich aus aktuellen Studien keine Hinweise darauf, dass Mehrsprachigkeit für die Sprachentwicklung von Kindern im Autismus-Spektrum generell ein zusätzliches Risiko darstellt. In einigen Bereichen zeichneten sich sogar leichte Vorteile mehrsprachiger autistischer Kinder ab. Es ergeben sich keine Befunde als Basis für eine generelle Empfehlung einer inszenierten Einsprachigkeit autistischer Kinder.

---

3 Intuitive Kompetenz, die mentalen Zustände einer anderen Person zu vermuten, zu erkennen und zu verstehen.
4 Schwierigkeiten mit situativem Kontextwechsel stellen für autistische Menschen eine häufige Barriere dar – diese beinhalten Schwierigkeiten, zwischen Situationen oder Aufgaben zu wechseln, einen eingeschränkten Fokus, repetitive Interessen und Handlungen, das Verlangen nach Gleichheit und ein unflexibles Festhalten an Routinen.

3 Perspektive der Familien von Kindern im Autismus-Spektrum

Sprachen sind eng mit Kultur, Identität und der Teilhabe an der Gemeinschaft verbunden. Wenn wir also die Mehrsprachigkeit autistischer Kinder diskutieren, bedeutet dies immer auch einen Eingriff in die Kommunikationskultur der Familien dieser Kinder. Empfehlungen werden oft mit dem vermeintlichen Blick auf die Entwicklung des Kindes, selten aber mit Respekt und Umsicht für die Konsequenzen für das Familienleben gegeben.

Therapeutinnen und Pädagoginnen sollten in der Diskussion der Mehrsprachigkeit die Perspektive der Eltern und Geschwister ihrer Klienten im Blick behalten. Hierzu werden im Folgenden Hintergründe zur Perspektive der Familien mehrsprachiger autistischer Kinder diskutiert.

Howard, Gibson & Katsos (2021a, 179 ff) berichten, dass Eltern autistischer Kinder von Erziehern, Lehrern, Therapeuten und Ärzten sehr unterschiedliche, teilweise konträre Empfehlungen zur Spracherziehung ihrer Kinder bekommen. Dies verwirre und demoralisiere die Eltern bezüglich ihres sprachlichen Vorbildverhaltens und schwäche das Vertrauen in Fachpersonen (Howard, Gibson & Katsos 2021a, 183 ff). Eltern, die ihr Kind mehrsprachig erzogen, äußerten häufig Schuldgefühle, dass ihre Entscheidung die Entwicklung ihres Kindes zusätzlich erschwert haben könnte. Derweil äußerten Eltern, die ihre Kinder einsprachig erzogen, Sorge, dass sie ihr Kind seiner Bilingualität beraubten (Howard, Gibson & Katsos 2021a, 183 ff).

Hampton et al (2017, 435 ff) befragten Eltern von bilingualen Kinder mit und ohne Autismus-Diagnose zu ihrer Perspektive auf die Mehrsprachigkeit ihres Kindes. Der Großteil der Eltern beider Gruppen gab an, dass ein wichtiges Argument zur Aufrechterhaltung der Bilingualität ihres Kindes die Möglichkeit sei, Beziehungen zur erweiterten Familie unterhalten zu können. Viele Eltern gaben an, dass ihre Familiensprache stark mit dem kulturellen Erbe der Familie sowie der eigenen Identität und einem Zugehörigkeitsgefühl zu einer kulturellen Gemeinschaft verknüpft sei.

Außerdem habe die Motivation des Kindes stark die Entscheidung geprägt, die Bilingualität aufrecht zu erhalten. Eltern von Kindern mit einem starken Interesse an der Familiensprache fanden es leichter, die Bilingualität zu stärken. Weitere Einflussfaktoren waren, inwiefern sich die Eltern in der Umgebungssprache wohl fühlten (und diese beherrschten) sowie, welche Sprachen von anderen Familienmitgliedern gesprochen wurden (Hampton et al 2017, 439 ff). Eltern autistischer Kinder schienen in der Frage, ob ihr Kind bilingual erzogen werden sollte, eher die allgemeine verbale Kompetenz des Kindes als Faktor zu reflektieren als dies aufgrund der Autismus-Diagnose an sich zu entscheiden. Auch hier äußerten Eltern die Sorge, dass die Bilingualität eine Belastung der begrenzten kognitiven Ressourcen ihres Kindes bedeuten, das Kind verwirren und die Sprachentwicklung des Kindes beeinträchtigen könnte. Laut Hampton et al (2017, 445) äußerten Eltern nicht oder wenig verbaler autistischer Kinder stärkere Bedenken bezüglich der Mehrsprachigkeit. Dies waren in den meisten Fällen Eltern, die sich zu einer einsprachigen Erziehung ihrer Kinder entschieden. Die Wahl einer einsprachigen Erziehung scheint also wahrscheinlicher bei Eltern wenig verbaler Kinder im Autismus-Spektrum.

Die Wahl, das Sprachinput auf die Umgebungssprache (im Fall der Studie Englisch) zu reduzieren, schien oftmals eng damit zusammenzuhängen, dass keine bilingualen Interventionen und Ressourcen zugänglich waren. Da therapeutische und pädagogische Interventionen auf Englisch stattfanden, fanden viele Eltern es pragmatisch sinnvoller, sich dieser Sprachwahl anzuschließen (Hampton 2017, 442). Viele Eltern empfanden ein Defizit an Informationen zu möglichen Auswirkungen der Bilingualität auf ihr autistisches Kind, was für manche Eltern zu Unsicherheit und einer skeptischen Haltung der bilingualen Erziehung gegenüber führte. In der Studie von Howard, Gibson & Katsos (2021a, 179 ff) berichteten Eltern mehrsprachiger autistischer Kinder, dass sie in der Mehrsprachigkeit Vorteile sehen: Eine höhere kognitive Flexibilität, ein erhöhtes Bewusstsein für soziale Situationen. Viele Eltern betonten auch die kulturelle Relevanz, da ihr Kind so das kulturelle Familienerbe antreten konnte. Weitere Faktoren, die die Sprachwahl beeinflussten, waren die Schwere der autistischen Symptomatik, gegebene Empfehlungen aus professioneller Richtung und die Wichtigkeit der Umgebungssprache.

Eltern, die sich für eine einsprachige Erziehung ihres Kindes entschieden, gaben folgende Gründe dafür an: Empfehlungen von professioneller Seite, der Grad der autistischen Symptomatik ihres Kindes und die Wichtigkeit der Umgebungssprache. Hier gab es Tendenzen, die Familiensprache zu Gunsten der Umgebungssprache zu beschränken (Howard et al. 2020).

Für Familien, die die Mehrsprachigkeit ihres Kindes aufrechterhielten, schien der bestimmende Faktor zu sein, dass ihre Kinder über die Familiensprache Beziehungen zu entfernteren Familienmitgliedern pflegen konnten. Dies wäre durch eine einsprachige Erziehung verloren gegangen (Howard, Gibson & Katsos 2021a, 185).

In vielen Familien stimmen die Überzeugungen und Ideen zur Sprachentwicklung und zum Einfluss der Bilingualität auf die Sprachentwicklung autistischer Kinder nicht mit der Erziehungspraxis im Alltag überein (Yu 2016, 424). Gleichzeitig ist professionelle Beratung oft nicht im Einklang mit dem Bedarf und den Bedürfnissen der Familien, was sich sowohl auf die Kooperation zwischen Familie und Therapeutinnen als auch auf das Familienleben selbst problematisch auswirkt (Yu 2016, 433).

Therapeutinnen und Pädagoginnen sollten jede individuelle Familie eines bilingualen autistischen Kindes in ihrer Komplexität und Einzigartigkeit genau verstehen lernen. Dazu gehören, so Yu (2016, 433), den Familien genau zuzuhören und mit ihnen gemeinsam ihre Ideen und Überzeugungen zu explorieren. Nur so könnten die genauen Prioritäten und Bedürfnisse der Familie herausgearbeitet werden. Statt also Rat zu geben, sollten Therapeutinnen und Pädagoginnen versuchen, Familien zu verstehen, sie zu informieren, zu bestärken und in ihrer Dynamik zu unterstützen. Hieraus können selbstverstärkende Systeme entstehen, die Familien bilingualer Kinder mit Autismus ermöglichen, flexibel auf die Bedürfnisse des Kindes in seinem familiären System, im Kontextwechsel und in Bezug auf sich verändernde Bedarfe einzugehen (Yu 2016, 433).

Tab. 1: Aufgaben und Fragestellungen für Eltern und Therapeutinnen

Perspektive der Eltern mehrsprachiger Kinder im Autismus-Spektrum	
Belastet die Mehrsprachigkeit mein Kind zusätzlich?	Ich möchte, dass mein Kind auch mit der weiteren Familie (Oma, Opa, Tanten, Onkels, Cousinen und Cousins) kommunizieren kann.
Kann mein Kind beide Sprachen lernen?	Unsere Sprache ist auch unsere Identität.
Wie können wir unser Kind in seiner Sprachentwicklung unterstützen?	Durch unsere Sprache geben wir unsere Kultur weiter.
Wie können wir unser Kind dabei unterstützen, zwischen den Sprachsystemen zu wechseln?	Unser Sohn reagiert besser, wenn wir ihn auf Russisch ansprechen. Darum bleiben wir dabei.
Wo finde ich Angebote, die beide Sprachen unterstützen?	Wir möchten, dass unsere Tochter auch unsere Gespräche untereinander verstehen kann.

Aufgabe für Therapeutinnen und Pädagoginnen

- Dynamik der Sprachsysteme in der Familie herausarbeiten, zuhören und gemeinsam erkunden.
- In der Beratung: Explorieren, Begleiten und Informieren statt Vorgeben einer Richtung.
- Gemeinsam erörtern: Wie können Interventionen auch auf die Familiensprache übertragen werden? Wie kann eine Förderung und ein Bewusstsein über beide Sprachsysteme geschehen?

4 Konsequenzen der Empfehlungen zur Einsprachigkeit

Eltern von bilingualen Kindern im Autismus-Spektrum bekommen von professioneller Richtung häufig den Rat, ihr Kind möglichst einsprachig zu erziehen, um eine zusätzliche Belastung der Sprachentwicklung auszuschließen (Yu 2016, 428). Howard, Katsos & Gibson (2021b, 427 ff) fanden heraus, dass viele Personen in therapeutischen und pädagogischen Berufen der Auffassung sind, dass das Lernen von zwei Sprachen einen negativen Einfluss auf die Entwicklung autistischer Kinder habe. Die Autorinnen weisen auf die Spannung hin, die sich aus den Überzeugungen des Helfersystems und dem Bedürfnis, die Familiensprache aufrechtzuerhalten, ergibt. Im folgenden Teil werden mögliche Konsequenzen des Rates zur Einsprachigkeit bilingualer autistischer Kinder erörtert.

Ein Kind, das in einem multilingualen Kontext lebt, auf eine Einsprachigkeit zu reduzieren, kann es von seiner Familie und kulturellen Gemeinschaft isolieren (Lim et al. 2018, 2891). Die ohnehin schon erschwerte soziale Interaktion kann im familiären Setting noch schwerer werden, da das Kind an Gruppenkonversationen nicht teilnehmen kann und diese unter Umständen nicht versteht. Wenn Eltern die Umgebungssprache nicht fließend oder korrekt sprechen, erschwert es ihre Kommunikation mit ihrem Kind und belastet damit die Beziehungsebene zusätzlich (Lim et al. 2018, 2891). Wenn Eltern in einer Sprache, die nicht ihre Muttersprache ist, mit ihrem autistischen Kind sprechen (sollen), bedeutete dies häufig, die Wärme und Nähe, die durch die Familiensprache entsteht, dem Input auf der Umgebungssprache zu opfern. Einige Eltern nahmen den Gebrauch der Umgebungssprache gegenüber ihrem Kind tatsächlich als Barriere wahr. Die Angst, in der Zielsprache Fehler zu machen, kann außerdem dazu führen, dass Eltern ihr Kind weniger ansprechen und weniger sprachliches Feedback geben (Hampton et al. 2017, 444).

Howard, Gibson & Katsos (2021a, 188) weisen darauf hin, dass eine bewusste Wahl zu einer multilingualen Erziehung nicht nur positive Auswirkungen auf die Kommunikation mit der Kernfamilie und entfernteren Familienmitgliedern haben könnte, sondern auch das elterliche Wohlbefinden unterstütze. Eine monolinguale Erziehung stelle eine Bedrohung für das Familienleben dar und sei häufig von Schuldgefühlen begleitet.

Kremer-Sadlik (2005, 1225 ff) beobachtete vier Familien mit Migrationshintergrund, denen nahegelegt worden war, die Umgebungssprache mit ihrem Kind zu sprechen. Da die Eltern die Umgebungssprache nicht perfekt sprachen, konnten sie keine flüssige Konversation aufbauen – sie konnte Ideen und Kommentare nicht so schnell und passend wie in ihrer Muttersprache äußern und die Interaktionen fielen insgesamt kürzer aus. Das autistische Kind wurde teilweise aus Konversationen ausgelassen, die in der Muttersprache der Eltern abliefen. Die Autorin (Kremer-Sadlik, 2005, 1229) gibt ein Beispiel eines Kindes, das in einer chinesisch-stämmigen Familie in Amerika lebt. Der Familie wurde empfohlen, nur noch Englisch mit John zu sprechen. John identifizierte sich nicht als Teil der chinesischen Community, zu der seine Familie gehörte. Seine Familie war hier sehr involviert in der Kirche und anderen gemeinschaftlichen Aktivitäten. Wenn seine Familie zu Hause oder in der Community chinesisch sprach, konnte John nicht teilhaben. Wenn seine Eltern Englisch mit ihm sprachen, hinderte ihre geringe Sprachgewandtheit in der Fremdsprache, eine fließende Konversation aufzubauen und seine Äußerungen zu spiegeln und zu verlängern. Sie konnten also weder spontan mit ihrem Sohn kommunizieren noch fördernde Modellierungs-Strategien anwenden. Dieses Beispiel zeigt sehr gut, dass überall da, wo die Umgebungssprache für die Eltern des Kindes nach wie vor eine Fremdsprache darstellt und wo die Familie untereinander in der Muttersprache der Eltern spricht, für das Kind mit Autismus durch die Reduzierung auf die Umgebungssprache nichts gewonnen ist. Auch bei einem nonverbalen Kind können wir davon ausgehen, dass die rezeptive Sprache stärker ausgebildet ist als die expressive Ebene. Das Kind wird in vielen Fällen Schlüsselwörter oder -Phrasen aus seiner Familiensprache verstehen und verstehen lernen. Der Ausschluss aus Gesprächen in der Familiensprache, das Fehlen eines sprachlichen Feedbacks und die Reduzierung der Ansprache des Kindes machen sich auch auf der nonverbalen Ebene für das Kind bemerkbar.

Yu (2016, 425) berichtet in ihrer Studie vom sechsjährigen Oscar, einem Jungen mit Autismus-Diagnose, der eine sehr eingeschränkte geteilte Aufmerksamkeit, bis zum vierten Lebensjahr keine expressive Sprache und eine stark repetitives Spielverhalten zeigte. Oscars Eltern kamen zehn Jahre vor der Studie aus China und lebten seitdem mit ihm und seiner Schwester in Amerika. Yu (2016, 425 ff) untersucht die Dynamik der Konversationen in der Familie und betont, dass verbaler Austausch in der Familie so dynamisch und komplex ist, dass eine Einsprachen-Regelung für ein einzelnes Familienmitglied kaum umsetzbar ist. Oscar war ständig von der Familiensprache umgeben und agierte im verbalen Austausch innerhalb der Familie als aktiver Part – und zwar auch da, wo er nicht direkt angesprochen wurde. Sprechen und verstehen, so Yu (2016, 431), involvieren nicht nur einen Sprecher und einen Adressaten. Die Kommunikation im Familienalltag stellt sich komplexer dar. Die Teilhabe an einem solch dynamischen System und eine rigide Einsprachen-Regel sind nicht miteinander vereinbar.

Yu (2016, 433 ff) schließt damit, dass die Vorstellung von Bilingualität als »Zwei Sprachen in einem Kopf« nicht den kommunikativen Alltag einer interaktiven sprachlichen und kulturellen Dynamik abbildet. Der Rat, mit ihrem autistischen Kind nur noch eine Sprache zu sprechen, so die Autorin, gibt den Eltern einen Auftrag, der unnötig, nicht förderlich und im Familienalltag unmöglich umsetzbar ist. Empfehlungen, bilinguale Kinder einsprachig zu erziehen sind für Kinder mit Autismus nicht nur nicht angemessen, sondern können sogar schaden (Beauchamp & MacLeod 2017, 259).

5 Richtlinien für die Praxis

Welche Richtlinien ergeben sich daraus für den pädagogischen und therapeutischen Alltag mit mehrsprachigen autistischen Kindern? Natürlich sind die Kinder in dieser Gruppe sehr unterschiedlich und die Gemeinsamkeiten der beiden Faktoren »Autismus« und »Mehrsprachigkeit« legitimieren keine Richtlinien, die alle Kinder und Familien gleich behandeln und keinen Platz für Individualität lassen. Trotzdem lassen sich einige Grundsätze ableiten, die in vielen Fällen gelten.

Pauschalierte Empfehlungen zu einer inszenierten Einsprachigkeit sollten nicht gegeben werden. Beauchamp & MacLeod (2017, 258) weisen darauf hin, dass die Familiensprache bilingualer Kinder auch den Zugang zum kulturellen Hintergrund der Familie ermöglicht. Wenn das Helfersystem Eltern nicht darin unterstützt, Kinder im Autismus-Spektrum in beiden Sprachen (z. B. Familiensprache und Umgebungssprache) zu erziehen, werden Barrieren im Zugang zu ihrer individuellen, diversen Kultur geschaffen. Davon ausgehend, dass eine forcierte Einsprachigkeit erhöhte Risiken der Isolation des Kindes von seiner Familie, eine Belastung sozialer Interaktionen zwischen Eltern und Kind und den Verlust der individuellen kulturellen Identität bedeutet, sollten Eltern bilingualer Kinder mit Autismus darin bestärkt werden, ihre Familiensprache mit ihrem Kind zu sprechen. Ängste zur Mehrsprachigkeit als potenzielles Risiko sollten besprochen und gelindert werden (Lim et al. 2018, 2892 ff).

Eltern sollten sicherstellen, dass ihr Kind im Alltag ausreichend Input in beiden Sprachen bekommt (Beauchamp & MacLeod 2017, 258). Dies gilt besonders für Kinder, deren Familiensprache sich ausschließlich auf den familiären Kontext bezieht. Hier kann durch Spielgruppen mit anderen Kindern derselben Herkunftssprache ein wichtiger Sprachhandlungskontext geschaffen werden. Eltern mit einer anderen Familiensprache als der Umgebungssprache sollten ihre Familiensprache zu Hause so viel wie möglich benutzen und Gelegenheiten schaffen, in denen ihr Kind die Familiensprache benutzen kann. Dies kann auch durch Vorlesen in der Familiensprache geschehen (Beauchamp & MacLeod 2017, 258). Howard, Gibson & Katsos (2021a, 188) fordern in Helfersystemen Tätige auf, Eltern darin zu unterstützen, dass sie Entscheidungen bezüglich der Mehrsprachigkeit ihres Kindes treffen können, die zu ihnen, ihrem Kind und der Familie individuell passen und alltagstauglich sind. Lim et al (2018, 2893) weisen darauf hin, dass sich Empfehlungen an Eltern mit Kindern im Autismus-Spektrum stark an individuellen Fähigkeiten und Interessen sowie am familiären Kontext und weiteren Umgebungsfaktoren orientieren sollten. Eltern, die ihr Kind in ihrer Muttersprache erziehen wollen, sollten unbedingt darin unterstützt werden. Howard, Gibson & Katsos (2021a, 188) erwägen, dass eine einsprachige Erziehung eines autistischen Kindes im mehrsprachigen Kontext in Ausnahmen aufgrund individueller Faktoren sinnvoll sein kann. Wenn dies der Fall ist, sollten hier der Bedarf und die Bedürfnisse des individuellen Kindes priorisiert werden.

Einen Rahmen für die sprachtherapeutische Arbeit mit Eltern mehrsprachiger autistischer Kinder schlagen Lim et al. (2018, 2892 ff) vor. Die Autoren empfehlen drei Arbeitsbereiche:

1. Erfragen des Sprachgebrauchs
   Ein zentraler Aspekt eines kulturell respektvollen Umgangs mit der Mehrsprachigkeit eines Kindes ist das interessierte Erfragen des Sprachgebrauchs in der Familie. Wer spricht was mit wem? Gibt es Settings, in denen die Sprache gewechselt wird? Was sprechen die Eltern im Alltag mit Außenstehenden (z. B. mit Freunden, beim Einkaufen, in der Schule, bei der Arbeit)? Mit welcher Sprache fühlen die Eltern sich am wohlsten? Wenn es Geschwister gibt: Welche Sprache sprechen die Geschwister untereinander? Wieviel Kontakt hat das Kind zu den verschiedenen Sprachen? Ab welchem Alter bestand der Kontakt?
2. Besprechen möglicher Ängste
   Bezogen auf mögliche Entwicklungsstörungen oder -verzögerungen der Sprache ist es wichtig, Eltern darüber zu informieren, dass eine Mehrsprachigkeit nach derzeitigem wissenschaftlichen Stand kein zusätzliches Risiko für ein autistisches Kind bedeutet – weder bezogen auf die allgemeine, noch auf die sprachliche oder die kognitive Entwicklung des Kindes.
3. Unterstützung in einer mehrsprachigen Erziehung
   Hierzu gehört, die Eltern darin zu unterstützen, zu Hause die Familiensprache zu verwenden und Kontexte zu schaffen, in denen ihr Kind die Familiensprache aufnehmen und verwenden kann. Sprachförderliche Aspekte können erklärt und gemeinsam mit den Eltern auf die Anwendbarkeit in der Familiensprache überprüft werden. Ein wichtiger Punkt ist die regelmäßige Frage danach, wie das

Kind sich in der Familiensprache entwickelt, welche neuen Entwicklungen es hier gibt (Lim et al. 2018, 2893).

Hinsichtlich der Wahl der Sprache, in der die Sprachtherapie stattfinden soll, stellt sich natürlich nicht nur die Frage, wie ein Optimum aussehen würde, sondern auch die Herausforderung, mit sehr begrenzten Ressourcen in der Familiensprache des Kindes zu agieren. Nicht überall finden sich Pädagoginnen und Therapeutinnen, die neben der Umgebungssprache auch die Muttersprache der Kindseltern beherrschen. Beauchamp & MacLeod (2017, 258) betonen, dass es für bilinguale Kinder im Autismus-Spektrum optimal ist, therapeutische Interventionen in beiden Sprachen zu bekommen. Sollte dies nicht möglich sein, schlagen die Autoren eine möglichst enge Zusammenarbeit zwischen Therapeuten und Eltern vor. Dazu gehören auch das gemeinsame Erarbeiten von Entwicklungszielen in der Familiensprache. Diese enge Zusammenarbeit entspricht auch den Empfehlungen, die die Leitlinien für Autismus-Therapie unterbreiten (AWMF 2021, 45).

Die Untersuchung bilingualer autistischer Kinder sollte, wenn möglich, in der dominanten Sprache des Kindes erfolgen. Wenn eine Sprachtestung in der dominanten Sprache des Kindes nicht möglich ist, ist ein Zugang über die Analyse einiger Spontansprachnotierungen mit einem Elternteil oder einem Übersetzer hilfreich (Beauchamp & MacLeod 2017, 258). Die Frage der Dominanz kann auch durch Interviews mit den Eltern adressiert werden (Beauchamp & MacLeod 2017, 258). Hierbei können die MacArthur-Bates Communicative Development Inventories (MB-CDIs), im Deutschen als FRAKIS (Szagun & Stumper & Schramm 2009) bekannt, hilfreich sein, die als Elternfragebogen in zahlreichen Sprachen veröffentlicht sind.

Howard, Katsos & Gibson (2021b, 445 ff) fordern umfangreiche Fortbildungen für professionell Tätige, die mit Kindern mit Autismus und Mehrsprachigkeit zu tun haben. Dies bildet die Basis, elterliche Entscheidungen in diesem komplexen Feld kompetent und respektvoll zu begleiten. Kinder sollten auch im schulischen Setting Gelegenheit haben, ihre bilinguale Identität zu entwickeln und diese positiv zu erleben (Howard, Katsos & Gibson 2019, 9 ff).

6 Praxisbeispiel

Es folgt ein Beispiel aus der Praxis, um eine Idee des alltäglichen Einbezugs der Mehrsprachigkeit eines autistischen Kindes im sprachtherapeutischen Setting zu vermitteln.

> Der 11jährige Dimitrij hat eine Autismus-Diagnose und findet durch eine engmaschige, naturalistisch-verhaltenstherapeutisch orientierte Sprachtherapie gerade in die verbale Sprache. Er äußert bestimmte Bedürfnisse bereits auf Einwortebene. Dimitrijs Eltern sprechen zu Hause Russisch mit den Kindern, auch

der Kontakt zu den Großeltern ist auf Russisch. Dimitrijs Mutter versteht und spricht deutsch, zieht es allerdings vor, mit der Therapeutin auf englisch zu sprechen, da sie sich hier besser ausdrücken kann. Bevor die Familie in Deutschland lebte, verbrachte sie einige Jahre in einem englischsprachigen Land, wo Dimitrij im Kindergarten einige englische Begriffe lernte. Die Sprachtherapie findet auf Deutsch statt. Dimitrijs Mutter befindet sich währenddessen oft in Hörweite. Sie kann so nachvollziehen, welche deutschen Wendungen und Begriffe sich ihr Sohn gerade erarbeitet. Sie kann der Therapeutin außerdem einzelne Begriffe übersetzen, die Dimitrij echolalisch während der Therapie auf Russisch äußerte (häufig Ausrufe aus russischen Trickfilmen). In der Familie werden immer wieder kommunikative Kontexte geschaffen, in denen Dimitrij die Begriffe auch auf russisch benutzt. Nachdem Dimitrij mit der Therapeutin beim Musikhören am Computer gelernt hat, »laut!« zu sagen, wenn er sein Lieblingslied lauter hören möchte, stellen seine Eltern auch im Auto immer wieder die Musik etwas zu leise ein. Dimitrij hat jetzt die Gelegenheit, dasselbe auch auf Russisch einzufordern, und erlebt sich im Alltag sprachlich als handlungsfähig. Dimitrij beschäftigt sich sehr viel mit englischsprachigen Lern-Apps auf dem Tablet und zeigt ein großes Interesse an der englischen Sprache. Seine Mutter zeigt der Therapeutin regelmäßig, womit er sich am Tablet beschäftigt, damit diese dieselben Begriffe auch in die deutsche Therapie integrieren kann. Zwischen Eltern und Sohn hat sich ein Spiel etabliert: Wenn ein Inhaltswort (z. B. »Flugzeug«) fällt, streckt jemand drei Finger aus. Ein Finger steht für Russisch, ein Finger für Deutsch und ein Finger für Englisch. Zusammen wird jetzt überlegt: Wie sagt man das auf Russisch, Deutsch, Englisch? Dimitrij versteht, dass es verschiedene sprachliche Zeichensysteme gibt, diese aber alle dem gleichen pragmatischen Grundprinzip unterliegen. Er entwickelt im weiteren Verlauf ein immer stärkeres Interesse, Tiernamen, Vogelarten oder Fahrzeuge in allen drei Sprachen zu benennen. Bei einem Jojo-Spiel, bei dem Mutter und Therapeutin ihre Jojos schnell aufwickeln sollen, ruft er: »Snippe, schnell! Mama, быстро!«.

7 Schluss

Wie bei neurotypischen Kindern mit Entwicklungsauffälligkeiten gibt es zahlreiche Faktoren, welche die Entwicklung der verschiedenen Sprachen eines bilingualen autistischen Kindes beeinflussen: Darunter die Quantität und Qualität des Inputs, das Umfeld sowie das Erwerbsalter. Therapeuten und Pädagogen müssen sich klar darüber sein, dass Sprache eng mit der Kultur der Familie verbunden ist. Ein respektvoller und wertschätzender Umgang mit der Kultur einer Familie bedeutet auch, die Familiensprache zu respektieren und nicht die Umgebungssprache aufzuzwingen (Beauchamp & MacLeod 2017, 259). Für Kinder in mehrsprachigen Lebenssettings bildet die Mehrsprachigkeit eine soziale Realität ab. Kinder im Autismus-Spektrum, die nur mit therapeutischer Hilfe in eine funktionelle verbale Sprache kommen, haben oft Schwierigkeiten in präverbalen Funktionen, wie zum Beispiel den kommunikativen Akt als solchen zu verstehen und sich über Sprache als handlungsfähig zu erleben. Die dazu zu vermittelnden Erfahrungen sind sprachenübergreifend. Eine gelungene Sprachanbahnung in weitere Sprachen zu transferieren, bildet bei der richtigen Unterstützung für viele autistische Kinder keine zusätzliche Erschwernis. Ein enger Kontakt zwischen Therapeutin und Eltern ermöglicht einen kontinuierlichen Transfer zwischen den Sprachen des Kindes, ein Bewusstsein über die verschiedenen sprachlichen Systeme und ein Wortschatzwachstum in allen Sprachen, auch wenn lediglich in der Umgebungssprache therapiert werden kann.

Literatur

AWMF Arbeitsgemeinschaft der Wissenschaftlichen Medizinischen Fachgesellschaften (2021). Autismus-Spektrum-Störungen im Kindes-, Jugend- und Erwachsenenalter Teil 2: Therapie. Abrufbar unter: https://www.awmf.org/uploads/tx_szleitlinien/028–047k_S3_Autismus-Spektrum-Stoerungen-Kindes-Jugend-Erwachsenenalter-Therapie_2021–05.pdf.

Andreou, M., Tsimpli, I.M., Durrleman S. & Peristeri E (2020). Theory of Mind, Executive Functions, and Syntax in Bilingual Children with Autism Spectrum Disorder. *Languages* 5 (4), 67. https://doi.org/10.3390/languages5040067.

Beauchamp, M. L. H. & MacLeod, A. A. N. (2017). Bilingualism in Children With Autism Spectrum Disorder: Making Evidence Based Recommendations. *Canadian Psychology = Psychologie Canadienne*, 58 (3), 250–262. https://doi.org/10.1037/cap0000122.

Botha, M., Hanlon, J. & Williams, G. L. (2021). Does Language Matter? Identity-First Versus Person-First Language Use in Autism Research: A Response to Vivanti. *Journal of Autism and Developmental Disorders.* https://doi.org/10.1007/s10803-020-04858-w.

Digard, B. G., Sorace, A., Stanfield, A. & Fletcher-Watson, S. (2020). Bilingualism in autism: Language learning profiles and social experiences. *Autism: the International Journal of Research and Practice*, 24 (8), 2166–2177. https://doi.org/10.1177/1362361320937845.

Fletcher-Watson, S & Happé, F. (2019). *Autism: A New Introduction to Psychological Theory and Current Debate.* (2 ed.) Routledge.

Gonzalez-Barrero, A. M. & Nadig, A. S. (2019). Can Bilingualism Mitigate Set-Shifting Difficulties in Children With Autism Spectrum Disorders? *Child Development*, 90 (4), 1043–1060. https://doi.org/10.1111/cdev.12979.

Hambly, C. & Fombonn, E. (2012). The Impact of Bilingual Environments on Language Development in Children with Autism Spectrum Disorders. *Journal of Autism and Developmental Disorders*, 42 (7), 1342–1352. https://doi.org/10.1007/s10803-011-1365-z.

Hampton, S., Rabagliati, H., Sorace, A. & Fletcher-Watson, S. (2017). Autism and Bilingualism: A Qualitative Interview Study of Parents' Perspectives and Experiences. *Journal of Speech, Language, and Hearing Research*, 60 (2), 435–446. https://doi.org/10.1044/2016_JSLHR-L-15-0348.

Howard, K., Gibson, J. & Katsos, N. (2021a). Parental Perceptions and Decisions Regarding Maintaining Bilingualism in Autism. *Journal of Autism and Developmental Disorders*, 51 (1), 179–192. https://doi.org/10.1007/s10803-020-04528-x.

Howard, K. B., Katsos, N. & Gibson, J. L. (2021b). Practitioners' perspectives and experiences of supporting bilingual pupils on the autism spectrum in two linguistically different educational settings. *British Educational Research Journal*, 47 (2), 427–449. https://doi.org/10.1002/berj.3662.

Howard, K. B., Katsos, N. & Gibson, J. L. (2019). The school experiences of bilingual children on the autism spectrum: An interpretative phenomenological analysis. *Research in Developmental Disabilities*, 87, 9–20. https://doi.org/10.1016/j.ridd.2019.01.008.

Kremer-Sadlik, T. (2005). To Be or Not to Be Bilingual: Autistic Children from Multilingual Families. ISB4: Proceedings of the 4th International Symposium on Bilingualism. Abrufbar unter: https://www.lingref.com/isb/4/096ISB4.PDF.

Lim, N., O'Reilly, M. F., Sigafoos, J. & Lancioni, G. E. (2018). Understanding the Linguistic Needs of Diverse Individuals with Autism Spectrum Disorder: Some Comments on the Research Literature and Suggestions for Clinicians. *Journal of Autism and Developmental Disorders*, 48 (8), 2890–2895. https://doi.org/10.1007/s10803-018-3532-y.

Lund, E. M., Kohlmeier, T. L. & Durán, L. K. (2017). Comparative Language Development in Bilingual and Monolingual Children With Autism Spectrum Disorder: A Systematic Review. *Journal of Early Intervention*, 39 (2), 106–124. https://doi.org/10.1177/1053815117690871.

Peristeri, E., Baldimtsi, E., Andreou, M. & Tsimpli, I. M. (2020). The impact of bilingualism on the narrative ability and the executive functions of children with autism spectrum disorders. *Journal of Communication Disorders*, 85, 105999–105999. https://doi.org/10.1016/j.jcomdis.2020.105999.

Snippe, K. (2013). *Autismus – Wege in die Sprache* (1. Aufl. ed., Das Gesundheitsforum). Idstein.

Szagun G, Stumper B, Schramm A (2009). Fragebogen zur frühkindlichen Sprachentwicklung (FRA- KIS) und FRAKIS-K (Kurzform). Pearson Assessment, Frankfurt.

World Health Organization (2021). ICD-11 for Mortality and Morbidity statistics. https://icd.who.int/browse11/l-m/en#/http://id.who.int/icd/entity/437815624.

Yu, B. (2016). Bilingualism as Conceptualized and Bilingualism as Lived: A Critical Examination of the Monolingual Socialization of a Child with Autism in a Bilingual Family. *Journal of Autism and Developmental Disorders*, 46 (2), 424–435. https://doi.org/10.1007/s10803-015-2625-0.

Zhou, V., Munson, J. A., Greenson, J., Hou, Y., Rogers, S. & Estes, A. M. (2019). An exploratory longitudinal study of social and language outcomes in children with autism in bilingual home environments. *Autism: the International Journal of Research and Practice*, 23(2), 394–404. https://doi.org/10.1177/1362361317743251.

Zwei- und Mehrsprachigkeit bei Kindern mit Down-Syndrom

Etta Wilken

In vielen Ländern gibt es nicht nur eine dominierende Sprache, sondern es werden verschiedene Sprachen gesprochen. Entsprechend sind die meisten Personen oftmals mehrsprachig. In Deutschland dagegen wachsen Kinder überwiegend einsprachig auf. Dies gilt auch für die Mehrzahl der pädagogischen und therapeutischen Fachkräfte. Deshalb ist die Einstellung vieler Fachkräfte zur Zwei- und erst recht zur Mehrsprachigkeit oft ausgesprochen kritisch. Häufig besteht das Vorurteil, dass vor allem Kinder mit kognitiven Beeinträchtigungen auf keinen Fall zwei oder sogar mehrere Sprachen lernen könnten, und deshalb erfolgen oftmals abratende Empfehlungen für die Eltern.

Der Anteil der Kinder, die zwei oder mehrere Sprachen sprechen und bei denen Deutsch nicht die Erstsprache ist, nimmt in Deutschland laut statistischem Bundesamt deutlich zu. So hatten 2020 in Deutschland 28 % der Kinder im Kleinkind- und Vorschulalter einen Migrationshintergrund und in jeder fünften Familie wurde nicht vorrangig deutsch gesprochen (Statistisches Bundesamt 2021, 321). Es ist deshalb davon auszugehen, dass auch viele Familien mit einem behinderten Kind einen Migrationshintergrund haben.

Da das Down-Syndrom zu den häufigsten genetischen Syndromen gehört und von 700 Kindern etwa eines mit Down-Syndrom geboren wird, ist anzunehmen, dass auch viele Kinder mit dieser Diagnose in zwei- und mehrsprachigen Familien leben. Weil aber die für das Syndrom typischen kognitiven und sprachlichen Beeinträchtigungen der Kinder bekannt sind, wird von den Eltern oft berichtet, dass ihnen deshalb empfohlen wurde, das Sprachangebot auch in bilingualen Familien für Kinder mit Down-Syndrom auf eine Sprache zu begrenzen. Es sollte aber stattdessen unter Berücksichtigung der syndromspezifischen sprachlichen Besonderheiten reflektiert werden, wie förderliche Lernbedingungen gestaltet werden können und welche Bedeutung das mehrsprachige Umfeld für das Kind hat.

1 Zwei- und Mehrsprachigkeit als Lebensbedingung

Es ist verständlich, dass Eltern den Wunsch haben, mit ihrem Kind die eigene Muttersprache zu sprechen, weil damit nicht nur natürliche und differenziertere

Ausdrucksmöglichkeiten gegeben sind, sondern vor allem die emotionale Kommunikation natürlicher gelingt und auch sprachgebundene kulturelle Werte besser übermittelt werden können. Außerdem ermöglicht es dem Kind, bei Besuch von Verwandten und bei Aufenthalten im Herkunftsland der Eltern, Gespräche zu verstehen und sich zu verständigen.

Die Ursachen für eine zwei- oder mehrsprachige Sozialisation sind sehr verschieden (vgl. Statistisches Bundesamt 2021). Oftmals kommen Vater und Mutter aus verschiedenen Ländern und sprechen deshalb mit dem Kind jeweils in ihrer Erstsprache. Es gibt in Deutschland aber vor allem viele Familien aus anderen Ländern, die mit ihren Kindern in ihrer gemeinsamen Herkunftssprache sprechen. Deutsch als Zweit- oder Drittsprache tritt dann durch das Umfeld, oft erst im Kindergarten oder in der Schule hinzu. Ähnliches gilt für deutsche Familien, die im Ausland leben und deren Kinder Deutsch und die Landessprache lernen.

Manchmal hat nur ein Elternteil eine andere Muttersprache als die im Umfeld gesprochene Landessprache. Auch dann wird meistens gewünscht, dass das Kind beide Sprachen lernt.

Es gibt aber herausfordernde Lebensbedingungen, die es erschweren, für ein Kind mit kognitiver Beeinträchtigung die richtige Entscheidung zu treffen. So lebt eine schweizerische Familie, in der die Mutter Französisch und der Vater Deutsch spricht, in Brasilien. Die beiden Kinder mit regelhafter Entwicklung haben alle drei Sprachen gelernt. Sie reden mit den Eltern überwiegend in deren Erstsprache, sprechen aber außerhalb der Familie und untereinander meistens Portugiesisch. Die Eltern sind unsicher, ob ihr jüngster Sohn mit Down-Syndrom alle drei Sprachen lernen sollte oder ob eine Entscheidung für eine Erst- und eventuell noch eine Zweitsprache getroffen werden muss. Ein Elternpaar, das sich in den USA kennen gelernt hat, spricht miteinander normalerweise Englisch, obwohl die Erstsprache des Vaters Griechisch und die der Mutter Niederländisch ist und sie seit einigen Jahren in Deutschland wohnen. Auch für sie stellte sich die Frage, in welcher Sprache sie mit ihrem Baby mit Down-Syndrom sprechen sollen.

Weil in Deutschland mittlerweile viele Kinder zwei- oder mehrsprachig aufwachsen, werden die besonderen Aspekte des Spracherwerbs und die möglichen Auswirkungen auf die kognitive Entwicklung und das schulische Lernen in den letzten Jahren verstärkt diskutiert. Allerdings beziehen sich die bisherigen Erhebungen überwiegend auf Kinder mit regelhafter Entwicklung und meistens auf Zweisprachigkeit.

Das zweisprachige Aufwachsen von Kindern in gemischtsprachigen Familien oder in verschieden-sprachlichen Familien- und Umfeldbedingungen wird für Kinder mit regelhafter Entwicklung überwiegend als Vorteil angesehen, weil sie dadurch beide Sprachen, die in ihrem Leben bedeutsam sind, frühzeitig lernen können. Zudem wird von positiven kognitiven Auswirkungen berichtet (vgl. Chilla 2020, 113). Für die normale sprachliche Entwicklung sind zwar auch mögliche Probleme zu bedenken, aber für die meisten Eltern besteht kein wirklicher Entscheidungsfreiraum. Für viele Kinder und ihre Familien ist deshalb Zweisprachigkeit eine unvermeidliche Folge ihrer Lebensbedingungen und notwendig für die Kommunikation in der Familie und im sozialen Umfeld. Das gilt auch für Kinder mit Down-Syndrom. Es ist deshalb wichtig, Erkenntnisse über förderliche Bedingungen für die zweisprachige Entwicklung zu reflektieren, um auf solchem Hintergrund zu einer angemessenen kind- und familienorientierten Beratung zu gelangen. Bei mehrsprachigen Lebensbedingungen ist individuell und kindbezogen zu überlegen, welche der Sprachen für das Kind wichtig ist, sprechen zu lernen, und welche der Sprachen vielleicht anfangs überwiegend gelernt wird, sie zu verstehen. Unabhängig von der an das Kind gerichtete Sprache erfolgen die Antworten des Kindes meistens in seiner dominanten Sprache.

2 Sprachentwicklung und Zwei- und Mehrsprachigkeit

Für die Förderung zwei- oder mehrsprachig aufwachsender Kinder sind wichtige Erkenntnisse über die reifungsbezogenen Grundlagen für das Sprachenlernen zu berücksichtigen. Allerdings haben – wie bei einsprachigen Kindern – auch soziale und ökonomische Aspekte eine wesentliche Bedeutung.

In den ersten drei bis vier Lebensjahren »kann der Mensch eine weitere Sprache wie eine Muttersprache lernen. Danach beginnt sich das Sprachenlernen zu verändern ... Mit zehn Jahren jedoch ist es mit dieser Art des Spracherwerbs definitiv vorbei ... Die Gründe dafür haben mit der Reifung des Gehirns zu tun. Von einem bestimmten Alter verarbeitet das menschliche Gehirn die Informationen beim Sprachenlernen anders« (Meisel 2006). Deshalb erfolgt der natürliche »multiple Erstspracherwerb« (Stern 2006) anders als der sukzessive und vor allem anders als der übliche Fremdsprachenunterricht.

In der Regelentwicklung verläuft der Spracherwerb nach Locke (vgl. Grimm 2000, 166) in aufeinander aufbauenden »biolinguistischen Zeitfenstern« mit einer charakteristischen zunehmenden Spezialisierung der Hirnhälften.

- In der ersten Phase entwickeln sich dabei durch Interaktion und Kommunikation im ersten Lebensjahr überwiegend Fähigkeiten, die der rechten Hemisphäre zugeordnet sind und die für emotionales, affektives und gestalthaftes Erfassen zuständig ist. Das Kind orientiert sich dabei wesentlich an Mimik und Prosodie.
- Das bedeutet für zwei- und mehrsprachig aufwachsende Kinder, dass in diesem Alter vor allem der emotionale und psychische Aspekt in der Kommunikation besondere Bedeutung hat und entsprechend beachtet werden muss. Empfehlungen, dass Mütter nicht in ihrer eigenen Muttersprache, sondern in der als wichtiger erachteten Umgebungssprache mit ihren Kindern kommunizieren sollen, können sich deshalb als ausgesprochen problematisch erweisen.
- In der nächsten Phase, die bei regelhafter Entwicklung mit etwa 18 Monaten beginnt, erkennen die Kinder erste grammatische Strukturen und Regeln. Die sprachliche Entwicklung ist noch rechtshemisphärisch und primär affektiv-sozial geprägt, vor allem aber durch einen schnellen Aufbau des Wortschatzes ge-

kennzeichnet. Die »damit einhergehende kategoriale Differenzierung des Wortschatzes in Inhalts- und Funktionswörter« bereitet den »Boden für die generative Bildung von Sätzen« und »die Entdeckung des syntaktischen Prinzips ist an diese lexikalische Differenzierung gebunden« (Grimm, ebd.).
Für zwei- und mehrsprachige Kinder sollte deshalb angestrebt werden, dass vor allem in der dominanten Sprache der Wortschatzumfang eine solche Differenzierung ermöglicht. Die sprachgebundenen kognitiven Erkenntnisse in der Erstsprache wirken sich dann auch positiv auf die Zweitsprache aus.

- »Ein zeitgerechter integrativer Zugang zum linguistischen Sprachsystem ... erfolgt normalerweise während der dritten Phase, die als analytisch und regelgeleitet bezeichnet wird und bis zum dritten Lebensjahr reicht. Es ist die kritische Phase für die Aktivierung linguistischer Mechanismen mittels der linken Hemisphäre« (ebd.). Das gilt als eine wesentliche Voraussetzung für die weitere Entwicklung differenzierter sprachlicher Leistungen wie den Erwerb grammatikalisch-syntaktischer Strukturen.
Für eine günstige Gestaltung der Spracherwerbsbedingungen zwei- und mehrsprachiger Kinder sollte deshalb die Quantität und Qualität des sprachlichen Inputs ermöglichen, dass diese Lernprozesse zumindest in der dominanten Erstsprache gewährleistet sind, da die erreichte Kompetenz in der Erstsprache wesentliche Auswirkungen auf den Zweitspracherwerb hat. »Was ich lerne, hängt davon ab, was ich bereits kann« (Stern 2006). Die Kenntnis eines Systems grammatischer Strukturen erleichtert offenbar die Aneignung neuer Strukturen in der anderen Sprache. Dabei spielt auch der Grad der Verschiedenheit beider Sprachen eine Rolle, weil das Lernen verwandter Sprachen als leichter gilt. Allerdings ist darauf hinzuweisen, dass sich die »Erwerbsmodelle und Meilensteine (bei) zweisprachig aufwachsenden Kindern und Jugendlichen in einigen Entwicklungsbereichen von monolingualen unterscheiden« (Chilla 2020, 119).
- »Während der anschließenden vierten Phase bis ungefähr zum fünften Lebensjahr werden dann die neuronalen Ressourcen beider Hemisphären einbezogen und das Lernen gewinnt an Elaboration. Es erfolgt eine weitere Reorganisation der Repräsentationsfähigkeit.« Dadurch »verändert in diesem Entwicklungsabschnitt die Sprache das kognitive System in ganz entscheidenden Hinsichten« (Grimm 2000, 167). Das zeigt sich zunehmend in sprachgebundenen aber nicht *sprech*abhängigen Denk- und Lernprozesse, in Fragen und metasprachlichen Überlegungen.
Bei zwei- und mehrsprachigen Kindern zeigt sich dabei oftmals eine themen- und umfeldabhängige Bevorzugung einer Sprache. Manchmal treten auch Sprachmischungen auf oder einzelne Wörter werden von der Erst- in die Zweitsprache übernommen.

Interessant ist der angenommene Zusammenhang von Sprachentwicklung und der Ausprägung der Lateralisation. Dieser Reifungsprozess beginnt mit etwa zwei Jahren und endet mit der Pubertät. Er zeigt sich aber nicht nur in der Motorik und einer entsprechenden Händigkeitsentwicklung, sondern auch in der sich überwiegend linksseitig ausprägenden Sprachdominanz. Es wird davon ausgegangen, dass mit dem Abschluss dieser Lateralisationentwicklung für das intuitive Erlernen einer

Sprache gewisse Einschränkungen gegeben sein können. Allerdings zeigten entsprechende Untersuchungen zum Lernen von Sprachen, dass weder die reifungsabhängige Begrenzung durch die Pubertät noch der Abschluss der Lateralisation zu eng gefasst werden dürfen.

Einige altersspezifische Erkenntnisse sind aber bei der sprachlichen Förderung ein- und mehrsprachiger Kinder zu berücksichtigen.

Bei den 3–7-Jährigen sind phonologische, bei den 8–9-Jährigen sind es morphologische und bei den Kindern über 9 Jahren sind es lexikalische und syntaktische Systeme, die schneller gelernt werden können. Ältere Kinder lernen zwar schneller als jüngere Kinder, aber jüngeren Kindern gelingt die Aussprache einer fremden Sprache leichter und besser. Sie sind in der Lage, allein über das Hören relativ mühelos sehr spezifische Laute zu lernen. Das hat gerade für eine emotional und sozial gelingende Interaktion große Bedeutung.

Der Erwachsene wird zunächst zwar die Laute, die das Kind äußert, aufnehmen und verstärken, aber dabei erfolgt oft eine unbewusste Auswahl vorwiegend derjenigen Laute, die typisch für die eigene Sprache sind. Dadurch entwickelt sich das Lautieren des Babys zunehmend in Richtung auf seine Umgebungssprache und es kommt zu einer Einengung des ursprünglichen Lautrepertoires – aber auch zu einer präziseren Lautimitation. Zweisprachigkeit vergrößert das Angebot an Modell-Lauten, allerdings abhängig davon, wie verschieden die typischen Laute in den beiden Sprachen sind.

Auch grammatische Regeln lernen die meisten Kinder relativ problemlos. »Sie sagen ›du gehst‹ und niemals ›er gehst‹ oder ›ich gehst‹. Ebenso lernen sie die richtige Wortstellung im Satz ... Diese grammatische Perfektion erreichen sie auch für eine weitere Sprache, die sie in den ersten Lebensjahren lernen – und zwar unabhängig von ihrer Intelligenz« (Meisel 2006). Gerade diese letzte Feststellung ist für die zweisprachige Erziehung von Kindern mit Beeinträchtigungen von besonderer Bedeutung.

3 Sprachentwicklung, Zweisprachigkeit und Kognition

Die Wechselwirkungen von Kognition und Sprache in der Entwicklung kleiner Kinder haben eine wesentliche Bedeutung. Dabei wird vor allem die Frage diskutiert, welche kognitiven Voraussetzungen für bestimmte sprachliche Fähigkeiten erforderlich sind und welche förderlichen Bedingungen zu gewährleisten sind.

Da Sinneswahrnehmungen ohne ein funktionierendes Symbolsystem – ob verbale Sprache oder alternative Kommunikationssysteme – nicht strukturiert und somit schlecht im Gedächtnis gespeichert werden können, ergeben sich deshalb beim Fehlen eines differenzierten Sprachsystems unmittelbare Folgen besonders für die kognitive Entwicklung. Bei Kindern mit kognitiven Beeinträchtigungen kommt es darum – abhängig von den zugrundeliegenden Ursachen – nicht nur zu Entwicklungsverzögerungen, sondern oft auch zu einer Asynchronie zwischen den verschiedenen Entwicklungsbereichen. Dadurch kann die normale wechselseitige Beeinflussung der verschiedenen Fähigkeitsbereiche gestört werden und eine ungenügende Verstärkung der aufeinander bezogenen Entwicklungen bewirken. Auch eine unzureichende Passung der verschiedenen kritischen biologischen Zeitfenster ist möglich.

Über die Auswirkungen von Zweisprachigkeit auf Kognition und sprachliche Entwicklung bei Kindern mit regelhafter Entwicklung gibt es überwiegend positive Feststellungen. Allerdings wurde in älteren Studien oft davon ausgegangen, dass zweisprachige Kinder in ihrer kognitiven und sprachlichen Entwicklung verglichen mit einsprachigen Kindern benachteiligt sein würden. Neuere Studien haben diese Auffassung widerlegt (vgl. Bird u. a. 2005, 188). So ergaben diese Forschungen eine »Vielfalt von Vorteilen als Ergebnis von Bilingualismus. Vielleicht das häufigste Ergebnis war, dass bilinguale Kinder fortgeschrittenere metalinguistische Fähigkeiten zeigen, verglichen mit monolingualen Gleichaltrigen« (Bird u. a. 2005, 188; Übers. E.W.).

Allerdings wird betont, dass diese Fähigkeiten sich meistens noch nicht in der frühen sprachlichen Entwicklung zeigen, weil offenbar erst ein bestimmter »Schwellenwert der Kompetenz in einer zweiten Sprache nötig ist, bevor die vorteilhaften Effekte des Bilingualismus erkennbar sind« (ebd.). Manche Autoren verweisen darauf, dass die typischen Meilensteine der frühen sprachlichen Entwicklung bei ein- und zweisprachigen Kindern vergleichbar sind, auch wenn die Tendenz besteht, dass das expressive Vokabular in jeder der einzelnen Sprachen bei mehrsprachigen Kindern vor allem anfangs kleiner sein kann als bei Kindern, die nur eine dieser Sprachen sprechen. Bei vielen Kindern wird auch eine Vermischung beider Sprachen beschrieben, sowohl innerhalb einer Äußerung als auch in Satzabfolgen. Es ist normal, dass die meisten Kinder eine Sprache bevorzugen und darin auch bessere Fähigkeiten haben als in der anderen Sprache. Zusammenfassend wird als Ergebnis entsprechender Untersuchungen festgestellt, dass die sprachlichen Kompetenzen bilingualer Kinder meistens »weder bemerkenswert verzögert noch bemerkenswert fortgeschritten« sind (Bird u. a. ebd, Übers. E.W.). Einige Autoren betonen jedoch, dass zweisprachig aufwachsende Kinder kognitiv etwas weiter sind als einsprachige Kinder, weil sie flexibel mit beiden Sprachen umgehen und die Benennung einer Sache mit zwei verschiedenen Bezeichnungen abhängig von der Person oder dem Kontext, nicht nur divergierendes Denken verlangt, sondern auch die Fähigkeit zu abstrahieren fördert.

Als ungünstig wird dagegen angesehen, wenn es zu einem geringeren sprachlichen Input in beiden Sprachen kommt und damit ein eingeschränkter Wortschatz in beiden Sprachen differenzierte Ausdrucksmöglichkeiten begrenzt. Ein großer Wortschatz dagegen ermöglicht dem Kind, seine Welt begrifflich besser zu erfassen und zu verstehen, und das sprachliche Benennen von Dingen und Eigenschaften bewirkt ein bedeutungsbezogenes Wahrnehmen und Differenzieren. So ermöglicht die begriffliche Unterscheidung von verschiedenen Nomen oder von Verben, etwa von Obst und Gemüse oder von ›spielen‹ und ›bauen‹, eine entsprechende Kategorienbildung und damit nicht nur ein Verstehen dieser Wörter, sondern auch die

Entwicklung kognitiver Kriterien für diese begriffliche Differenzierung. Für kognitiv beeinträchtigte Kinder ist deshalb zu gewährleisten, dass vor allem in der dominanten Sprache zumindest das Verstehen möglichst vieler Wörter und sprachlicher Formulierungen unterstützt wird.

4 Sprachentwicklung bei Kindern mit Down-Syndrom

Bei Kindern mit Down-Syndrom liegen individuell unterschiedlich ausgeprägte Beeinträchtigungen von Kommunikation, Sprache und Sprechen vor. Sie betreffen sowohl die motorisch-funktionalen Fähigkeiten als auch die kognitiven und sozialen Voraussetzungen sowie die Motivation und das Bedürfnis, sich mitzuteilen (vgl. Wilken 2019, 56). Auffällig ist zudem der besonders große syndromtypische Unterschied zwischen Sprechen und Verstehen sowie den verglichen damit oft deutlich besseren kognitiven Fähigkeiten. Zudem müssen nicht nur die Verzögerungen in der allgemeinen Sprachentwicklung berücksichtigt werden, sondern auch die Diskrepanzen in der intraindividuellen Entwicklung von motorischen, kognitiven und sozialen Fähigkeiten. Diese typische Asynchronie der verschiedenen Entwicklungsbereiche bei Kindern mit Down-Syndrom kann deshalb gerade im Spracherwerb zu einem ungenauen wechselseitigen Zusammenwirken der relevanten »biolinguistischen Zeitfenster« führen.

Aufgrund der bekannten Schwierigkeiten in der Sprachentwicklung wird häufig berichtet, dass »Professionelle oft empfehlen, den sprachlichen Input für Kinder mit Down-Syndrom in bilingualem Milieu auf eine Sprache zu begrenzen. Diese Empfehlung scheint oberflächig logisch. Wenn das Lernen einer Sprache schwierig ist, kann das Lernen von mehr als einer Sprache noch mehr Probleme bereiten« (Bird u. a. 2005, 188; Übers. E.W.). Eine solche Empfehlung berücksichtigt allerdings nicht, dass für viele Kinder Zweisprachigkeit eine natürliche Folge ihrer Familien- und Lebenssituation ist. Deshalb kann es auch bei Kindern mit Down-Syndrom nicht primär um die Frage gehen, ob den Eltern von einer mehrsprachigen Erziehung abzuraten ist oder ob sie ihnen empfohlen werden kann. Vielmehr ist es wichtig, zu reflektieren, welche Aspekte zu beachten sind, um eine günstige Entwicklung zu ermöglichen. Verschiedene Studien aus den USA zeigen, dass Kinder mit Down-Syndrom durchaus kompetente bilinguale Sprecher sein können (National Down Syndrome Society – NDSS 2021, 30). Es gilt allerdings als wichtig, frühzeitig differenzierte Hilfen zu gestalten und dabei sowohl die individuellen Voraussetzungen und Beeinträchtigungen des Kindes zu erfassen als auch die bekannten syndromtypischen Veränderungen in der Interaktion und Kommunikation zu berücksichtigen (vgl. Wilken 2019, 60ff).

Die besonderen Schwierigkeiten der Kinder mit Down-Syndrom beim Spracherwerb und beim Sprechen lassen sich nicht allein mit ihren kognitiven Einschränkungen erklären. Das zeigte ein Vergleich mit Kindern, die eine gleich ausgeprägte kognitive Beeinträchtigung hatten, aber bei denen andere Ursachen zur Behinderung führten (vgl. Miller 1999, 29). Trotz der großen Unterschiede in der individuellen Ausprägung der Beeinträchtigungen werden die Schwierigkeiten deshalb als Syndrom spezifisch angesehen und sie bewirken ein typisches Sprachprofil von Kindern und Jugendlichen mit Down-Syndrom. Es zeigt besondere Schwächen in der expressiven Sprache, beim Wortschatz und in der Syntax, aber deutliche Stärken im Bereich der Pragmatik (ebd.). Das Sprachverständnis bei Kindern mit Down-Syndrom entspricht dagegen meistens ihren nonverbalen kognitiven Fähigkeiten (vgl. Bird/Buckley 1994, 16).

Bei allen Kindern mit Down-Syndrom ist nicht nur der Spracherwerb, sondern auch die weitere Entwicklung der Sprache in spezifischer Weise verzögert. So sprechen die meisten Kinder mit regelhafter Entwicklung durchschnittlich ungefähr 50 einzelne Wörter, bevor sie beginnen, Zwei-Wort-Sätze zu bilden. Dagegen benötigen Kinder mit Down-Syndrom, die ihren Wortschatz ohnehin langsamer aufbauen, etwa 80–100 Wörter dazu (vgl. Buckley 1994, 16) und etwa 250–300 Wörter, um Syntax und Grammatik zu beachten (National Down Syndrome Society – NDSS 2021, 50). Die ersten gesprochenen Mehrwortsätze bei Kindern mit Down-Syndrom treten durchschnittlich im Alter von etwa vier Jahren auf (vgl. Rondal 1999, 11), aber es gibt große individuelle Unterschiede.

Während Jugendliche mit Down-Syndrom mit zunehmendem Alter ihren Wortschatz und ihre allgemeinen kommunikativen Fähigkeiten zwar kontinuierlich erweitern können, zeigt sich dagegen oft, dass es nach der Pubertät im phonetischen Bereich und beim Erwerb von Satzbau und Grammatik keine wesentlichen sprachlichen Fortschritte mehr gibt (vgl. Rondal 2002, 3). Deshalb stagniert die durchschnittliche Länge von Wortäußerungen bei Kindern mit Down-Syndrom durchschnittlich etwa im Alter von 15 Jahren bei 3 bis 4 Wortäußerungen pro Satz (vgl. Rondal 1999, 11). Nachdrücklich zu betonen ist aber die große Streubreite: So gibt es Jugendliche, die sich differenziert und korrekt ausdrücken können, und manche, die nur wenige Wörter oder gar nicht sprechen.

Allerdings ist darauf hinzuweisen, dass Kinder mit Down-Syndrom, selbst bei eingeschränkten sprachlichen Fähigkeiten, sich zumindest in einem vertrauten Umfeld relativ gut verständlich machen können und meistens motiviert und erfolgreich kommunizieren, weil ihre pragmatischen Fähigkeiten verhältnismäßig gut entwickelt sind und der soziale Sprachgebrauch oftmals eine typische Stärke darstellt.

5 Zweisprachigkeit bei Kindern mit Down-Syndrom

Da bereits die zweisprachige Erziehung bei Kindern mit Down-Syndrom oft kritisch gesehen wird, ist verständlich, dass es nur wenige persönliche Berichte und Erfahrungen zur Mehrsprachigkeit gibt. Die Lebensbedingungen vieler Kinder mit Down-Syndrom erfordern aber, die möglichen Chancen und Risiken bei Zwei- oder Mehrsprachigkeit differenziert zu reflektieren.

Als eine generelle Erfahrung mit Zweisprachigkeit gilt, dass es von der Häufigkeit und Intensität des Angebots abhängt, wie gut Kinder eine jede der Sprachen lernen. Das variiert abhängig von der familiären Situation und den Lebensbedingungen der Familie sowie dem Zeitpunkt, zu dem die zweite Sprache dem Kind angeboten wird.

Simultane zweisprachige Erziehung erfolgt meistens, wenn die Eltern unterschiedliche Erstsprachen haben. Aber auch dann kann der sprachliche Input sehr verschieden sein, da die gemeinsame Zeit mit dem Kind meistens nicht für beide Elternteile gleich intensiv ist. Bei verschiedenen Erstsprachen der Eltern wird als günstig angesehen, dass jede Sprache personenbezogen angeboten wird: Eine Person – eine Sprache! So kann das Kind lernen, die beiden Sprachen bezogen auf Mutter und Vater zu unterscheiden. Das wird auch für Kinder mit Down-Syndrom empfohlen und überwiegend so umgesetzt.

Eine sukzessive Zweisprachigkeit ergibt sich meistens, wenn im Elternhaus eine andere Sprache als die Landessprache gesprochen wird. Das Kind lernt deshalb erst die Familiensprache und danach die Zweitsprache beim Eintritt in Krippe oder Kindergarten oder in andere soziale Kontexte. In diesem Fall erleichtert die räumliche Trennung beider Sprachen dem Kind das Verstehen.

Eine vom Kind logisch nachvollziehbare personen- oder kontextabhängige Unterscheidung der Sprachen gilt als förderlich für das Lernen.

Allerdings ist eine balancierte Zweisprachigkeit mit gleich guter Entwicklung beider Sprachen in der Regel nicht zu erwarten. Das gilt als normal und ist nicht problematisch, da bei zweisprachigen Kindern meistens eine der Sprachen zumindest in den Kontexten dominiert, in denen diese erlernt wurde oder überwiegend angewendet wird (vgl. Meisel 2006, Ostad 2006, 241).

Relevanz hat jedoch die »Schwellenhypothese«, wonach in beiden Sprachen ein gewisser Grundwortschatz Voraussetzung ist, um kognitive Lernprozesse zu ermöglichen. Deshalb ist es wichtig, wenn aus kontextbedingten Gründen der nötige sprachliche Input nicht in beiden Sprachen gleichwertig möglich ist, dass zumindest in der dominanten Sprache wesentliche sprachliche Kompetenzen entwickelt werden, um die grundlegenden kognitiven Funktionen zu sichern (vgl. Wagner 2007, 193).

Das Lautieren und das wichtige Nachahmen der Sprachmelodie in der präverbalen Kommunikation gelingt den Kindern mit Down-Syndrom – auch bei Zweisprachigkeit – meistens gut. Diese Fähigkeiten entsprechen überwiegend ihrer allgemeinen kognitiven Entwicklung.

Ihre syndromspezifischen besonderen Probleme im Spracherwerb zeigen sich meistens erst im erheblich verzögerten Sprechbeginn, und oft kommt es zu einer frustrierenden Diskrepanz zwischen Sprachverständnis und Sprechvermögen.

Den meisten Kindern mit Down-Syndrom fällt es schwer, sich an die Wörter und wie sie gesprochen werden zu erinnern. Man geht deshalb von Dyspraxie ähnlichen Schwierigkeiten aus. Aber nicht nur die Aussprache von Kindern mit Down-Syndrom ist oft beeinträchtigt und schlecht verständlich, auch die grammatischen sowie syntaktischen Fähigkeiten sind eingeschränkter als aufgrund der kognitiven Beeinträchtigung zu erwarten wäre. Deshalb wird oftmals befürchtet, dass dieses Problem bei Zweisprachigkeit verstärkt auftreten könnte. Es gibt aber keine gesicherten Hinweise, dass diese Annahme zutreffend wäre.

Es ist deshalb zu reflektieren, welche zusätzlichen Probleme bei Zweisprachigkeit auftreten können und welche Hilfen möglich sind, damit Kinder mit Down-Syndrom die besonderen Anforderungen der Zweisprachigkeit bewältigen.

6 Erfahrungen mit Zwei- und Mehrsprachigkeit bei Kindern mit Down-Syndrom

Bisher gibt es wenige systematische Untersuchungen über zweisprachige Kinder mit Down-Syndrom, und zur Mehrsprachigkeit gibt es nur einzelne Berichte. Tendenziell wird darin deutlich, dass sich Zweisprachigkeit nicht unbedingt nachteilig auswirkt (vgl. Wilken 2003, 147; Ostad 2006, 93).

Eine kanadische Studie zur Erfassung der sprachlichen Fähigkeiten von 8 Kindern mit Down-Syndrom, die zweisprachig aufwachsen, verglich diese mit 14 einsprachig aufwachsenden Kindern mit Down-Syndrom sowie mit 18 einsprachig und mit 11 zweisprachig regelhaft sich entwickelnden Kindern im gleichen Entwicklungsalter. Alle Kinder sprachen wenigstens 100 Wörter mit einer durchschnittlichen Äußerungslänge (MLU) von 3,5 Wörtern (vgl. Bird u. a. 2005, 186). Die Studie ergab für die einsprachigen Kinder mit Down-Syndrom verglichen mit den sich regelhaft entwickelnden Kindern das bekannte Sprachprofil mit Stärken im Wortverständnis und typischen Schwächen in expressiver Sprache und Morphosyntax. Dieses Ergebnis zeigte sich auch in der dominanten Sprache der zweisprachigen Kinder mit Down-Syndrom und ebenso in ihrer Zweitsprache. Wichtiger ist jedoch die Erkenntnis, dass sich Zweisprachigkeit insgesamt aber nicht nachteilig auf die Sprachentwicklung auswirkte und dass »bilinguale Kinder mit Down-Syndrom mindestens genauso gut ihre Fähigkeiten in Englisch entwickeln wie die monolinguale Vergleichsgruppe mit Down-Syndrom« (Bird u. a. 2005,196).

7 Elternbefragung zur Zwei- und Mehrsprachigkeit

Nicht nur wissenschaftliche Studien, sondern auch Erfahrungen und Erkenntnisse von Eltern, die ihre Kinder mit Down-Syndrom zweisprachig erziehen, ermöglichen Rückschlüsse, die auch für andere Familien mit ähnlichen Bedingungen hilfreich sein können. Deshalb habe ich Eltern gebeten, die ich aus Seminaren zum Down-Syndrom kannte oder deren Mail-Kontakte mir von anderen Eltern vermittelt wurden, einen Online-Fragebogen zur sprachlichen Entwicklung ihres Kindes auszufüllen. An dieser Befragung haben sich 16 Eltern beteiligt. Ergänzend habe ich auch Mitteilungen von Eltern einbezogen, die an einer bereits vor einigen Jahren durchgeführten Befragung teilgenommen haben (vgl. Wilken 2019, 119 f.).

Das Alter der beteiligten Kinder an der neuen Untersuchung liegt zwischen 4 und 17 Jahren. Davon lernen 9 Kinder simultan zwei Sprachen, ein Kind lernt 3 Sprachen, bei 6 Kindern trat die zweite Sprache erst später hinzu.

Neben Deutsch als Erst- oder Zweitsprache bezogen sich die Angaben auf viele verschiedene Sprachen: Türkisch, Russisch, Englisch, Polnisch, Französisch, Aramäisch, Kroatisch, Dänisch und Japanisch.

Die Berichte von Eltern zur Zweisprachigkeit ihrer Kinder sind überwiegend positiv, zeigen aber auch die typische Heterogenität in der individuellen Entwicklung und bei den sprachlichen Kompetenzen von Kindern mit Down-Syndrom.

Beratung

Die Eltern berichten über die erhaltene fachliche Beratung zur Zweisprachigkeit von recht unterschiedlichen Erfahrungen. Nur eine Mutter schreibt von einer »guten Beratung«, von einer zweisprachiger Erziehung wurde allerdings nur vier Eltern direkt abgeraten. Oft erfolgte der Hinweis, man könne es ja versuchen und abwarten, ob es gelingt. Eine Mutter berichtet, dass sie zwar »keine gezielte Beratung zum Thema Zweisprachigkeit erhalten habe, jedoch hat uns die Logopädin sehr darin bestärkt, unsere Tochter genauso zweisprachig zu erziehen wie ihre ältere Schwester«. Einige Eltern hatten den Eindruck, dass auch die Fachleute der verschiedenen Disziplinen (Frühförderung, Physiotherapie, Logopädie und Pädagogik) unsicher waren, was in ihrer Familiensituation sinnvoll wäre und dass vielleicht deshalb keine konkrete Beratung, wie man die Kinder sprachlich unterstützen könne, erfolgte.

Gebärden

Vielen Kindern, die neben Deutsch zu Hause simultan eine zweite Sprache lernen, wurden von den Eltern auch Gebärden angeboten, während die Kinder, die zu Hause in einem einsprachigen Umfeld leben, Gebärden erst – wenn überhaupt – durch Früherziehung, Krippe oder Kindergarten lernten.

Ein Junge (Deutsch-Französisch) war ab seinem zehnten Lebensmonat in einer Kita. Zu Hause und in der Krippe wurde seine Sprachentwicklung mit GuK-Gebärden unterstützt. Während er sie anfangs zur Verständigung gebrauchte, benutzt er nun, im Alter von 7 Jahren, nur noch einzelne Gebärden zur Verstärkung einer Aussage.

Ein Junge (Deutsch-Aramäisch) hat in seinem dritten Lebensjahr zwar einige wenige Gebärden gelernt und eingesetzt, fing dann aber bald an, erste Wörter zu sprechen und hörte mit dem Gebärden auf.

Ein Mädchen (Deutsch-Französisch) hat mit 2 Jahren begonnen, GuK zu nutzen. Ihre ersten Gebärden waren *trinken, essen, Buch lesen, Nudeln, Apfel, Banane, schlafen*. Sie hat aber früh sich gleichzeitig auch lautsprachlich geäußert und mit 4 Jahren begonnen, sich überwiegend verbal zu verständigen.

Einem Jungen, der im Elternhaus Russisch gelernt hatte, wurden von der Früherzieherin einzelne GuK-Gebärden vermittelt, die dann auch von der Mutter und dem etwas älteren Bruder in der Kommunikation eingesetzt wurden. Seine ersten Gebärden waren *trinken, Brei, Auto, Hund, fertig, nochmal (mehr)*. Zu Hause wurden die Gebärden russisch und in der Frühförderung und im Kindergarten deutsch für ihn versprachlicht. Mit etwa 4,5 Jahren begann er zunehmend zu sprechen und benutzte kaum noch Gebärden.

Ein Mädchen (Deutsch-Polnisch) hat schon mit etwa einem Jahr etliche Gebärden von der Mutter angeboten bekommen und verstanden, aber erst mit 2,5 Jahren einige Gebärden selbst eingesetzt. Sie spricht mit jetzt 8 Jahren nur wenige Wörter und braucht die Gebärden noch zur Verständigung in der Schule und zu Hause.

Simultane oder sukzessive Zweisprachigkeit

In den türkischen, russischen und polnischen Familien wurde überwiegend miteinander und mit dem Kind die Muttersprache gesprochen. Deutsch trat als Zweitsprache für das Kind erst zu einem späteren Zeitpunkt durch den Besuch einer Institution hinzu. Simultane Zweisprachigkeit ergab sich in Familien, in denen nur ein Elternteil mit dem Kind nicht deutsch sprach.

Eine türkische Mutter hat von Anfang an mit ihrer Tochter Türkisch gesprochen, obwohl Frühförderin und Logopädin davon abgeraten haben. Sie begründete ihre Entscheidung damit, dass ihr Mann nicht gut Deutsch spricht und die Großeltern überhaupt kein Deutsch könnten. Erst im Kindergarten und in der Schule lernte das Mädchen Deutsch. Sie ist heute 10 Jahre alt und versteht und spricht beide Sprachen relativ gut.

In seinen ersten drei Lebensjahren hörte ein Junge in seiner Familie nur Russisch. Mit etwa 18 Monaten hat er erste Wörter gesprochen. Im Kindergarten lernte er dann Deutsch. Durch das ganztägige Angebot in der Schule erweiterten sich seine Deutschkenntnisse gut. Einen förderlichen Effekt hatte bei ihm vor allem das Lesen. Er ist jetzt 17 Jahre, kann sich in beiden Sprachen gut verständigen, spricht überwiegend in Mehrwortsätzen und kann einfache deutsche Texte lesen.

Ein türkisches Mädchen, das aufgrund seiner gesundheitlichen Probleme viel Unterstützung brauchte, war in seinen ersten Lebensjahren nur in der Familie und hörte nur Türkisch. Erst mit Beginn der Schulzeit kam Deutsch dazu. Sie ist jetzt 14 Jahre und spricht in beiden Sprachen nur wenige Wörter, versteht aber deutlich mehr.

Eine Mutter berichtet, dass beide Eltern noch nicht gut Deutsch sprechen. »Wir lernen auch noch. Aus diesem Grund haben wir, nach einem Gespräch mit einem Logopäden, entschieden, dass die wichtigste und erste Sprache für unsere Tochter Polnisch ist. Deutsch ist ihre zweite Sprache, die sie von Spezialisten richtig lernt und von anderen Kindern.« Zu Hause wird Polnisch gesprochen, nur der ältere Bruder spricht manchmal mit seiner Schwester Deutsch. Das Mädchen ist jetzt 8 Jahre alt, versteht auf Polnisch alles und auf Deutsch einfache Sätze. Sie spricht besser Polnisch als Deutsch und bildet in beiden Sprachen Zwei- und Drei-Wort-Sätze. Die Freunde der Familie sprechen Polnisch oder Deutsch und das Mädchen weiß, wann sie Polnisch und wann sie Deutsch sprechen muss.

In einer Familie, in der die Mutter Dänin und der Vater Deutscher ist und die in Deutschland lebt, hat die Mutter von Anfang an mit ihrem Kind Dänisch und der Vater Deutsch gesprochen. Der sprachliche Input war ziemlich ausgewogen. Das 11-jährige Mädchen spricht jetzt beide Sprachen recht gut und auf einem Niveau, das vermutlich ihren allgemeinen kognitiven Kompetenzen entspricht.

Eine Mutter berichtet, dass ihnen zwar geraten wurde, ihren Sohn personenbezogen getrennt sprachig zu erziehen. »Jedoch sah die Realität anders aus. Wir sind selbst in Deutschland geboren und beherrschen die aramäische Sprache recht gut, aber wir sprechen mittlerweile sehr gemischt miteinander. Deshalb haben wir es auch so beibehalten. Unser Sohn versteht sehr gut Aramäisch, spricht hin und wieder auch von sich aus Wörter. Im Kindergarten spricht er Deutsch und weiß auch, das da nicht aramäisch gesprochen wird.«

In einer Familie spricht der Vater mit seinen Kindern immer Französisch und die Mutter spricht Deutsch. Auch beim Besuch der Familie in Belgien spricht die Mutter immer Deutsch mit ihren beiden Kindern, alle anderen sprechen Französisch. Der Input in beiden Sprachen ist zu Hause für das Mädchen mit Down-Syndrom ausgewogen. »Da sie im Alltag mehr in deutschsprachigen Kontexten ist, spricht sie hauptsächlich Deutsch und antwortet auch ihrem Vater meistens auf Deutsch. Einzelne Sätze und Wörter benutzt sie unabhängig vom sprachlichen Kontext in Französisch wie ›Allez!‹«oder ›Elle n'est pas là‹.« Im Alter von 7,5 Jahren spricht sie in 3–7-Wort-Sätzen. Sie versteht beide Sprachen gut, das Sprachverständnis ist deutlich besser als ihre expressive Sprache.

In einer Familie, in der die Mutter Deutsch und der Vater Japanisch spricht, erfolgt der sprachliche Input für das jetzt 11-jährigen Mädchen überwiegend in Deutsch, der ältere Bruder spricht beide Sprachen, aber Deutsch mit seiner Schwester. Auch der Vater spricht oft Deutsch mit seiner Tochter, beim Vorlesen meistens Japanisch. Das Mädchen versteht etwas Japanisch, spricht aber nur Deutsch. Sie spricht in grammatisch überwiegend richtigen Mehrwortsätzen und ist recht gut zu verstehen. Ihre Sprachkompetenz ist, auch verglichen mit monolingualen Kindern mit Down-Syndrom, recht gut.

Ein jetzt 7-jähriger Junge hat bilingual Deutsch und Französisch gelernt. Der Vater und seine Familie sprechen Deutsch, die Mutter und ihre Familie sprechen Französisch (oder Schweizerdeutsch) mit ihm. Er versteht beide Sprachen, spricht aber meistens Deutsch. Er flicht aber kontextbezogen französische Wörter in seine Erzählungen ein.

7 Elternbefragung zur Zwei- und Mehrsprachigkeit

Abb. 1: Handlungsbegleitendes Versprachlichen fördert den alltagsrelevanten Wortschatz

In einer Familie mit vier Kindern spricht die Mutter mit den Kindern Englisch und der Vater Deutsch. Miteinander sprechen die Kinder überwiegend Deutsch. Der Junge mit Down-Syndrom hat erste Wörter in Englisch und Deutsch im zweiten Lebensjahr gesprochen. Mit 2,6 Jahren benutzte er viele Gebärden und einzelne Wörter. Er ist jetzt 10 Jahre alt, versteht beide Sprachen gut, spricht aber überwiegend Deutsch. Auch wenn die Familie zusammen ist, bleibt es bei der Regel, dass die Mutter Englisch und der Vater Deutsch spricht. Die Kinder entscheiden sich dann spontan für eine Sprache. Interessant ist aber eine Regel der Familie: Eine Äußerung erfolgt immer nur in einer Sprache; deutsche und englische Wörter werden nicht gemischt. Wenn das vorkommt, wird der Satz korrigiert.

Von einem Jungen berichtet seine Mutter, dass er dreisprachig aufwächst. Er hört zu Hause Kroatisch und Englisch, im Kindergarten und außerhalb der Familie Deutsch. Die Mutter und ihre Familie sprechen mit ihm Kroatisch, der Vater immer Englisch. Die Eltern sprechen miteinander Englisch. Der Junge versteht alle drei Sprachen. Wenn er etwas mitteilt, spricht er Englisch oder Deutsch, er spricht Englisch aber besser. Bei Liedern singt er in allen drei Sprachen mit.

Abb. 2: Lesen kann eine wesentliche Unterstützung der sprachlichen Entwicklung bieten

Abb. 3: Im gemeinsamen Alltag sind beide Familiensprachen wichtig

8 Sprachförderung bei zweisprachigen Kindern mit Down-Syndrom

Wertet man die unterschiedlichen Erfahrungen von Eltern aus, deren Kinder mit Down-Syndrom zwei Sprachen gelernt haben, lassen sich vorsichtig einige Erkenntnisse ableiten.

Für Kinder, deren Familiensprache von der Umgebungssprache abweicht, scheint wichtig zu sein, dass sie zuerst die Sprache verstehen und sprechen lernen, die in der Familie vorrangige Bedeutung hat. Wenn dann in der Frühförderung, in der Physiotherapie oder im Kindergarten mit den Kindern Deutsch gesprochen wird, beginnen sie diese zweite Sprache im Kontext zu verstehen. Eine Hilfe zur Verständigung können dabei die Gebärden bieten, indem sie eine »Überbrückungsfunktion« zwischen den beiden Sprachen übernehmen.

Für Kinder, deren Eltern verschiedene Muttersprachen haben, ist es wichtig, dass Mutter und Vater ermutigt werden, von Anfang an mit ihrem Baby in ihrer Sprache zu sprechen. Gerade für die frühe Kommunikation hat die Prosodie Bedeutung, und Zärtlichkeit und Zuwendung gelingt den Eltern in der eigenen Muttersprache emotionaler. Hilfreich ist für das Kind zwar eine personenbezogene Trennung beider Sprachen, aber die Erfahrungen zeigen auch, dass Abweichungen sich nicht unbedingt problematisch auswirken. Eine hinreichende Sprachkompetenz zumindest in der dominanten Sprache ist jedoch zu fördern, da sonst ungünstige Auswirkungen auf die kognitive und sozio-emotionale Entwicklung möglich sind. Deshalb können unterstützende sprachfördernde Maßnahmen und spezielle sprachtherapeutische Angebote wichtig sein.

Eine allgemeine wertschätzende Haltung gegenüber den Sprachen des Kindes in außerfamiliären Kontexten ist bedeutsam. Für Kinder mit regelhafter Entwicklung wird als wichtig erachtet die »Förderung der Trennungsfähigkeit der beiden Sprachen beim Kind ... z. B. durch den gezielten Einsatz von zwei Handpuppen, die die beiden verschiedenen Sprachen symbolisieren, ... oder durch den Gebrauch verschiedener Gegenstände, Signale, wie z. B. einem Gong« (Wagner 2007, 194). Für Kinder mit Down-Syndrom ist aber ein solches abstraktes Üben weniger zu empfehlen, da sie unbedingt den emotionalen persönlichen Bezug brauchen und Bedeutung überwiegend kontextbezogen erwerben. Deshalb kann eine sprachliche Trennung besser in Alltagssituationen und bei gemeinsamen Spielen erfolgen, um so kontextbezogenes Erinnern zu unterstützen und mit der entsprechenden Sprache zu verbinden. Eine Mutter berichtet, dass ihre Tochter es liebt, wenn beim Ansehen von Bilderbüchern oder beim Spielen gefragt wird, was die Mama dazu sagt und was der Papa sagt.

Wichtig für ein bilingual aufwachsendes Kind mit Down-Syndrom ist, dass es zumindest in einer Sprache gute basale Sprachkompetenz entwickeln kann und die Zweitsprache versteht – und dann vielleicht auch zunehmend sprechen lernt. Bilderbücher, Fingerspiele, Sprechverse und Lieder können dabei wichtige emotionale und freudige Beziehungen schaffen und sprachliche Kompetenzen fördern (vgl. Wilken 2018). Ergänzend kann es hilfreich sein, einige Bilderbücher mit Klebepunkten zu versehen (AnyBook Reader), die besprochen werden. Das Kind ist dann in der Lage, durch Berühren mit dem zugehörigen Vorlesestift die aufgesprochenen Wörter, Sätze oder auch Lieder sich anzuhören. Durch farbliche Markierungen um diese Punkte herum ist es möglich, deutlich zu machen, dass Mama den roten Punkt und Papa den blauen Punkt besprochen hat oder ob auf dem einen Punkt die Familiensprache und auf dem anderen Punkt die Kindergartensprache zu hören ist. Auch die Logopädin kann, selbst wenn sie die Zweisprache nicht kennt, sich eine gewisse Orientierung verschaffen, wie gut das Kind in dieser Sprache etwas nachsprechen kann oder spontan spricht.

Abb. 4: Farblich verschieden markierte, mit Sprache belegte Punkte in Bilderbüchern ermöglichen, die Sprachtrennung zu veranschaulichen

Durch eine institutionelle Förderung im Kleinkind- und Vorschulalter und vor allem durch den Schulbesuch erlangt die dort benutzte Sprache für die Kinder eine zunehmende Bedeutung in der Kommunikation. Zusätzlich kann für manche

Kinder das Lesenlernen eine visuelle Unterstützung bieten und vor allem für den Erwerb von Syntax und Grammatik hilfreich sein.

Eine konsequente Umsetzung der Sprachtrennung, wie sie empfohlen wird, ist aus recht unterschiedlichen Gründen im familiären Alltag oft schwierig. Bei der Beratung der Eltern ist es deshalb wichtig, solche individuellen Aspekte zu berücksichtigen und gemeinsam zu einer sinnvollen Regelung zu kommen.

Die berichteten Erfahrungen zur Zweisprachigkeit bei Kindern mit Down-Syndrom zeigen große individuelle Unterschiede: Einige Kinder können in ihrer Erstsprache zwar viel verstehen, aber nur wenige Wörter sprechen, und sie verstehen die Zweitsprache überwiegend kontextgebunden. Viele Kinder beherrschen die Erstsprache relativ gut und können sich auch in der Zweitsprache hinreichend verständigen. Aber einige Kinder mit Down-Syndrom sind nicht nur in der Lage, beide Sprachen gut zu sprechen, sondern sie beherrschen jede ihrer beiden Sprachen besser als manche einsprachigen Kinder mit Down-Syndrom, die ein typisches durchschnittliches Kompetenzprofil aufweisen. Manche Kinder können sogar Texte in beiden Sprachen lesen oder sogar schreiben.

Diese auffällige Heterogenität beruht wesentlich auf unterschiedlichen individuellen Voraussetzungen. Auswirkungen haben aber auch förderliche Kontextbedingungen und ein guter sprachlicher Input in beiden Sprachen.

Literatur

Bird, G. & Buckley, S (1993). *Meeting the Educational Needs of Children with Down's Syndrom.* The Sarah Duffen Centre. Portsmouth 1994.

Buckley, S (1994). Sprachentwicklung bei Kindern mit D.S. In: *Leben mit Down-Syndrom*, Nr. 16

Bird, E., Cleave, P., Trudeau, N., Thordottir, E., Sutton, A. & Thorpe, A. (2005). The Language Abilities of Bilingual Children with Down-Syndrome. In: *American Journal of Speech-Language Pathology*, Vol.14, 187–199.

Chilla, S. (2020). Mehrsprachige Entwicklung. In: S. Sachse, A.K. Bockmann & A. Buschmann (Hrsg.), *Sprachentwicklung*. Berlin.

Grimm, H. (2000). Entwicklungsdysphasie: Kinder mit spezifischer Sprachstörung. In Grimm, H. (Hrsg.), *Sprachentwicklung. Enzyklopädie der Psychologie*, CIII, Band 3. (S. 603–640). Göttingen.

Grimm, H. (2012). *Störungen der Sprachentwicklung.* Göttingen.

Meisel, J. (2006). Do you play English? Interview mit M. Spiewak. In: *Die Zeit*, Nr. 10.

Miller, J., Leddy, M. & Leavitt, L. (1999). *Improving the Communication of People with Down-Syndrom.* Baltimore.

National Down-Syndrome Society & Down-Syndrome Education International (Hrsg. 2021). Down Syndrome: Guidelines for Inclusive Education https://go.dselink.net/appg-education-report.

Ostad, J. (2006). *Zweisprachigkeit bei Kindern mit Down-Syndrom.* Dissertation (Dr. phil.). Humboldt-Universität. Berlin.

Rondal, J.A. (1999). Language in Down-Syndrom: current perspective. In: Rondal J., Perera, J. & Nadel, L., *Down-Syndrom: A Review of Current Knowledge.* London.

Rondal, J. & Comblain, A. (2002). Language in ageing persons with Down syndrome. *Down Syndrome Research and Practice*, 8 (1), 1–9. doi:10.3104/reports.122

Statistisches Bundesamt (Destatis 2021). Artikelnummer: 2010220207004

Stern, E. (2006). Do you play English? Interview mit M. Spiewak. In: *Die Zeit*, Nr. 10

Wagner, L. (2007). Mehrsprachigkeit. In: Grohnfeldt, M. (Hrsg.), *Lexikon der Sprachtherapie* (192–195). Stuttgart.

Wilken, E. (2000). *Sprechen lernen mit GuK. Bild- und Gebärdenkarten.* Lauf.

Wilken, E. (2003). Bilingualism in children with Down-Syndrom in Germany. In: *Down Syndrome News and Updates* 2 (4), 146–147.

Wilken, E. (2018). *GuK mal! Sprechverse und Lieder mit GuK begleiten.* Lauf.

Wilken, E. (2019). *Sprachförderung bei Kindern mit Down-Syndrom.* 13. Auflage. Stuttgart.

Unterstützte Kommunikation bei Zwei- und Mehrsprachigkeit

Lena Lingk

Kinder und Jugendliche, die in einem zwei- oder mehrsprachigen Umfeld aufwachsen, stellen keine Ausnahme, sondern eine Regel dar (Tracy 2014, S. 15). Zu den mehrsprachig aufwachsenden Kindern zählen auch Kinder, die aufgrund motorischer und/oder kognitiver Beeinträchtigungen zusätzlich in der Lautsprache beeinträchtigt sind. Die unzureichenden lautsprachlichen Fähigkeiten können angeboren oder erworben sein. Um sich mitzuteilen, sind die Kinder auf alternative Kommunikationsformen (z. B. Gebärden, Kommunikationstafeln, elektronische Kommunikationshilfen) und Methoden der Sprachförderung aus dem Fachgebiet der Unterstützten Kommunikation (UK) angewiesen. Erste Zahlen für den deutschsprachigen Raum verdeutlichen, dass ca. 30 % der Kinder und Jugendlichen mit komplexen Kommunikationsbeeinträchtigungen in einem mehrsprachigen Umfeld aufwachsen (bundesweite Untersuchung: Vock 2012 zit n. Vock & Lüke 2013; Förderschule körperliche und motorische Entwicklung sowie Förderschule geistige Entwicklung in Nordrhein-Westfalen: Lingk 2020b). Die begriffliche Eingrenzung von Zwei- und Mehrsprachigkeit im Kontext der Unterstützten Kommunikation (UK) ist breit gefasst: »Unterstützt kommunizierende Menschen, die in ihrem Alltag mit mehr als einer Sprache leben, gelten als [zwei- und] mehrsprachig« (Lingk 2020a, S. 134). Es wird deutlich, dass keine Minimalkompetenzen erreicht werden müssen, um als zwei- und mehrsprachig unterstützt kommunizierende Person zu gelten. Allein der sprachliche Input im Alltag (Umgebungssprache) wird als Maßstab herangezogen. Gleichzeitig wird davon ausgegangen, dass sich ein Bedarf an UK auf alle Sprachen auswirkt, in denen die Person eingebunden ist (Vock & Lüke 2013). Lüke und Vock (2019) fordern, dass »[s]obald eine Person in nur einem alltagsrelevanten Lebenskontext Input in einer weiteren Sprache erhält, sollte es ihr ermöglicht werden, auch in dieser unterstützt zu kommunizieren« (S. 188).

Insgesamt steht das Forschungs- und Praxisfeld der UK bei Zwei- und Mehrsprachigkeit noch in seinen Anfängen. Der Ausbau der Handlungskompetenzen (Wissen, Einstellungen und Fähigkeiten, Fukkink & Lont 2007, 296 f.) von UK-Fachkräften und des Umfelds wird daher als notwendig erachtet. Nach einem kurzen Problemaufriss werden verschiedene Perspektiven auf Mehrsprachigkeit am Beispiel von Sprachideologien umrissen (Wissen, Einstellungen), um abschließend konkrete Hinweise für eine praktische Umsetzung (Fähigkeiten) zu formulieren.

1 Problemaufriss

In Deutschland verfügt etwa nur die Hälfte der unterstützt kommunizierenden Kinder und Jugendlichen, die als mehrsprachig bezeichnet werden, über ein mehrsprachiges Kommunikationssystem (Vock 2012 zit n. Vock & Lüke 2013). Als eine Erklärung lässt sich ein grundsätzlicher Mangel an vorgefertigten mehrsprachigen Kommunikationshilfen heranziehen (Tönsing & Soto 2020, S. 198). Eine weitere Erklärung ist, dass in der Versorgung noch primär der Fokus auf dem Erwerb der Umgebungssprache Deutsch liegt und nicht auch auf dem Erwerb der verwendeten Sprache(n) in der Familie (sog. Familiensprache) (McCord & Soto 2004). Mehrsprachig aufwachsende unterstützt kommunizierende Personen werden vor diesem Hintergrund benachteiligt, weil sie nur einen Teil ihres kommunikativen Repertoires im Alltag nutzen können.

Wahrgenommene Hürden in der Kooperation zwischen UK-Fachleuten und Elternhaus erschweren zusätzlich die Ausgangslage. Aus Perspektive der Eltern ist beispielsweise der Mehrwert von UK-Maßnahmen nicht immer erkennbar. Als Gründe dafür wurden in den Studien z. B. fehlende familienzentrierte Anleitungen, keine kultursensible Symbolauswahl, irrelevante Vokabularauswahl auf den Kommunikationshilfen und fehlende Berücksichtigung der Familiensprache innerhalb der UK-Maßnahme aufgeführt (Huer, Parette & Saenz 2001; McCord & Soto 2004; Pickl 2011). In einer Befragungsstudie in Nordrhein-Westfalen an den Förderschulen geistige Entwicklung und körperliche und motorische Entwicklung (n = 41) gewichteten Lehrkräfte die Einbindung des familiären Umfelds als besonders herausfordernd (72,2 %). Genannt wurde u. a. ein mangelndes Interesse und eine fehlende Unterstützung der Eltern, die erschwerte Anleitung und Einbeziehung des Elternhauses sowie ein fehlender Einsatz der deutschsprachigen Kommunikationshilfe im häuslichen Umfeld (Lingk 2020b). Herausforderungen in der Kooperation zwischen familiärem Umfeld und UK-Fachkraft lassen sich als wechselseitig interpretieren. Einerseits ist das familiäre Umfeld von einer großen sprachlichen und kulturellen Vielfalt geprägt. Andererseits steht dieser Vielfalt eine relativ geringe Anzahl mehrsprachiger UK-Fachpersonen gegenüber. Insgesamt entsteht durch diese Ausgangssituation ein UK-pädagogisches und -therapeutisches Mismatch (in Anlehnung an »sprachpädagogisches Mismatch« nach Licandro & Lüdke 2012, S. 289). Neben rein sprachlich-kommunikativer Barrieren können kulturell bedingte Erwartungen und Haltungen gegenüber Behinderung, Förderung und Therapie die Zusammenarbeit beeinflussen (Falkenstörfer 2017; Pickl 2011). Da das Einbeziehen des (familiären) Umfelds in der UK bei Fragen zur Versorgung, Intervention und Diagnostik übereinstimmend gefordert wird, sind mögliche Wege zur Zusammenarbeit zwischen Elternhaus und UK-Fachleuten dringend geboten.

Es zeigt sich, dass die Bereitstellung mehrsprachiger Kommunikationshilfen, die Planung mehrsprachiger UK-Interventionen sowie die Einbeziehung des Umfelds noch mit Herausforderungen verbunden sind. Die Aufarbeitung unterschiedlicher Perspektiven auf Mehrsprachigkeit, sog. Sprachideologien, bietet eine Möglichkeit, sich den genannten Herausforderungen anzunähern. Tönsing und Soto (2020) gehen davon aus, dass sprachideologische Auffassungen einen bedeutenden Einfluss auf die mehrsprachige UK-Praxis haben (S. 190).

2 Perspektiven auf Mehrsprachigkeit (Wissen)

Sprachideologien transportieren spezifische Sichtweisen auf Sprache, den Sprachgebrauch sowie auf die Sprecher*innen der jeweiligen Sprache (Tönsing & Soto 2020, 190f.). Sprachideologien sind immer auch mit gesellschaftlich geprägten sprachlichen Wert- und Normvorstellungen verbunden (Morek, 2018 S. 242). Wenn beispielsweise der Fremdsprachenunterricht vor allem auf Englisch und Französisch angeboten wird, dann können häufige Familiensprachen wie Arabisch und Türkisch als weniger prestigeträchtig wahrgenommen werden.

In der Aufarbeitung der Sprachideologien gehen die Autorinnen (2020) zunächst von zwei gegensätzlichen Annahmen über Sprache aus: Sprache als System (»language as system«) und Sprache als Handlung (»language as practice«). Wenn Sprache vordergründig als System begriffen wird, liegt beispielsweise der Fokus in der Sprachförderung auf dem Erwerb grammatischer Strukturen (z. B. Verbzweitstellung im Deutschen) und damit auf der Form der Sprache. Der korrekte und normorientierte Gebrauch der Sprache wird angestrebt. Im Gegensatz dazu wird mit dem Verständnis von Sprache als Handlung vor allem die Anwendung von Sprache in sozialen Situationen sowie der Erwerb kommunikativer Kompetenz in den Vordergrund gerückt. Im Mittelpunkt steht die Lebenswirklichkeit der einzelnen Personen und deren Anliegen. Die vor diesem Hintergrund resultierenden Annahmen über Mehrsprachigkeit werden unter vier übergeordneten Kategorien zusammengefasst:

1. *Einsprachiges Ideal (Sprache als System):* Der Erwerb von Mehrsprachigkeit wird vernachlässigt und der ausschließliche Erwerb der Umgebungssprache steht im Vordergrund (»subtractive bilingualism«, Vogel & Garcia 2017, S. 3). Eine mehrsprachige Entwicklung bei unterstützt kommunizierenden Personen würde als nachteilig und überfordernd eingeschätzt werden (Yu 2013).
2. *Ausbalancierte Zwei- und Mehrsprachigkeit (Sprache als System):* Der Erwerb von Mehrsprachigkeit wird grundsätzlich anerkannt, wenngleich eine ausgewogene Zwei- bzw. Mehrsprachigkeit erwartet wird. Sprachlich-kommunikative Fähigkeiten in den einzelnen Sprachen werden anhand einsprachiger Normen bewertet. Die mentale Repräsentation von Sprachen wird als getrennt voneinander aufgefasst (»additive multilingualism«). Unterstützt kommunizierenden Personen würden mehrsprachige Kommunikationshilfen zur Verfügung gestellt werden, allerdings würde pro Kontext (z. B. Schule, Zuhause) ausschließlich eine Sprache bzw. Kommunikationsform genutzt werden. Eine Mischung und ein Wechsel zwischen den Sprachen sollte nicht erfolgen.

3. *Integrierte Mehrsprachigkeit (Sprache als System und Sprache als Handlung):* Mehrsprachigkeit wird weniger statisch, sondern zunehmend dynamisch in Abhängigkeit vom sozialen Kontext aufgefasst. Mehrsprachige Personen verfügen über eine einzigartige kommunikative Kompetenz, die nicht mit einsprachig aufwachsenden Personen zu vergleichen sei (Grosjean 2012, S. 34). Der flexible Gebrauch von Sprache (Sprachwechsel, sog. code-switching) ist fester Bestandteil der mehrsprachigen kommunikativen Kompetenz. Nach wie vor wird die mentale Repräsentation von Sprache als getrennt angenommen, wenngleich sich beide Sprachen beeinflussen. Am Beispiel der Interdependenzhypothese (Cummins 1982) wird davon ausgegangen, dass fortgeschrittene sprachliche Fähigkeiten in der Erstsprache den Erwerb der Zweitsprache positiv unterstützen. Dennoch besteht eine Tendenz, dass die Sprachwechsel ausgehend von einer sprachlichen Norm bewertet und verglichen werden (Fokus auf verwendete Grammatik, Syntax und Wortschatz, Baynham & Lee 2019, S. 26). Daher fließen auch Annahmen zur Betrachtung von Sprache als System in den Ansatz ein. Für die UK-Versorgung würde diese Perspektive bedeuten, dass ein mehrsprachiges und konsistent aufgebautes Kommunikationssystem zur Verfügung gestellt wird (z. B. sprachspezifische Vokabularstrategien, schnelle Sprachwechsel ermöglichen). Die Einbeziehung der verschiedenen Sprachen in den Alltag würde unterstützt werden.

4. *Translanguaging (Sprache als Handlung):* Die ausschließliche Betrachtung von Sprache als Handlung wird mit dem Translanguaging-Ansatz verbunden. Innerhalb des Translanguaging-Ansatzes wird davon ausgegangen, dass eine mehrsprachige Person ausschließlich über eine mentale Repräsentation von Sprache bzw. ein interagierendes, komplexes Sprachenrepertoire verfügt (García & Wei 2014, 13 ff.; Licandro 2021, S. 83). García und Wei (2014) beschreiben das sprachliche Repertoire als endlos, komplex und anpassungsfähig in Abhängigkeit vom sprachlichen Input und den kommunikativen Gelegenheiten (S. 31). Der Gebrauch multimodaler Kommunikationsformen (z. B. Symbole, Fotos, Gesten, Videos, Schrift, Lautsprache) und damit der Gebrauch sämtlicher sprachlich-kommunikativer Ressourcen werden zum Zwecke gelingender Kommunikation anerkannt (Gantefort & Maahs 2020, S. 3; García & Wei 2014, 28 f.). Der Translanguaging-Ansatz im Kontext der mehrsprachigen UK führt zu einer grundsätzlichen Anerkennung und Wertschätzung der Familiensprache. Die Bereitstellung eines multimodalen Kommunikationssystems sowie die Einbeziehung sämtlicher sprachlicher Ressourcen und Eigenschaften, in die eine unterstützt kommunizierende Person eingebunden ist, werden angestrebt. Zur Überwindung von Kommunikationsbarrieren müssen teils kreative Lösungen entwickelt werden, die über rein mehrsprachige Angebote, wie schnelle Sprachwechsel hinausgehen können (Tönsing & Soto 2020, S. 194).

In Abbildung 1 werden die unterschiedlichen Perspektiven auf Zwei- und Mehrsprachigkeit sowie dessen Auswirkungen auf die mehrsprachige UK-Praxis in Anlehnung an Tönsing und Soto (2020) zusammengetragen.

Es wird deutlich, dass sich je nach sprachideologischer Perspektive direkte Konsequenzen für das Ausmaß und die Gestaltung mehrsprachiger UK-Maßnahmen

Abb. 1: Sprachideologien und Konsequenzen für die UK-Praxis in Anlehnung an Tönsing und Soto (2020)

(Versorgung, Intervention) ergeben – ausgehend von keinen mehrsprachigen UK-Maßnahmen bis hin zu umfassenden, translingualen UK-Maßnahmen.

Die Auffassungen von einer integrierten Mehrsprachigkeit sowie das Translanguaging werden als besonders tragfähig für eine mehrsprachig orientierte UK-Praxis bewertet. In beiden Ansätzen wird die Einbindung mehrsprachlicher Fähigkeiten und Ressourcen im Alltag verfolgt und damit eine umfassende Teilhabe mehrsprachig aufwachsender unterstützt kommunizierender Personen an verschiedenen Aktivitäten unterstützt (Abb. 2).

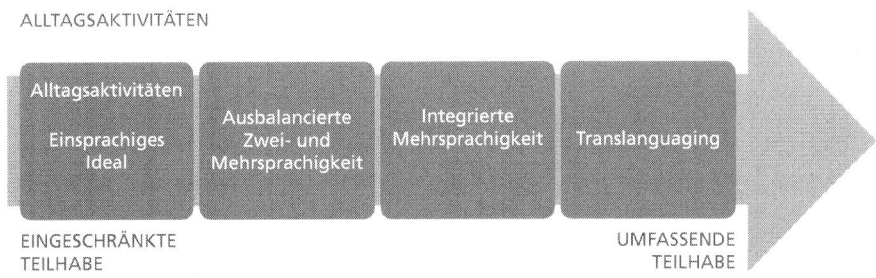

Abb. 2: Sprachideologien und Teilhabe

3 Perspektiven auf Mehrsprachigkeit reflektieren (Einstellungen)

Sprachideologische Auffassungen beeinflussen häufig ganz unbewusst eigene Sprachpraktiken. Die aktive Auseinandersetzung mit subjektiv wahrgenommenen Sprachideologien schafft daher einen notwendigen Orientierungsrahmen für die Verankerung mehrsprachiger UK-Maßnahmen (Tönsing & Soto 2020, S. 195). Mithilfe der Selbstreflexion lässt sich das eigene (und fremde) Handeln im Kontext von Mehrsprachigkeit nachvollziehen, bewerten und rechtfertigen. Die Autorinnen formulieren beispielhafte Leitfragen, um den Prozess zu unterstützen:

- Gehen wir davon aus, dass die unterstützt kommunizierende Person in einer einsprachigen Gesellschaft aufwächst?
- Ermöglichen wir der unterstützt kommunizierenden Person einen mehrsprachigen Input, aber keinen mehrsprachigen Output?
- Glauben wir, dass manche Sprachen für die unterstützt kommunizierende Person wichtiger sind als andere?
- In welchem Ausmaß unterstützen wir linguistische Diversität, indem wir den Gebrauch von multimodaler Kommunikationsformen (linguistisch ferne bis nahe Formen) aktiv einbeziehen?
- Wie bewerten wir die Sprachpraktiken und Entscheidungen, die z. B. in Institutionen, Familien und von unterstützt kommunizierenden Personen realisiert bzw. getroffen werden? (Übersetzung L. L in Anlehnung an Tönsing & Soto 2020, S. 195).

Neben der Reflexion subjektiver Sichtweisen auf Sprache ist auch die Auseinandersetzung mit konkreten Maßnahmen erforderlich, um die Handlungskompetenzen von UK-Fachkräften und des Umfelds zu stärken.

4 Mehrsprachige UK-Maßnahmen (Fähigkeiten)

Die Anerkennung einer *mehrsprachigen kommunikativen Kompetenz* verbindet die Auffassung der integrierten Mehrsprachigkeit und des Translanguaging-Ansatzes. Wenn Kinder mit eingeschränkten lautsprachlichen Fähigkeiten in ihrem Alltag regelmäßig mit mehreren Sprachen Kontakt haben, hängen ihre Teilhabemöglichkeiten an den verschiedenen Aktivitäten davon ab, ob sie ihre alternativen Kommunikationsformen mehrsprachig kompetent nutzen können. Das Modell der kommunikativen Kompetenz nach Light (1989, Abb. 3) bietet die Möglichkeit, die dafür erforderlichen Fähigkeiten einer unterstützt kommunizierenden Person konkret zu beschreiben und verdeutlicht, dass sich mehrsprachige UK-Maßnahmen nicht nur auf die Erweiterung der linguistischen Fähigkeiten beschränken dürfen. Darüber hinaus wird kommunikative Kompetenz in dem Modell als relational und dynamisch aufgefasst (Light 1989, 138 f.).

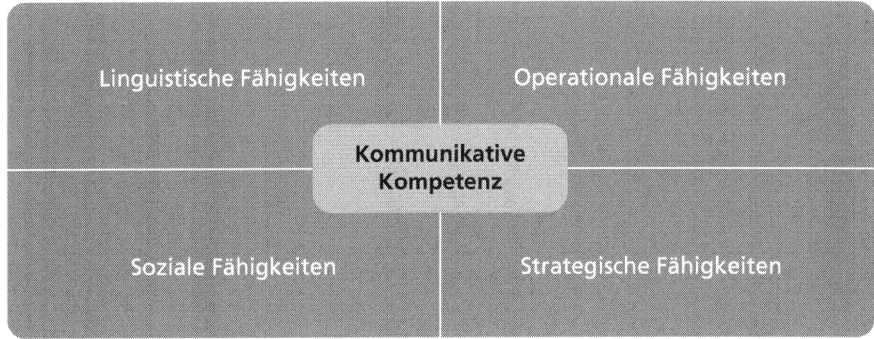

Abb. 3: Das Modell der kommunikativen Kompetenz in der UK (Light, 1989)

Mit einer mehrsprachig kompetenten UK-Nutzung sind folgende Fähigkeiten verbunden:

- *Linguistische Fähigkeiten:* Der jeweils vorhandene Wortschatz in den verschiedenen Sprachen kann durch die Verwendung der Kommunikationshilfe und/oder Gebärden kombiniert werden. Dadurch können differenziertere Bedeutungen konstruiert werden (*Was geht? Das geht nicht. Wie geht es dir? Geht so. Geht los. Sie geht jetzt. – Can I get this?, I don't get it. Get me a drink. Get out of here.*)
- *Operationale Fähigkeiten:* Die Bedienung der Kommunikationshilfe gelingt. Wörter auf der Kommunikationshilfe werden in den verschiedenen Sprachen gefunden oder Gebärden werden nachvollziehbar ausgeführt. Dabei geht es nicht um das Finden der Wörter in Übungssituationen, sondern um das Finden der Wörter in Alltagssituationen (Sachse & Bernasconi 2020, S. 206).
- *Soziale Fähigkeiten:* Sich flexibel und kontextangemessen am Gespräch beteiligen können, indem pragmatische Fähigkeiten, z. B. jemand begrüßen, Gefühle äußern, etwas ablehnen, zuhören, adäquat genutzt werden. Auch Sprachwechsel (code-switching) haben eine soziale Bedeutung und dienen dem Aushandeln der sozialen Identität. Ebenso führen die Sprachwechsel zu einem Aufrechterhalten des Gesprächsflusses (Tracy 2008, 53 ff.).
- *Strategische Fähigkeiten:* Nachteile der jeweiligen Kommunikationsform können umgangen werden, indem z. B. fehlende Wörter auf der Kommunikationshilfe umschrieben (*nicht gut* anstatt *traurig*) oder erfragt werden (*Was ist das?*). Je nach Situation wird die effektivste Kommunikationsform, z. B. körpereigene Kommunikationsformen mit vertrauten Gesprächspartner*innen, gewählt (Sachse & Bernasconi 2020, S. 206).

Für eine differenziertere Betrachtung der kompetenten UK-Nutzung empfiehlt sich die Verwendung des Goals Grid Raster (Tobii Dynavox & Clarke 2016), welches zusätzlich den Grad der kommunikativen Abhängigkeit in die Betrachtung der kommunikativen Kompetenz einbezieht (Tab. 1).

Tab. 1: Auszug aus dem Goals Grid (Tobii Dynavox & Clarke 2016)

kommunikative Unabhängigkeit	Kommunikative Kompetenz			
	Linguistische Fähigkeiten	Operationale Fähigkeiten	Soziale Fähigkeiten	Strategische Fähigkeiten
abhängig	Fordert etwas durch Vokalisationen, Lautsprache, durch Zeigen oder mit der Kommunikationshilfe ein	Nimmt die Kommunikationshilfe visuell, auditiv oder körperlich wahr (achtet auf Sprachausgabe oder versucht auszulösen)	Zeigt in der Interaktion immer mal wieder Aufmerksamkeit für Gesprächspartner/-in durch Hinschauen, Blickkontakt, Berührung, Bewegung hin zum/zur Gesprächspartner/-in (geteilte Aufmerksamkeit)	Merkt, wenn die beabsichtigte Nachricht nicht übermittelt wurde (ist z.B. frustriert, wenn die Kommunikationshilfe nicht funktioniert)
Übergang abhängig-moderiert	Nutzt Gebärden, Bilder, Objekte, körpereigene Zeichen o.Ä. um das Umfeld zu beeinflussen/ Handlungen zu steuern (noch mal, fertig, nicht)	Findet motivierendes und/oder häufig genutztes Vokabular in vertrauten Situationen	Nutzt die Kommunikationshilfe in wechselseitiger Interaktion (turn-taking) in vertrauten Situationen oder wenn der Einsatz immer passend ist.	Nutzt verschiedene Kommunikationsformen, wenn etwas falsch verstanden wurde (Zeigen, Vokalisationen usw.)
moderiert	Antwortet mit vorbereiteten Phrasen auf Fragen	Beteiligt sich beim Abspeichern neuer Wörter, Aussagen, Inhalte (wählt Kategorie, Symbol, Formulierung, wenn verschiedene angeboten werden)	Nimmt an wechselseitigen Interaktionen mit mehr als zwei Sprecherwechseln in verschiedenen Situationen/Aktivitäten teil.	Nutzt Reparaturstrategien, wenn nötig (Wiederholen, mit anderen Worten sagen, zusätzlichen Hinweis geben, ersten Buchstaben sagen)

4 Mehrsprachige UK-Maßnahmen (Fähigkeiten)

Tab. 1: Auszug aus dem Goals Grid (Tobii Dynavox & Clarke 2016) – Fortsetzung

	Kommunikative Kompetenz			
Übergang moderiert-frei	Bildet im Gespräch neue Sätze/kombiniert 3 und mehr Wörter (nutzt z. B. Kernvokabular, Kategorien/Wortlisten, Tastatur und Floskeln/Kommentare)	Erkennt den Bedarf weiterer Kategorien oder Wörter im Kommunikationssystem	Kann verhandeln (Nur noch eins, bitte), begründen	Kündigt einen Themenwechsel adäquat an
frei	verändert Wortarten	Nutzt Funktionen wie Wortvorhersage, Sprachausgabe anpassen, Bearbeiten	Beginnt/beendet schrittweise Gespräche, indem Teile von vorgespeicherten Aussagen verwendet werden oder Aussagen über Einzelwörter/Tastaturen individuell erstellt wurden.	Wählt situations- und partnerabhängig die effektivste Kommunikationsform aus

Folgende *Erweiterungen* des Goals Grid Raster sollten unter Beachtung der mehrsprachigen kommunikativen Kompetenz berücksichtigt werden:

- *Linguistische Fähigkeiten:* Anpassung grammatikalischer Formen und sprachspezifischer Beispielformulierungen, Überprüfung häufig genutzter Wörter
- *Operationale Fähigkeiten:* Wechsel zwischen sprachspezifischen Kommunikationsoberflächen
- *Soziale Fähigkeiten:* Sprachwechsel in Abhängigkeit vom Gesprächskontext, sozial angemessene Verwendung pragmatischer Fähigkeiten (z. B. wird im Deutschen »nein« mit Kopfschütteln ausgedrückt, wohingegen im Arabischen der Kopf nach oben bewegt wird)
- *Strategische Fähigkeiten:* Umschreibung fehlender Wörter mit einer alternativen Sprache

Ausgehend von dem Modell der mehrsprachigen UK-Kompetenz können Maßnahmen zur Gestaltung mehrsprachiger Kommunikationshilfen und Interventionen erfolgen. In beiden Prozessen nimmt die Kooperation zwischen UK-Fachleuten und familiären Umfeld einen wichtigen Stellenwert ein (Soto & Yu 2014).

5 Einbeziehung des Umfelds

Zu Beginn sollte das »UK-pädagogische und -therapeutische Mismatch« zugunsten einer Anerkennung und Wertschätzung der sprachlichen Vielfalt überwunden werden. Eine sprachlich-kulturelle Aufgeschlossenheit gegenüber der familiären Lebenswelt wirkt sich positiv auf die Akzeptanz der UK-Maßnahme aus (Pickl 2011, S. 236), z. B. aktive Einbindung kultureller Gewohnheiten durch Familienmitglieder in therapeutische und pädagogische Aktivitäten, Wörter und Beispielformulierungen übersetzen lassen, Interesse an familiären Kommunikationsformen zeigen, mehrsprachige Bilderbücher bereitstellen). Der Einschätzungsbogen »Mehrsprachenkontexte« von Ritterfeld und Lüke (2012) erlaubt, einen systematischen Überblick über die Input-Bedingungen zu gewinnen. Lüke und Vock (2019) erläutern, dass Eltern möglichst konkrete Hinweise über den Sinn und Zweck der mehrsprachigen UK-Maßnahmen erhalten sollten (S. 191). Eine erste Annäherung und Sensibilisierung für das Thema Mehrsprachigkeit bietet die gemeinsame Auseinandersetzung mit den Reflexionsfragen über Sprachideologien. Darüber hinaus können empirische Befunde und Erfahrungsberichte, die verdeutlichen, dass sich eine Mehrsprachigkeit nicht zusätzlich negativ auf die Entwicklung kommunikativer Kompetenz auswirkt, herangezogen werden (Lüke & Vock 2019, S. 191). Zu den deutschsprachigen Veröffentlichungen zählen beispielsweise die Studien und Berichte von Niederberger (2003), Ostad (2008) und Wilken (2019). An der Stelle muss jedoch kritisch angemerkt werden, dass Evidenznachweise aus dem Fachgebiet der UK bisher fehlen (Tönsing & Soto 2020, S. 197).

6 Mehrsprachige Kommunikationshilfen

Für die Gestaltung mehrsprachiger Kommunikationshilfen sind UK-Fachkräfte auf die Zusammenarbeit mit (fachkundigen) Sprachexpert*innen und dem Umfeld angewiesen. Auch die unterstützt kommunizierende Person sollte in den Prozess eingebunden werden (Tönsing & Soto 2020, S. 198). »[A] truly bilingual AAC system would reflect the way children learn and use each language in different communities« (Soto & Yu 2014, S. 89). Daher müssen bei der Gestaltung von mehrsprachigen Kommunikationshilfen Entscheidungen zur Vokabularauswahl und Vokabularanordnung sorgfältig reflektiert werden.

In der UK liefern die Untersuchungen zum Kernvokabular einen wichtigen Orientierungsrahmen für die Bereitstellung eines alltagsrelevanten Wortschatzes. Zum Kernvokabular zählen die 200 am häufigsten gesprochenen Wörter einer Sprache. Unabhängig von Alter, kognitiver Entwicklung und Spracherwerbsform (Erst- oder Zweitspracherwerb) decken diese 80 % der Alltagssprache ab. Es sind überwiegend Funktionswörter, die situationsübergreifend und hochfrequent genutzt werden (Boenisch 2014). Allerdings liegen aktuell nur für eine begrenzte

Anzahl der Sprachen Kernvokabularlisten vor. Wenn für die Familiensprache keine Kernvokabularliste bereitsteht, ermöglicht die Übersetzung der deutschsprachigen Kernvokabularliste von Boenisch (2014) einen ersten Zugang zu häufig gebrauchten Wörtern im Alltag. Die Übersetzung sollte vor allem in Kooperation erfolgen und mit häufig genutzten Wörtern der Familiensprache ergänzt werden. In Anbetracht des kulturellen Hintergrunds muss ein themenspezifischer Wortschatz (Randvokabular) ergänzt werden. Beispielsweise unterscheiden sich Gewohnheiten im Bereich des Essens, der Religion, der Hobbys oder der Kleidung. Die schnelle Kombination von Kern- und Randvokabular ermöglicht differenzierte Ausdrucksmöglichkeiten in den verschiedenen Sprachen.

Die Auseinandersetzung mit Sprachtypologien kann hilfreich sein, um Entscheidungen zur Vokabularanordnung zu treffen (z. B. Orientierung an der Wortstellung eines Aussagesatzes). Bei Krifka et al. (2014) werden sprachstrukturelle Merkmale von 29 Sprachen kompakt dargestellt. Huer (2000) konnte feststellen, dass Symbole je nach kulturellem Hintergrund unterschiedlich verstanden wurden. Daher sollte bei der Auswahl von Symbolen auf eine kultursensible Auswahl geachtet werden (Abb. 4).

Symbol für Arabisch „ja" und „nein"

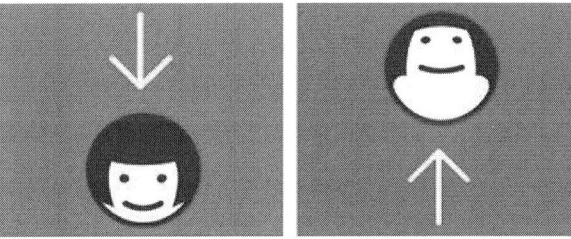

Symbol für Deutsch „ja" und „nein"

Abb. 4: Kultursensible Symbolauswahl am Beispiel der Metacom-Symbole (© Annette Kitzinger) »ja« und »nein«

Mithilfe einer mehrsprachigen Beschriftung kann sichergestellt werden, dass »alle Bezugspersonen unabhängig von ihrem kulturellen Hintergrund ein Symbol inhaltlich gleich wahrnehmen« (Lüke & Vock 2019, S. 194). Zwischen den verschiedenen Sprachen sollte ein schneller Wechsel unterstützt werden:

- Kleine Hilfen (»Sprechende Tasten«): Zwei unterschiedliche Tasten (z. B. Big-Mack, Step-by-Step) werden angeboten.
- Symbolbasierte Kommunikationstafeln: Die Tafeln werden doppelseitig bedruckt oder beklebt, sodass der Sprachwechsel durch das Umdrehen der Kommunikationstafel erfolgt.
- Komplexe elektronische Hilfen: Wechsel der sprachspezifischen Vokabularstrategien (Seitensets) durch Auswahl eines Feldes.

Die Verwendung einer einheitlichen Symbolsammlung kann hilfreich sein, um Wissen von der einen Sprache in die andere zu übertragen (Sachse & Schmidt 2016, S. 24). Darüber hinaus sollten auch ergänzende translinguale Kommunikationsformen reflektiert werden (Tönsing & Soto 2020, S. 198).

In Tabelle 2 werden ausgewählte Maßnahmen zur Gestaltung von mehrsprachigen Kommunikationshilfen mit unterstützenden Leitfragen zusammengetragen. Weiterführende und vertiefende Informationen sind bei Lüke und Vock (2019, 193 ff.) zu finden.

Tab. 2: Maßnahmen und Leitfragen zur Gestaltung mehrsprachiger Kommunikationshilfen

Maßnahmen	Leitfragen
Vokabularauswahl	• Welche alltagsrelevanten Sprachen müssen integriert werden? • Welche Wörter und Formulierungen werden häufig im Alltag gebraucht? • Welche individuell und kulturell bedeutsamen Wörter müssen berücksichtigt werden? • Welche Übersetzungsaufgaben werden von wem übernommen?
Kultursensible Symbolauswahl	• Welche Symbolsammlung wird verwendet? • Welche kulturspezifischen Merkmale werden durch die Symbole transportiert?
Vokabularanordnung	• Welche strukturellen Gemeinsamkeiten und Unterschiede bestehen zwischen den Sprachen? • Wie werden einfache Aussagesätze in den Sprachen gebildet? • Wie werden Wörter flektiert oder verändert (z. B. Verbformen, Deklination)? • Wie können Wörter schnell miteinander kombiniert werden?
Sprachwechsel und translinguale Kommunikationsformen	• Wie kann ein schneller Sprachwechsel erreicht werden? • Wie muss die Kommunikationshilfe positioniert werden? • Welche translinguale Kommunikationsformen können einbezogen werden (z. B. Fotos, Videos, Emoticons, online Übersetzungsfunktionen)?

7 Mehrsprachige UK-Interventionen

Mehrsprachige UK-Interventionen sollten immer mit einem klaren Ziel verbunden sein (Soto & Yu 2014, S. 89). Laut Sachse und Bernasconi (2020) sind die gelingende Alltagskommunikation und die zunehmende kommunikative Unabhängigkeit das Ziel von UK-Interventionen. In diesem Zusammenhang wird der Blick vor allem auf die Teilhabe der unterstützt kommunizierenden Person, einschließlich des gesamten Umfelds und der Lebenssituation, gerichtet (Sachse & Bernasconi 2020, S. 207). Im Kontext mehrsprachige UK-Intervention schlagen Soto und Yu (2014) vor, dass die Eltern gefragt werden sollten, an welchen kommunikativen Situationen eine aktive Teilhabe des Kindes gewünscht ist. Diese Situationen sollten dann als Orientierung für die Zielsetzung der UK-Maßnahme genutzt werden (S. 89). Eine noch systematischere Beschreibung möglicher Zielsetzungen kann anhand des ABC-Modells von Sachse und Bernasconi (2020) gelingen. In dem ABC-Modell werden Aktivitäten, an denen eine aktive Teilhabe angestrebt wird, besprochen. Dabei werden auch die Personen, die an den Aktivitäten beteiligt sind, einbezogen. Die Bereiche der kommunikativen Kompetenz und Aufgaben der Bezugspersonen werden beschrieben und ausgehend davon Ziele und Maßnahmen festgelegt. Die Kontrolle (Control) der Maßnahmen und Ziele erfolgt im letzten Schritt (Sachse & Bernasconi 2020, 207 f.).

Das ABC-Modell für die Planung mehrsprachiger UK-Interventionen zu nutzen, bietet das Potenzial, dass sich die Maßnahmen nicht nur auf eine ausgewählte Sprache konzentrieren, sondern in den Planungen die Familiensprache(n) ganz natürlich berücksichtigt werden. Gleichsam erfolgt eine reflektierte Auseinandersetzung mit den kommunikativen Fähigkeiten der unterstützt kommunizierenden Person. Zu einer der zentralen Aufgaben des Umfelds zählt das Mitnutzen der alternativen Kommunikationsform (Modelling). Das Modelling sollte möglichst beiläufig in authentischen Kommunikationssituation erfolgen, um zu zeigen, wie die alternative Kommunikationsform eingesetzt werden kann (Willke 2020, 218 f.) Um dies zu gewährleisten, müssen sich die Bezugspersonen aktiv mit der alternativen Kommunikationsform auseinandersetzen und üben, Formulierungen zu bilden (K. S. Sachse & Willke 2020, S. 229). Für den deutschen Sprachgebrauch bietet das Fokuswörterkonzept von Sachse und Willke (2020) eine Orientierungshilfe, um zu entscheiden, welche Wörter häufig im Alltag mitgenutzt werden können. Eine Weiterentwicklung und Übertragung des Fokuswörterkonzepts in andere Familiensprachen wäre eine zentrale Aufgabe im Kontext der mehrsprachigen UK. Die Übersetzung einzelner Fokuswörter durch das Umfeld oder externe Kooperationspartner*innen wäre zumindest ein erster Schritt, um die Wortschatzerweiterung und den Sprachgebrauch in der Familiensprache zu unterstützen.

8 Fazit

Die Entwicklung kommunikativer Kompetenz und Förderung der Teilhabe sind die zentralen Ziele sämtlicher mehrsprachiger UK-Maßnahmen. Dennoch zeigt sich, dass die praktische Umsetzung noch mit einigen Hürden verbunden ist. Mit dem Beitrag wurden Möglichkeiten zur Erweiterung der Handlungskompetenzen von UK-Fachkräften und des Umfelds aufgezeigt. Maßnahmen zur systematischen Gestaltung mehrsprachiger Kommunikationshilfen und UK-Interventionen wurden aufgezeigt. Die Auseinandersetzung mit Sprachideologien ist notwendig, um subjektive Einstellungen über Mehrsprachigkeit zu reflektieren und zu verändern. Die Anerkennung einer mehrsprachigen kommunikativen Kompetenz (integrierte Mehrsprachigkeit) und eine Offenheit gegenüber allen sprachlich-kommunikativen Mitteln (Translanguaging) – »ganz unabhängig davon, welcher Einzelsprache diese Mittel traditionell zugeordnet werden« (Gantefort & Maahs 2020, S. 2) – eröffnen den Weg für eine mehrsprachige UK.

Literatur

Baynham, M. & Lee, T.-K. (2019). *Translation and translanguaging* (New perspectives in translation and interpreting studies). London, New York, NY: Routledge. https://doi.org/10.4324/9781315158877

Boenisch, J. (2014). Kernvokabular im Kindes- und Jugendalter: Vergleichsstudie zum Sprachgebrauch von Schülerinnen und Schülern mit und ohne geistige Behinderung und Konsequenz für die UK. *uk & forschung* (Sonderbeilage Unterstützte Kommunikation 1).

Cummins, J. (1982). Die Schwellenniveau- und die Interdependenz-Hypothese. Erklärungen zum Erfolg zweisprachiger Erziehung. In J. Swift (Hrsg.), *Bilinguale und multikulturelle Erziehung* (Internationale Pädagogik, Bd. 5, S. 34–43). Würzburg: Königshausen + Neumann.

Falkenstörfer, S. (2017). Umgang mit Vielfalt – Kultursensibles Handeln in schulischen Kontexten bei Menschen mit Migrationserfahrung (und Behinderung). In T. Bernasconi & U. Böing (Hrsg.), *Inklusive Schulen entwickeln. Impulse für die Praxis* (S. 137–151). Kempten: Klinkhardt.

Fukkink, R. G. & Lont, A. (2007). Does training matter? A meta-analysis and review of caregiver training studies. *Early Childhood Research Quarterly*, 22 (3), 294–311. https://doi.org/10.1016/j.ecresq.2007.04.005

Gantefort, C. & Maahs, I.-M. (2020). *Translanguaging. Mehrsprachige Kompetenzen von Lernenden im Unterricht aktivieren und wertschätzen*. Zugriff am 06.01.2022. Verfügbar unter: https://www.uni-due.de/imperia/md/content/prodaz/gantefort_maahs_translanguaging.pdf

García, O. & Wei, L. (2014). *Translanguaging. Language, Bilingualism and Education*. New York, NY: palgrav macmillan.

Grosjean, F. (2012). Living with Two Languages and Two Cultures. In I. Parasnis (Hrsg.), *Cultural and Language Diversity and the Deaf Experience* (S. 20–37). Cambridge University Press. https://doi.org/10.1017/CBO9781139163804.003

Huer, M. B. (2000). Examining perceptions of graphic symbols across cultures: Preliminary study of the impact of culture/ethnicity. *Augmentative and Alternative Communication*, 16(3), 180–185. https://doi.org/10.1080/07434610012331279034

Huer, M. B., Parette, H. P. & Saenz, T. I. (2001). Conversations with Mexican Americans Regarding Children with Disabilities and Augmentative and Alternative Communication. *Communication Disorders Quarterly, 22* (4), 197–206. https://doi.org/10.1177/152574010102200405

Krifka, M., Błaszczak, J., Leßmöllmann, A., Meinunger, A., Stiebels, B., Tracy, R. et al. (Hrsg.) (2014). *Das mehrsprachige Klassenzimmer. Über die Muttersprachen unserer Schüler.* Berlin: Springer VS. https://doi.org/10.1007/978-3-642-34315-5

Licandro, U. (2021). Mehrsprachige Kinder mit Sprachentwicklungsstörungen. Fragen, Erkenntnisse und Implikationen für die Praxis. *Sprachförderung und Sprachtherapie in Schule und Praxis, 10*(2), 83–87.

Licandro, U. & Lüdke, U. (2012). »With a little help from my friends…«. Peers in Sprachförderung und Sprachtherapie mit mehrsprachigen Kindern. *Logos Interdisziplinär, 20* (4), 288–295. https://doi.org/10.7345/prolog-1204288

Light, J. (1989). Toward a definition of communicative competence for individuals using augmentative and alternative communication systems. *Augmentative and Alternative Communication, 5* (2), 137–144.

Lingk, L. (2020a). Mehrsprachigkeit und Unterstützte Kommunikation. In J. Boenisch & K. S. Sachse (Hrsg.), *Kompendium Unterstützte Kommunikation* (1. Auflage, S. 133–140). Stuttgart: Kohlhammer.

Lingk, L. (2020b). Unterstützte Kommunikation und Mehrsprachigkeit. Bedarfe nach den Fluchtbewegungen. *Unterstützte Kommunikation. Die Fachzeitschrift der Gesellschaft für Unterstützte Kommunikation e.V., 25* (1), 133–140.

Lüke, C. & Vock, S. (2019). *Unterstützte Kommunikation bei Kindern und Erwachsenen* (Praxiswissen Logopädie, 1. Aufl. 2019). Berlin, Heidelberg: Springer Berlin Heidelberg.

McCord, M. S. & Soto, G. (2004). Perceptions of AAC: An Ethnographic Investigation of Mexican-American Families. *Augmentative and Alternative Communication, 20*(4), 209–227. https://doi.org/10.1080/07434610400005648

Morek, M. (2018). »Der redet alt so komisch«. Mehrsprachigkeit, Spracheinstellungen und Sprachideologien in Gesprächen unter Dortmunder Schülerinnen und Schülern. In M. Denkler, D. Hartmann & Menge, Heinz, H. (Hrsg.), *Dortmund. Sprachliche Vielfalt in der Stadt* (S. 239–278). Wien, Köln, Weimar: Böhlau Verlag.

Niederberger, A. (2003). Zweisprachigkeit bei Menschen mit geistiger Behinderung – Eine Untersuchung mit Fallbeispielen. In A. Fröhlich, A. Niederberger & C. Jäckel (Hrsg.), *Zweisprachigkeit bei Kindern mit geistiger Behinderung* (1. Aufl., S. 17–94). Düsseldorf: Verl. Selbstbestimmtes Leben.

Ostad, J. (2008). *Zweisprachigkeit bei Kindern mit Down-Syndrom* (Schriftenreihe Philologia, Bd. 120). Zugl.: Berlin, Humboldt-Univ., Diss., 2006. Hamburg: Kovač. Verfügbar unter: http://www.verlagdrkovac.de/978-3-8300-3511-4.htm

Pickl, G. (2011). Communication intervention in children with severe disabilities and multilingual backgrounds: perceptions of pedagogues and parents. *Augmentative and Alternative Communication, 27* (4), 229–244. https://doi.org/10.3109/07434618.2011.630021

Ritterfeld, U. & Lüke, C. (2012). *Mehrsprachen-Kontexte – Erfassung der Inputbedingungen von mehrsprachig aufwachsenden Kindern.* Zugriff am 07.03.2022. Verfügbar unter: http://www.sk.tu-dortmund.de/media/other/Mehrsprachen-Kontexte.pdf

Sachse, K. S. & Bernasconi, T. (2020). Ziele formulieren und Maßnahmen beschreiben mit dem ABC-Modell. In J. Boenisch & K. S. Sachse (Hrsg.), *Kompendium Unterstützte Kommunikation* (1. Auflage, S. 203–216). Stuttgart: Kohlhammer.

Sachse, K. S. & Willke, M. (2020). Fokuswörter in der Interventionsplanung und -umsetzung. In J. Boenisch & K. S. Sachse (Hrsg.), *Kompendium Unterstützte Kommunikation* (1. Auflage, S. 224–232). Stuttgart: Kohlhammer. Fokuswörterliste online verfügbar unter: https://www.fbz-uk.uni-koeln.de/fileadmin/user_upload/FW_2019_Tabelle_ZW.pdf

Sachse, K. S. & Schmidt, L. (2016). Kernvokabular im Englischunterricht. Die Kölner Kommunikationsmaterialien im Einsatz. *Unterstützte Kommunikation. Die Fachzeitschrift der Gesellschaft für Unterstützte Kommunikation e.V.,* (3), 23–30.

Soto, G. & Yu, B. (2014). Considerations for the Provision of Services to Bilingual Children Who Use Augmentative and Alternative Communication. *Augmentative and Alternative Communication*, *30*(1), 83–92. https://doi.org/10.3109/07434618.2013.878751

Tobii Dynavox & Clarke, V. (2016). *Goals Grid. Förderziele in der Unterstützten Kommunikation.* Zugriff am 08.01.2022. Verfügbar unter: http://tdvox.web-downloads.s3.amazonaws.com/Materialkiste/Analyse_Status_Verlauf/TobiiDynavox-F%C3%B6rderziele_in_der_UK_GoalsGrid.pdf

Tönsing, K. M. & Soto, G. (2020). Multilingualism and augmentative and alternative communication: examining language ideology and resulting practices. *Augmentative and Alternative Communication*, *36* (3), 190–201. https://doi.org/10.1080/07434618.2020.1811761

Tracy, R. (2014). Mehrsprachigkeit: Vom Störfal zum Glücksfall. In Krifka, Błaszczak et al. (Hrsg.), *Das mehrsprachige Klassenzimmer* (S. 13–33).

Tracy, R. (2008). *Wie Kinder Sprachen lernen. Und wie wir sie dabei unterstützen können* (2. Auflage). Tübingen: A. Francke Verlag.

Vock, S. (2012). *Unterstützte Kommunikation bei mehrsprachigen Kindern und Jugendlichen.* Universität Bielefeld, Bielefeld.

Vock, S. & Lüke, C. (2013). Unterstützte Kommunikation bei mehrsprachigen Kindern und Jugendlichen. In von Loeper/ISAAC (Hrsg.), *Handbuch der Unterstützten Kommunikation* (01.026.060–01.026.069). Karlsruhe: von Loeper.

Vogel, S. & Garcia, O. (2017). Tranlanguaging. In P. Smith (Hrsg.), *Oxford Research Encyclopedia of Education* (S. 1–21). Oxford University Press. Zugriff am 18.01.2022. Verfügbar unter: https://academicworks.cuny.edu/cgi/viewcontent.cgi?article=1448&context=gc_pubs

Wilken, E. (2019). *Sprachförderung bei Kindern mit Down-Syndrom. Mit ausführlicher Darstellung des GuK-Systems* (13., aktualisierte Auflage). Stuttgart: W. Kohlhammer Verlag.

Willke, M. (2020). Partnerstrategien in der UK. In J. Boenisch & K. S. Sachse (Hrsg.), *Kompendium Unterstützte Kommunikation* (1. Auflage, S. 217–223). Stuttgart: Kohlhammer.

Yu, B. (2013). Issues in Bilingualism and Heritage Language Maintenance: Perspectives of Minority-Language Mothers of Children With Autism Spectrum Disorders. *American Journal of Speech-Language Pathology*, *22*(1), 10–24. https://doi.org/10.1044/1058-0360(2012/10-0078)

Bilinguale Entwicklung von Kindern mit kognitiven Beeinträchtigungen unter kultur- und sprachspezifischen Aspekten – Elternselbsthilfe Mina – leben in Vielfalt e.V. Berlin

Etta Wilken

1 Sprache und Wahrnehmung

Eine zunehmende migrationsbedingte Vielfalt in Deutschland erfordert auch in der Zusammenarbeit mit Eltern, die ein behindertes Kind haben, dass die besonderen Herausforderungen der Familiensituation und der sprachlichen Kommunikation reflektiert werden. Dazu ist eine wertschätzende Haltung und eine kultursensible, nicht jedoch eine stereotypisierende Einstellung gegenüber den Eltern aus verschiedenen Herkunftsländern sowie ihren entsprechenden Familiensprachen wichtig. In einer Beratungssituation benötigt Hilfe »nicht der ›Albaner mit einem Kind mit Behinderung‹, sondern der Vater von einem Kind, der sich für sein Kind und seine Familie durch die Beratung, Therapie oder die Betreuung Unterstützung erhofft« (Merz-Atalik 2014, 63). Zu bedenken ist auch, welche Einstellung nicht nur gegenüber den verschiedenen Herkunftsländern besteht, sondern wie die jeweiligen Sprachen in Fördersituationen und in Institutionen, die das Kind besucht, anerkannt und bewertet werden. Da besteht oft ein deutlicher Unterschied zwischen Englisch, Russisch, Türkisch, Arabisch oder Suaheli.

Eine Sprache vermittelt nicht nur Wörter, sondern die verschiedenen Bezeichnungen zeigen auch eine spezifische Erlebens- und Weltsicht. Selbst unsere Wahrnehmungen und Empfindungen werden beeinflusst durch entsprechende Bezeichnungen. So bedeutet das türkische Wort ›Abi‹ für ›großer Bruder‹ und ›Abla‹ für ›große Schwester‹ nicht nur die Stellung in der Geschwisterreihe, sondern auch eine damit verbundene emotionale Beziehung und soziale Verantwortung.

Eine junge türkische Frau berichtet, dass sie zwar das Wort ›yakamoz‹ kannte, aber erst als sie konkret erlebt, was es bezeichnet, war sie in der Lage, dieses besondere Leuchten des Mondlichtes auf dem Wasser auch wahrzunehmen. »Denn Sprache verändert unsere Wahrnehmung. Weil ich das Wort kenne, nehme ich wahr, was es benennt« (Gümüsay 2020, 11). Vor allem für Emotionen und soziale Beziehungen ist es oft schwierig, Wörter in eine andere Sprache zu übersetzen und auch Redewendungen, besonders wenn sie bildhaft sind, können in ihrer speziellen Bedeutung in einer anderen Sprache nicht die gleichen Assoziationen und Empfindungen hervorrufen.

Die Bedeutung von Wörtern wird im Kontext von Erfahrung und Handeln erworben und ist dadurch sowohl emotional als auch sozial konnotiert. Deshalb erwirbt ein Kind, das in seinem Lebensalltag verschiedene Sprachen erlebt, mit diesen Sprachen auch die damit verbundenen unterschiedlichen Vorstellungen und Werte.

Auch in den Prozessen, die der Identitätsbildung zugrunde liegen, spielen Sprachen im Zusammenwirken mit anderen Faktoren wie Geschlecht, soziales Umfeld oder ökonomischen Verhältnissen eine zentrale Rolle. Das ist wichtig zu reflektieren, insbesondere bezogen auf Kinder, die zwei- und mehrsprachig aufwachsen.

2 Behinderungs- und kultur-spezifische Selbsthilfe

Es gibt viele verschiedene Selbsthilfegruppen, die Gleichbetroffenen durch Erfahrungsaustausch und Peer-Beratung spezielle Hilfen und Informationen bieten.

Allein in der »Bundesarbeitsgemeinschaft Selbsthilfe von Menschen mit Behinderung und chronischer Erkrankung und ihren Angehörigen e.V. (BAG Selbsthilfe)« haben sich über 120 Selbsthilfeverbände zusammengeschlossen. Sie »repräsentieren mehr als 1 Millionen körperlich, geistig, psychisch Behinderte und chronisch kranke Menschen in örtlichen und regionalen Selbsthilfegruppen und -vereinen. Diese Selbsthilfegruppen haben sich wiederum überregional zu Selbsthilfeorganisation mit jeweils indikationsspezifisch kategorisierender Ausrichtung verbunden« (U. Wilken 2021, 70).

Die zahlreichen regionale Vereinigungen und Gesprächsgruppen für Eltern von Kindern mit gleicher Behinderung (Down-Syndrom, Autismus, FAS) ermöglichen vor allem einen Erfahrungsaustausch zu Fragen, die die Behinderung ihres Kindes betreffen und bieten den Eltern eine Orientierung bezüglich regionaler Förder- und Behandlungsangebote.

Im Unterschied zu diesen Gruppen sind die Treffen von Eltern beeinträchtigter Kinder zu sehen, die sich aufgrund eines gleichen Migrationshintergrundes und gleicher Sprache gebildet haben und bei denen nicht vorwiegend behinderungsspezifische Fragen thematisiert werden. Die gemeinsame Sprache sowie der gleiche sozio-kulturelle Hintergrund erleichtert dabei das wechselseitige Verstehen und Verstandenwerden. Zudem können solche Gruppen ihre Mitglieder unterstützen bei der Kontaktaufnahme und dem Umgang mit Institutionen und Behörden sowie mit der Bereitstellung von Informations- und Arbeitsmaterialien.

Auch wenn kritisch anzumerken ist, dass sprach- und kulturspezifische Gruppen zu einer vorschnellen Stereotypisierung (die ›Russen‹, die ›Türken‹) beitragen können und eine »angemessene individuelle kultursensible und transkulturellen Umgangsweise« (Merz-Atalik 2014, 64) einschränken können, bieten sie doch die Möglichkeit, als Selbsthilfegruppen nicht nur spezielle Hilfen anzubieten, sondern auch Einfluss zu nehmen, damit Institutionen und die dort arbeitenden Fachpersonen die Identitäten von bestimmten Gruppen nicht diskriminieren oder gering schätzen.

3 Kultur- und sprachspezifische Selbsthilfe – Mina – Leben in Vielfalt e. V. Berlin

Eine relativ große Gruppe mit Migrationshintergrund bilden in Deutschland mit etwa 3 Millionen die türkischstämmigen Personen. Von ihnen sind etwa 1,5 Millionen bereits hier geboren. Die Teilhabe der meisten türkischen Mitbürger in verschiedenen Lebensbereichen wie Kindergarten, Schule, Beruf und Freizeit findet überwiegend problemlos statt. Trotzdem können ergänzende kulturelle und religiöse Angebote sowie spezielle Kurse und Freizeit-Aktivitäten sinnvoll sein, vor allem was den Erfahrungsaustausch und eine kultursensible Beratung und Unterstützung betrifft. Deshalb gibt es sprach- und kulturspezifische regionale Selbsthilfegruppen, in denen sich Eltern von Kindern mit Beeinträchtigung organisiert haben. Sie bieten thematisch unterschiedliche Gesprächsgruppen an, manchmal getrennt für Mütter und Väter, helfen bei der Beantragung von Maßnahmen und im Umgang mit Ämtern.

In Berlin wurde der Verein »Mina – Leben in Vielfalt e. V.« 2010 als Selbsthilfeorganisation gegründet für Migrantinnen und Migranten, die ein Kind mit einer Beeinträchtigung haben oder die selbst von einer Behinderung betroffen sind. Der Verein bietet verschiedene Gesprächsgruppen für Mütter oder Väter. Die Angebote erfolgen in Türkisch und zunehmend auch in Arabisch. Einige Angebote richten sich an die Jugendlichen mit Beeinträchtigung, davon sind manche speziell für Mädchen oder nur für Jungen. Auch gibt es für alle Interessierte verschiedene Kreativgruppen, Angebote zum gemeinsamen Singen, Theater spielen, Kochen, Tanzen oder Sport. Zudem werden gemeinsame Feste und auch besondere Projekte geplant und gestaltet.

Zweimal im Monat treffen sich türkische Mütter zu einem gemeinsamen Frühstück und zum Erfahrungsaustausch. Mit den Müttern dieser Gruppe konnte ich ein ausführliches Gespräch zu Fragen der Zweisprachigkeit und zu ihren diesbezüglichen Erfahrungen führen.

An dem Treffen nahmen 11 Frauen teil, die Türkisch als Erstsprache und Deutsch als Zweitsprache entweder simultan schon als Kleinkind gelernt haben oder erst deutlich später, als sie nach Deutschland kamen. Entsprechend unterschiedlich ist ihre sprachliche Kompetenz in Deutsch. Sie haben Söhne und Töchter mit unterschiedlichen Beeinträchtigungen im Alter von 18 bis 36 Jahren. Nur ein Junge mit einer Autismus-Spektrum Störung ist 10 Jahre alt. Zwei Mütter haben Söhne mit einer körperlichen Behinderung, eine Tochter hat eine psychische Beeinträchtigung. Bei den kognitiven Beeinträchtigungen handelt es sich bei zwei Kindern um eine Autismus-Spektrum Störung, bei zwei jungen Erwachsenen um das Down-Syndrom, bei einer Jugendlichen um Gehörlosigkeit mit kognitiver Einschränkung, bei vier der Jugendlichen und jungen Erwachsenen liegt eine geistige Beeinträchtigung vor aufgrund unklarer oder nicht näher beschriebener genetischer Ursachen.

Es war interessant zu hören, welche Empfehlung die Eltern zur sprachlichen Förderung ihrer Kinder erhalten hatten. Den meisten Eltern wurde aufgrund der kognitiven Beeinträchtigung ihrer Kinder geraten, sich auf die Umgebungssprache –

also Deutsch – zu beschränken, weil zwei Sprachen eine Überforderung wären. Sie sollten demnach auf ihre Muttersprache und somit auf die Familiensprache verzichten! Das wurde von allen abgelehnt, weil es absolut nicht in ihren Familienalltag gepasst hätte. Eine Mutter sagte, für sie sei Gesang ein ganz wesentlicher Teil ihrer Kultur und wie hätte sie denn mit ihrer Tochter singen können, wenn diese nicht türkisch lernen würde. Nur eine der anwesenden Mütter wurde ermutigt, ihrem Kind beide Sprachen anzubieten.

Einige Mütter beschäftigt die Frage, ob ihr Kind vielleicht besser sprechen könnte, wenn sie ihm tatsächlich nur eine Sprache zugemutet hätten. So berichtete eine Mutter, dass ihr Sohn sowohl in Türkisch als auch in Deutsch nicht viele Wörter spricht und nur einfache Sätze sagen kann, und sie frage sich, ob er vielleicht doppelt so viel sprechen könnte, wenn er nur eine Sprache gelernt hätte. Zwar sprechen seine älteren Geschwister miteinander überwiegend Deutsch, aber die Familiensprache sei Türkisch. Deshalb wäre das für ihren Sohn aber eigentlich keine Lösung gewesen, weil er dadurch von der Teilhabe an vielen familiären Lebensbereichen ausgeschlossen gewesen wäre. Das ist ihm jetzt möglich, zumal er in beiden Sprachen deutlich mehr versteht, als er sprechen kann. Trotzdem ist die Mutter unsicher, ob sie sich wirklich richtig entschieden hat. Eine solche Unsicherheit wird von etlichen Müttern empfunden. Eine Mutter meinte: »Das ist wie eine Reise ohne Reiseführer« und stellte fest, dass man viele Informationen nur zufällig erhält. Viele wissen nicht, was es an Hilfen gibt, wer beraten kann und wohin man sich wenden muss.

Alle Mütter berichten von der oft erheblichen Diskrepanz zwischen Verstehen und Sprechen bei ihren Kindern und von der Bedeutung gerade des Verstehens in vielen Situationen im Familienalltag.

Von den acht Jugendliche und jungen Erwachsenen, bei denen eine geistige Beeinträchtigung vorliegt, benutzen zwei auch Gebärden zur Verständigung, eine Person setzt ergänzend Bilder ein, zwei haben einen Talker. Die junge Frau, die einen Talker mit Augensteuerung hat, ist sehr schwer körperlich und geistig beeinträchtigt. Sie kann den Talker nicht bedienen und es gab bis jetzt keine therapeutische Begleitung. Das gilt auch für den anderen Jugendlichen, der den Talker zwar bedienen kann, aber in der Familie nicht benutzt, da er nur mit deutscher Sprache belegt ist. Zudem kann in der Familie keiner damit richtig umgehen, weil es keine Anleitung dazu gegeben hat.

Bis auf eine Familie mit einem Einzelkind hatten alle anderen Familien zwei bis vier Kinder, von denen altersbedingt viele aber nicht mehr zu Hause leben. Alle Geschwisterkinder haben beide Sprachen gut gelernt, die meisten bevorzugen in ihrem Alltag und im Gespräch miteinander Deutsch, wechseln aber auch spontan die Sprachen, abhängig vom Thema und den sonst noch anwesenden Personen.

Aufgrund ihrer Erfahrungen stellten alle Mütter fest, dass sie mehr Information, Unterstützung und Beratung sowohl bezüglich ihrer Kinder als auch für ihre Familiensituation gebraucht hätten.

4 Erfahrungen mit bilingualer Entwicklung von Kindern mit einer geistigen Beeinträchtigung

Die Interviews mit zwei Müttern und einem Vater zeigen sehr unterschiedliche Erfahrungen, machen aber deutlich, wie wichtig die Reflexion mehrsprachiger Lebensbedingungen für die Sprachförderung der Kinder ist.

Sinem

Sinem ist eine junge Frau im Alter von jetzt 24 Jahren, die mit Türkisch als Familiensprache und Deutsch als Umgebungssprache aufgewachsen ist. Bei ihr wurde zwar relativ früh eine Entwicklungsverzögerung diagnostiziert, aber keine Ursache gefunden. Den Eltern empfahl man deshalb, mit ihr nur in einer Sprache zu sprechen. Das kam für die Mutter nicht in Frage, zumal sie bereits gute Erfahrungen mit der Zweisprachigkeit ihrer älteren nicht beeinträchtigten Tochter hatte. Auch hatte die Mutter bereits früh Kontakt zu einer Selbsthilfegruppe, was sie als großes Glück bezeichnete, ermöglichte dies ihr doch, Erfahrungen und Entscheidungen mit anderen zu diskutieren. Die Mutter ist selbst bilingual aufgewachsen, der Vater spricht überwiegend Türkisch.

Mit etwa 1 ½ Jahren verstand Sinem schon einige Wörter in Türkisch und Deutsch. Im Alter von drei Jahren begann sie, auch einzelne Wörter in beiden Sprachen zu sprechen. Sie besuchte etwa zwei Jahre einen Regelkindergarten und wechselte dann in einen integrativen Kindergarten. Danach ging sie in eine integrative Grundschule, mit der die Eltern recht zufrieden waren. Sinem erhielt dort differenzierenden Unterricht mit Schulassistenz. Der Unterricht erfolgte in Deutsch. Die Familiensprache war weiterhin überwiegend Türkisch. Dadurch war der Input in beiden Sprachen relativ ausgewogen und Sinem lernte beide Sprachen zunehmend besser. Nach der Grundschule kam sie in eine integrative Oberschule. Allerdings waren die Eltern damit nicht zufrieden. Deshalb wechselte ihre Tochter mit 14 Jahren auf eine Förderschule mit dem Schwerpunkt geistige Entwicklung.

Mittlerweile arbeitet Sinem seit einigen Jahren in einer Werkstatt im Montagebereich. Dort spricht sie mit ihren Kolleginnen und Kollegen Deutsch. Privat hat sie, so wie ihre Eltern, viele Kontakte zu türkischen Familien. Sinem ist in einer Theatergruppe aktiv. Dort hat sie auch ihren türkischen Freund kennengelernt.

Die Entscheidung der Mutter, ihrer Tochter das Erlernen beider Sprachen zu ermöglichen, hat sich als richtig erwiesen. Das ermöglicht Sinem in der Familie, im Arbeitsleben und in der Freizeit Teilnahme und Mitsprache abhängig vom jeweiligen Kontext in der dort erforderlichen Sprache.

Serhat

Serhat ist 34 Jahre alt und hat das Down-Syndrom. Er wurde mit einem sehr schweren Herzfehler geboren und ist seit seiner Herzoperation mit 6 Monaten auf einen Herzschrittmacher angewiesen. Mittlerweile hat er seinen 7. Schrittmacher. Die gesundheitlichen Probleme in den ersten Lebensjahren waren erheblich. Er hatte viele Lungenentzündungen und war deshalb in seinen ersten drei Jahren 29-mal im Krankenhaus.

Serhat hat keine Geschwister. Die Mutter ist bilingual deutsch und türkisch aufgewachsen, während der Vater überwiegend türkisch spricht.

Die Eltern hatten eine hilfreiche entwicklungsbegleitende Beratung und wurden ermutigt, ihren Sohn zweisprachig zu erziehen. Allerdings erhielten die Eltern den Rat, dass die Mutter mit ihrem Sohn deutsch sprechen soll und der Vater türkisch, um eine personengebundene Sprachtrennung zu ermöglichen. Im familiären Lebensalltag war das allerdings schwierig umzusetzen.

Serhat bekam eine gute Frühförderung. Obwohl er von Anfang an Physiotherapie erhielt, war seine motorische Entwicklung erheblich verzögert und er lernte erst mit 4 Jahren das Laufen. Mit etwa 5 ½ Jahren erhielt er Logopädie und lernte, sich mit Gebärden und Fotos mitzuteilen. Der Besuch eines integrativen Kindergartens war auch für seine sprachliche Entwicklung förderlich. Serhat konnte zunehmend Fragen verstehen und mit Kopfschütteln beantworten. Mit 6 Jahren begann er, einige deutsche und türkische Wörter zu sprechen. Serhat besuchte eine integrative Grundschule und eine integrative Oberschule. Er hatte keine Schulbegleitung, sondern nur mit wenigen Wochenstunden eine Sonderpädagogin, die ihn speziell förderte. Auch das Berufsgrundbildungsjahr erfolgte für Serhat integrativ. Serhat spricht in Ein-, bis Drei-Wort-Sätzen. Er lernte, die für ihn wichtigen Wörter zu erkennen und zu schreiben, und liebt auch heute noch, Wörter auf- bzw. abzuschreiben. Diese Wörter spricht er besser, und die Mutter hat den Eindruck, dass Lesen und Schreiben für seine sprachlichen Fähigkeiten weiter förderlich ist.

Serhat versteht und spricht Deutsch und Türkisch etwa auf gleichem Niveau. Er arbeitet in einer Werkstatt für behinderte Menschen in der Montage. Dort kommuniziert er mit den Kolleginnen und Kollegen überwiegend auf Deutsch, zu Hause und in den verschiedenen türkischen Freizeitgruppen überwiegend auf Türkisch, aber er vermischt oft auch beide Sprachen.

Auch wenn Serhat eingeschränkte Fähigkeiten in der verbalen Kommunikation hat, zeigt seine Entwicklung, dass diese nicht primär mit der Zweisprachigkeit erklärt werden kann, sondern mit seinen individuellen Beeinträchtigungen und wahrscheinlich auch mit den syndromtypischen Schwierigkeiten. Es ist aber zu betonen, dass für Serhat in seinem Lebensalltag beide Sprachen wichtig sind und es richtig war, ihm das Erlernen zu ermöglichen. So ist es ihm in beruflichen und privaten Kontexten möglich, zu verstehen und sich zu verständigen.

Malik

Malik[1] ist 10 Jahre alt. Er wurde in der Türkei geboren. Im Alter von 2 ½ Jahren wurde aufgrund seines sehr häufigen und anhaltenden Schreiens eine Autismus-

---

[1] Der Name ist geändert. Das telefonische Interview wurde mit dem Vater geführt, der bei »mina« Angebote wahrnimmt.

Spektrum-Störung festgestellt. Malik sprach nur einzelne Wörter. Die Eltern erhielten nach der Diagnosestellung eine gute Beratung und Begleitung. Malik hat keine Geschwister.

In der Familie und in seinem Lebensalltag hat er in seinen ersten Lebensjahren nur Türkisch gehört. Er hat viel verstanden und etwas gesprochen.

Die Familie zog nach Deutschland, als Malik 5 Jahre alt war. Er kam in einen integrativen Kindergarten und lernte, einfache Sätze auch in Deutsch zu verstehen. Jetzt besucht er eine Förderschule mit dem Schwerpunkt geistige Entwicklung. Malik ist sehr schüchtern und hält sich bei gemeinsamen Aktivitäten seiner Lerngruppe eher zurück. Im Türkischen ist sein Sprachverständnis im Lebensalltag relativ wenig eingeschränkt und er spricht in Sätzen. Er versteht Deutsch in einfacher Sprache und kann sich auch mit kurzen Sätzen mitteilen. Auch als die Schule coronabedingt geschlossen war, hatte das – nach Bericht des Vaters – keine deutlichen negativen Auswirkungen auf seine sprachlichen Fähigkeiten.

Malik lernt zunehmend besser, sowohl Türkisch als auch Deutsch zu verstehen und sich entsprechend auch verbal besser zu verständigen.

5 Erfahrungen mit bilingualer Entwicklung türkischer Kinder

Bei der Diskussion der Mütter in der türkischen Selbsthilfegruppe zu ihren Erfahrungen nach der Diagnose und der folgenden Beratung wurden große Unterschiede deutlich. Aber fast alle stellten fest, dass es schwierig gewesen ist, eine Entscheidung für das Kind und für die Familie bezüglich der Sprache zu treffen. Während es für die Eltern relativ klar war, mit den nicht beeinträchtigten Geschwisterkindern zur Kommunikation im Familienalltag ihre Muttersprache zu benutzen, bestand oft eine große Unsicherheit, ob das auch bei einer vorliegenden geistigen Beeinträchtigung sinnvoll wäre.

Viele Mütter hätten sich mehr Unterstützung und Beratung für ihr beeinträchtigtes Kind und für ihre Familie gewünscht. Oftmals wussten die Eltern nicht, welche speziellen Angebote es gibt, wo Beratung erfolgt und wer sie beraten kann. Häufig haben sie Informationen nur zufällig erhalten. Es wird auch weiterhin als Problem gesehen, wie man Eltern mit Migrationshintergrund, die ein beeinträchtigtes Kind haben, möglichst früh erreicht.

Kritisiert wurde von einigen Müttern, dass sie oft ungefragt einen unangemessenen Rat erhielten von »Besserwissern«, wie es eine Mutter formulierte. Man hat ihnen dann unreflektierte, nicht begründete Empfehlungen gegeben und mit dieser Haltung die allgemeine Erziehungskompetenz der Eltern direkt oder indirekt in Frage gestellt. Als problematisch wurde oft empfunden, wie von ihrer manchmal eingeschränkten deutschen Sprachfähigkeit einfach generalisierend auf andere Fähigkeiten geschlossen wurde. Es wird deutlich, dass eine solch mangelnde Wertschätzung der elterlichen Kompetenz eine konstruktive Zusammenarbeit erheblich erschweren kann.

Bezüglich der zweisprachigen Entwicklung ihrer Kinder mit Behinderung wurde festgestellt, dass überwiegend nur die Schwierigkeiten und negativen Effekte betont wurden, nicht aber auf die durchaus möglichen Chancen verwiesen wurde. Insgesamt wurde eine kompetente Beratung vermisst, die sich daran orientiert, *wie* die sprachliche Förderung gelingen könnte. Von den Müttern wurde betont, dass von allen Beteiligten unbedingt zu reflektieren ist, was für den tatsächlichen Alltag des Kindes und der Familie Bedeutung hat.

Literatur

Gümüsay, K. (2020). *Sprache und Sein*. Berlin.
Mina-Leben in Vielfalt e.V. Infomaterial. info@mina-berlin.de
Merz-Atalik, K. (2014). »Unter die Deutschen gefallen« – Aufmerksamkeit von und auf Eltern von Kindern mit einer Behinderung in der Migrationsgesellschaft. In: U. Wilken & B. Jeltsch-Schudel (Hrsg.), *Elternarbeit und Behinderung* (S. 58–70). Stuttgart.
Wilken, E. (Hrsg.) (2021): *Unterstützte Kommunikation*. 13. Auflage. Stuttgart.
Wilken, U. (2021): Inklusionspfade kategorisierender und dekategorisierender Repräsentanz von Behinderten-Selbsthilfe-Gruppen. In: O. Musenberg, R. Koßmann, M. Ruhlandt, K. Schmidt, S. Uslu (Hrsg), *Historische Bildung inklusiv* (S. 63–79). Bielefeld

Ein Chromosom extra und zwei Sprachen – Aufwachsen mit Down-Syndrom auf zwei Kontinenten

Thea spricht zwei Sprachen

Verena Weinert

Ich weiß genau, wann meine Große ihre ersten freien Schritte gemacht hat. Es war an dem Tag, an dem ich ihren neugeborenen Bruder mit in ihre Kita brachte. Sie war damals genau 22 Monate alt. Doch jedes Mal, wenn ein Gutachten oder ein Therapieformular mich fragt, wann meine Tochter ihre ersten Worte gesprochen hat, bin ich ratlos. Es fällt mir schwer, einen genauen Zeitpunkt zu benennen, und dabei dachte ich immer, wenn der Weg dorthin so steinig ist, sollte dann nicht der Meilenstein umso tiefer eingegraben bleiben? Vielleicht war der Weg dorthin gar nicht so steinig. Im Nachhinein gesehen zumindest nicht, denn unsere Tochter hat zwar ein extra Chromosom 21, landläufig auch Down-Syndrom genannt, aber das hat sie noch nie davon abgehalten, genau das zu lernen, was alle anderen Kinder auch können ... und noch viel mehr.

Thea war von klein auf ein sehr aufgewecktes Mädchen, und – wie wir bald lernen sollten – auch ein sehr ehrgeiziges. Schon als Baby konnte sie sich lange und ausdauernd mit Büchern beschäftigen. Da uns gesagt wurde, dass das Erlernen expressiver Sprache bei Kindern mit Down-Syndrom oftmals sehr schwierig und langwierig sein kann, hatte ich schon früh mit Gebärden unterstützter Kommunikation (GuK) begonnen. Eigentlich habe ich ihr damit zunächst eine weitere Sprache – die Gebärdensprache – beigebracht, um Frustration in der Verständigung durch gesprochene Sprache zu vermeiden. Nach monatelangem Gebärden war ich jedoch die sichtbar einzige in unserer Beziehung, bei der die Frustration wuchs, denn Thea sah mir zwar interessiert zu, zeigte jedoch keinerlei Interesse, die Gebärden zu imitieren und für sich selbst aktiv zu nutzen. Als sie mit etwa anderthalb Jahren endlich anfing, selbst zu gebärden, begleitete sie die Gebärden recht schnell mit geflüsterten Wortannäherungen. Gleichzeitig begann sie, uns mit Satztiraden zu überschütten. Sie plapperte ununterbrochen in einer ihr eigenen Sprache, die aber detailgetreu Klang und Form des Deutschen imitierte. Ich war begeistert und erschrocken zugleich: Gesprochene Sprache! Aber warum flüstert sie? Ihre Logopädin beruhigte mich. Ehrgeizige Kinder, so meinte sie, flüstern ihre Worte zunächst, um sie für sich selbst zu testen. Erst wenn sie sich ihrer Sache sicher sind, sprechen sie die Worte laut aus. Selbstverständlich war sich Thea bald ihrer Sache sicher, auch wenn ich den genauen Zeitpunkt nicht datieren kann. Zimmerlautstärke ersetzte das Flüstern, gesprochene Worte drängten allmählich die Gebärden in den Hintergrund, bis sie ganz verschwanden. Eines weiß ich mit Sicherheit zu behaupten: mit vier Jahren sprach unsere Tochter fließend Deutsch, denn das war der Zeitpunkt, zu dem unsere Familie zum ersten Mal von Deutschland in die USA übersiedelte.

Bei all den Sorgen, die ich mir bei Theas Erlernen ihrer Muttersprache gemacht hatte, wirkt es im Nachhinein fast sträflich unvorbereitet, dass ich nicht die geringsten Bedenken hatte, sie in ein fremdsprachiges Ausland zu verpflanzen. Und tatsächlich kann ich den Verlauf ihres Spracherwerbs im Englischen fast noch weniger dokumentieren als den im Deutschen. Die Tatsache, dass Thea im gleichen Zeitraum der gesprochenen englischen Sprache mächtig war, wie ihr sich typisch entwickelnder kleiner Bruder, zeigt jedoch deutlich, dass die zusätzliche Sprache keine außergewöhnlichen Schwierigkeiten machte.

Zunächst war ich allerdings etwas überrascht, dass bei beiden die englische Sprachentwicklung länger dauerte, als ich erwartet hatte. Dazu sei allerdings erwähnt, dass Sprachen schon immer meine Leidenschaft waren und ich selbst vier meiner fünf Fremdsprachen innerhalb weniger Wochen im jeweiligen Land »aufgesaugt« hatte. Keine Frage also, dass meine beiden Kinder große Erwartungen zu erfüllen hatten.

Thea und ihr Bruder Philip hatten schon ihre Kita Plätze, bevor sie auch nur einen Fuß in ihre neue Heimat gesetzt hatten. Kindergärten waren neben der Haussuche die oberste Priorität unserer Erkundungsreise wenige Wochen vor dem Umzug in die USA gewesen. Meinem Mann und mir war klar, dass wir die größten Erfolge beim Erlernen der neuen Sprache erzielen würden, indem wir die beiden von Anfang an in eine amerikanische Einrichtung schickten. Thea war also nach wenigen Tagen der Eingewöhnung im neuen Haus wieder zurück im Kita-Alltag und damit zwangsläufig völlig eingetaucht ins Englische. Da es in amerikanischen Kindertagesstätten keine Eingewöhnungsphase gibt, konnte ich nicht aus eigener Sichtweise sagen, wie gut oder schlecht ihre Kommunikation stattfand. Eines merkte ich allerdings recht schnell: Unkenntnis machte mein Sohn durch Schweigen wett, meine Tochter durch Deutsch. Für Thea gab es einfach kein Zurück aus der Sprache. Wenn sie ein Wort oder einen Sachverhalt auf Englisch nicht zu erklären wusste, wurde dies gnadenlos auf Deutsch formuliert. Zwar wäre Thea nie auf die Idee gekommen, eine Konversation mit ihren Lehrer*innen oder Freund*innen auf Deutsch zu beginnen, aber eine Lücke in ihrem Satzfluss zu lassen, war für sie einfach keine Alternative.

Während also mein Sohn lernte, sich einfacher auszudrücken, oder einfach nur zuzuhören, hatte meine Tochter mit ihrer Sprachgewalt auch noch gewaltiges Glück: als sie wenige Monate nach unserem Umzug aus der privaten Kita in die öffentliche Vorschule kam, gab es dort doch tatsächlich eine Assistenzlehrkraft, die Deutsch sprach. Mit ihrer Hilfe lernte Thea innerhalb kürzester Zeit, die wenigen deutschen Lückenfüller durch Englisch zu ersetzen. Heute fragt Thea mich manchmal, wie ein englischer Begriff auf Deutsch heißt. Aber meistens braucht sie gar keine menschliche Hilfe, denn als angehender Teenager weiß sie bestens, ihr Handy zu befragen, und das kann ihr auch mit einer weiteren Sprache helfen, die sie in der Schule lernt: Spanisch.

Im Rückblick betrug die Diskrepanz zwischen meiner Erwartungshaltung und der tatsächlichen kompletten Beherrschung der Sprache jedoch nur wenige Wo-

Thea spricht zwei Sprachen

Abb. 1: Beim Spielen mit Geschwistern und Peers ist gelingende Kommunikation wichtig für Teilhabe und Mitbestimmung

chen. Ich erinnere mich noch gut, dass mein Mann und ich an Halloween, knapp sechs Monate nach unserer Ankunft in den USA, Zeuge eines für uns sehr überraschenden Austauschs wurden. Auf der Party bei Nachbarn plauderten Thea und Philip ganz ungezwungen und fließend auf Englisch mit allen Gästen, und das ganz ohne deutsche Lückenfüller.

Nachdem Thea zwei Jahre öffentlicher (Vor)Schule in den USA absolviert hatte, zogen wir zurück nach Deutschland und sie kam in die 1. Klasse einer Regelschule in Rheinland-Pfalz. Selbstverständlich konnte Thea schon alle Buchstaben lesen, und natürlich auch schon eine ganze Menge Wörter, wenn auch in der »falschen« Sprache: Englisch. Doch richtig Lesen- und Schreibenlernen sollte noch ein langer und steiniger Weg werden.

Während ihrer Schulzeit in Amerika hatte Thea immer Unterstützung von Therapeut*innen und Förderlehrer*innen in der Schule. Ich habe mich vollkommen darauf verlassen, dass diese Expert*innen genau wissen, was zu tun ist, um ein Mädchen mit Trisomie 21 entsprechend zu fördern. Als wir nun also zurück nach Deutschland kamen, begann vor allem für mich der Ernst des Lebens: mit der Wahl der Dorfschule hatte ich mich unwissentlich dafür entschieden, auf die Unterstützung von Förderpädagog*innen zu verzichten.

Ich hatte noch aus den USA alle Fäden gezogen, um Thea die Beschulung in unserer lokalen Grundschule zu ermöglichen. Die Rektorin war sehr aufgeschlossen, und obwohl Thea ihr erstes Kind mit Beeinträchtigung sein sollte, hatte sie beschlossen, dass wir das Experiment der Inklusion wagen sollten. Aus den USA heraus hatte ich den Antrag für eine Inklusionshilfe gestellt und diese sogar, dank privater Anzeige, selbst mitgeliefert. Doch Förderpädagogen standen uns in der Dorf-Grundschule, im Gegensatz zur inklusiven Schwerpunktschule in der Stadt, nicht zur Verfügung. Wir mussten uns alles selbst erarbeiten.

Auch im Nachhinein würde ich jedoch alles wieder genauso machen, obwohl ich auf den deutschen Schulalltag erst einmal nicht vorbereitet war. Plötzlich waren keine Expert*innen für mein Kind mehr da. Ich musste notgedrungen selbst zur Expertin für die akademische Entwicklung meines Kindes werden. Gemeinsam mit der engagierten Inklusionshilfe und der ebenso aufgeschlossenen Klassenlehrerin stellten wir einen angepassten Bildungsalltag für Thea zusammen und ermöglichten ihr somit das gemeinsame Lernen mit Gleichaltrigen aus der direkten Nachbarschaft. Lesen konnte Thea aber auch nach dem ersten Halbjahr der zweiten Klasse noch nicht. Und zu diesem Zeitpunkt stand wieder einmal ein Umzug ins Haus: zurück in die USA.

Lesenlernen in Englisch und Deutsch

Um das Thema Frühes Lesen, wie es uns schon in den ersten Jahren nach Theas Geburt in Deutschland angeraten wurde, hatte ich mich nie wirklich bemüht. Warum auch sollte ich mich und mein Kind zu Hause bemühen, wenn es doch schließlich eine Schule gab, die Thea genau diese Dinge beibringen sollte. Diese Herangehensweise war zumindest zu unserer Zeit in den USA gar nicht so verkehrt, denn dort ist das Erkennen von Worten, die sogenannten »Sight Words«, ein Hauptbestandteil des Lesenlernens. In ihrem ersten Schuljahr an der Schule in Raleigh kam Thea täglich mit neuen Sight Words nach Hause. Aber den Überblick habe ich nicht behalten, wie viele Wörter sie nun beherrschte, oder ob diese sich auch wirklich nachhaltig eingeprägt hatten. Schriftlich korrekt wiedergeben konnte Thea ihre Sight Words jedenfalls nicht, es war lediglich passives Erkennen.

Nun waren wir also wieder zurück in den USA. Im Februar 2019 kamen Thea und ihr Bruder Philip beide in die zweite Klasse der Grundschule in Chapel Hill und hatten somit einen klaren Nachteil gegenüber ihren amerikanischen Mitschülern: ihnen fehlten zweieinhalb Jahre englischen Sichtwortschatzes. Schnell wurde mir klar, dass ich nicht die nötige Disziplin aufbringen konnte, neben dem täglichen Pensum den fehlenden Sichtwortschatz aufzuholen. Es musste doch eine Methode geben, meinen Kindern das Lesen und Schreiben systematisch beizubringen, so dass sie sich einzelne Worte selbst erschließen konnten.

Woran ich als Laie im Englischen allerdings scheiterte, wurde mir zum Glück von der amerikanischen Schule und Theas Förderlehrerinnen abgenommen. Sie haben hervorragende Arbeit geleistet, sowohl was das konsequente Einprägen von Sight Words als auch das Decoding, das Entschlüsseln der Worte, betrifft. Im Deutschen fand ich jedoch erst eine Lösung, als mir von unerwarteter Seite unter die Arme gegriffen wurde: durch einen Virus.

Ein Jahr nach unserer Rückkehr in die USA wurde die ganze Welt durch COVID lahmgelegt. Auch North Carolina ging im Frühjahr 2020 in den Lockdown. Am 12. März 2020 wurden bei uns im Distrikt die Schulen geschlossen und meine drei Kinder saßen bei mir zuhause am Esstisch für ihre täglichen Schularbeiten. Zum ersten Mal hatte ich den kompletten Überblick über sämtliche Aufgaben meiner Kinder und konnte so viel besser jeden individuell unterstützen. Durch den Wegfall der wöchentlichen Deutschstunden außer Haus musste ich mir jedoch eine Lösung für dieses Problem einfallen lassen, und damit kamen wir zur Deutschen Fernschule.

Als Einrichtung für Schüler im Ausland hat die Deutsche Fernschule den Grundschullehrplan in ein eigenes Format gebracht, das alle Jahrgänge nach dem gleichen Prinzip aufbaut und das Material so gestaltet, dass die Schüler*innen selbstständig an ihren täglichen Lektionen arbeiten können. Nachdem Thea schon beim Einstiegstest so viel Spaß hatte und gerne an ihrem täglichen Pensum arbeitete, sind mittlerweile alle drei Kinder dort eingeschrieben.

Nach dem Einstufungstest begann Thea mit dem Wiederholungspaket der 1. Klasse der Deutschen Fernschule. Buchstabenkombinationen und Laute zu wiederholen war eine hervorragende Übung, die weit über ihre in beiden Sprachen geübte Kenntnis des Alphabets hinaus ging. Und vor allem bildete die auditive Wahrnehmung einen großen Bestandteil aller Aufgaben. So bewegten wir uns in zweierlei Hinsicht positiv voran: das genaue Hinhören schärfte nicht nur Theas Wahrnehmung, sondern auch ihre eigene Aussprache – ein doppelter Gewinn.

Die tägliche strukturierte Arbeit mit den Materialien der Deutschen Fernschule und das konsequente Erlernen der Laute und Silben erinnerte mich an eine Methode, die ich knapp ein Jahr zuvor noch in Deutschland kennengelernt hatte – Lesen Lernen nach IntraAct – und ich nahm den Faden dort wieder auf. Die Materialien von IntraAct gibt es in der gedruckten Form ebenso wie als App. Ich hatte mir nach einem Seminar in Deutschland die Papierversion bestellt. Nach anfänglich erfolgreicher Arbeit war das Thema bei mir jedoch wieder in Vergessenheit geraten. Nun schien es wie das fehlende Puzzleteil genau zur Arbeit der Deutschen Fernschule zu passen. Bei IntraAct geht es unter anderem um die Automatisierung der Informationsverarbeitung. Buchstaben und Silben werden so lange eingeübt, bis der oder die Lernende sie mühelos ablesen kann.

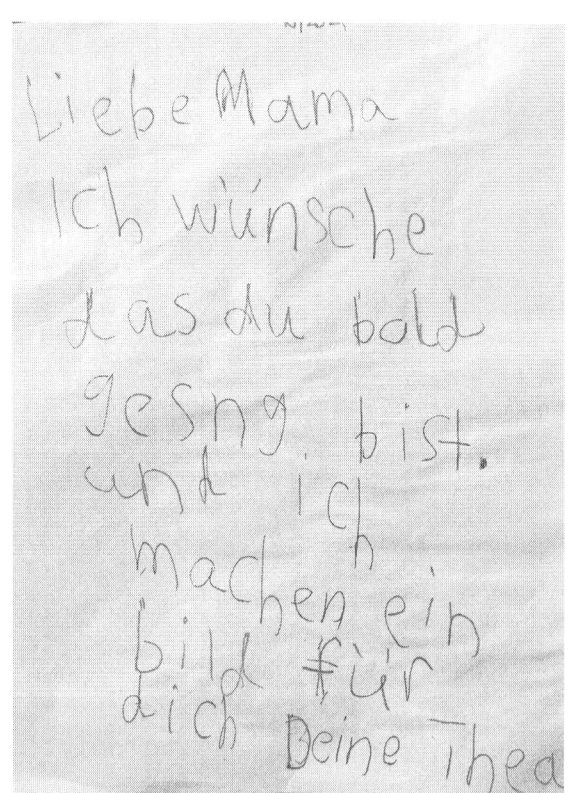

Abb. 2 und 3: Thea schreibt Mitteilungen personenbezogen in Englisch oder Deutsch.

Dadurch, dass Thea sich also das Lesen nach Silben und Lauten erarbeitete, erschloss sich ihr das Schreiben mehr oder weniger von selbst. Mit diesem Unterrichtsansatz hatte ich glücklicherweise in USA eine Verbündete in ihrer Logopädin Marilena Golzi. Selbst mehrsprachig aufgewachsen versteht Marilena als Italienerin die Logik der deutschen Sprache wesentlich besser als die meisten englischen Muttersprachler. »Wenn du einem Kind das Lesen nach Silben und Lauten beibringst, schaffst Du gleichzeitig einen Schreibenden«, ist ihr Credo für dieses Konzept, und so gehen wir beide Hand in Hand mit dem systematischen Aufbau in beiden Sprachen, sie auf Englisch, ich auf Deutsch. Und unser Erfolg gibt uns Recht! Nicht nur bei Thea, sondern auch bei ihrem kleinen Bruder Johannes, der nicht nur ein extra Chromosom rockt, sondern sich auch tapfer mit der Diagnose Apraxie schlägt.

Sprechapraxie und viele Sprachen

Wenn ich eines als Mutter zweier Kinder mit Down Syndrom gelernt habe, ist es die Tatsache, dass es keine zwei identischen Beeinträchtigungen gibt! Zwar mögen meine Älteste und mein Jüngster beide ein extra Chromosom haben, aber daraus zu schließen, dass wir nun wissen sollten, wie die perfekte Förderung abläuft, ist vollkommen unrealistisch! Für die Entwicklung eines jedes Menschen sind unzählige Faktoren verantwortlich. Die Geschwisterkonstellation spielt dabei meines Erachtens eine ebenso große Rolle wie zusätzliche Beeinträchtigungen. Während für Thea der knapp zwei Jahre jüngere Bruder Philip ein Wettbewerber war, war Philip als drei Jahre älterer Bruder der Beschützer unseres Nesthäkchens Johannes, dem beide älteren Geschwister unzählige Zugeständnisse machten und ihm viele Dinge abnahmen. Und wenn schon das extra Chromosom eine Herausforderung beim Erlernen der expressiven Sprache darstellen mag, dann hatte Johannes mit seiner Sprechapraxie noch eine weitere Hürde auf diesem Weg zu überwinden.

Schon beim ersten Hörtest im Säuglingsalter war klar, dass Johannes keine normale auditive Entwicklung haben würde. Nach zahlreichen Tests war in seinem sechsten Lebensmonat klar, dass sein rechtes Ohr taub ist. Im Gegensatz zu seiner Brille, deren Mehrwert Johannes schon als ganz kleiner Mensch erkannt hatte, und die er immer einfordert, konnte er sich aber mit seinem Hörgerät niemals richtig anfreunden. Wenn ich vom Prinzip des Mehrwerts bei der Brille auf das Hörgerät schließe, darf ich davon ausgehen, dass der Hörverlust im rechten Ohr jedoch keine negative Auswirkung auf sein generelles Hörvermögen und somit sein Sprachverständnis hatte. Nachdem sich über die Jahre und Kontinente verschiedene Logopäden mit Johannes Spracherwerb beschäftigt hatten, wurde die Apraxie allerdings erst bei unserem zweiten Umzug in die USA festgestellt. Eine Sprechapraxie ist eine neurologische Störung, welche die direkte Umsetzung von Sprechplanung in Sprechbewegung verhindert. Dabei sind Sprachverständnis und die für Sprachbewegung zuständige Muskulatur unbeeinträchtigt, lediglich die Verbindung beider ist gestört, was umso mehr zu Frustration der Betroffenen führt. Und damit sind wir wieder am Anfang unserer Geschichte angelangt.

Wir erinnern uns an eine frustrierte Mutter, deren Tochter lange nicht gebärden wollte. Dieselbe Mutter hatte nun immerhin beim zweiten Kind mit dem gewissen Extra dazu gelernt: mir war also schon vor der Diagnose Apraxie klar, dass ich mehr Geduld haben musste beim Unterrichten der Gebärden. Doch wie viel tatsächlich ganz allein in meiner Hand liegt, wurde mir auch in Johannes Fall erst durch COVID bewusst. Als nun im März 2020 alle drei Kinder zu Hause Unterricht bekamen, hatten die Lehrer der Regelklassen recht schnell ein einigermaßen gangbares Konzept ausgearbeitet, die Förderlehrer mussten jedoch noch sehr mit den (Un-)Möglichkeiten des Fernunterrichts ringen. Da Johannes sich absolut gegen jeglichen Unterricht vor dem Bildschirm wehrte, saß ich nun alleine mit ihm da und hatte genau zwei Optionen: ihm eine lange Auszeit von der Schule zu gönnen oder selbst mit ihm zu arbeiten. Ich entschied mich für letzteres und damit gleichzeitig auch endlich für einen Intensivkurs in amerikanischer Gebärdensprache.

Warum erst jetzt? Als Johannes im August 2014 geboren wurde, waren wir erst wenige Monate zuvor in die USA gezogen, mit einem Vertrag auf Zeit. Es war also immer klar, dass wir wieder zurück nach Deutschland gehen würden. Als Johannes erste Logopädin sofort damit begann, ihm American Sign Language (ASL) beizubringen, war ich nur halbherzig dabei. Zuhause benutzten wir immer noch die Gebärden nach GuK, die Thea ja noch hervorragend beherrschte. Aber in meiner Angst, Johannes mit zu vielen verschiedenen Systemen zu verwirren, gebärdeten wir zunächst einmal gar nicht. Zurück in Deutschland stellte ich dann aber fest, dass außer mir kein Mensch in unserem Umfeld irgendeine Gebärdensprache beherrschte. Nachdem ich ein GuK Wörterbuch für Tagesmutter, Integrationskraft und Kindergärtnerinnen erstellt hatte, das so gut wie nie genutzt wurde, hatten wir schon wieder den Marschbefehl zurück nach Amerika erhalten. Dort übernahmen in der Vorschule selbstverständlich wieder die Lehrer die Initiative, und Gebärden nach ASL gehörten ganz klar auf Johannes Stundenplan. Doch diesmal fand das Ganze umgekehrt – also ohne mich – statt. Diesen Fehler wollte ich im COVID Homeschooling beheben. Johannes und ich stürzten uns mit Feuereifer – und unterstützt von Rachel Coleman und ihrem Programm »Signing Time« – ins Gefecht. Johannes lernte also, sich in seiner ersten »Sprache« auszudrücken: American Sign Language (ASL). Er saugte Gebärden auf wie ein Schwamm und hatte mittlerweile auch die nötige Feinmotorik, um auch komplizierte Gebärden korrekt wiederzugeben. Nach einem Jahr, in dem Gebärden nur Teil seines amerikanischen Schulalltags waren, sah Johannes nun endlich, dass er damit auch zuhause verstanden wurde, und ergriff diese Möglichkeit mit ganzem Herzen.

Eigentlich hätte Johannes Geschichte gar keinen Platz in diesem Buch gehabt, denn hier geht es ja um Mehr*sprach*igkeit, was in gewisser Weise das Sprechen von Sprache voraussetzt. Doch Johannes Entwicklungsprozess ist aus vielen Gründen bemerkenswert und daher m. E. absolut wert, hier erzählt zu werden. Zum einen ist klar, dass das einzige unserer Kinder, das von Anfang an zweisprachig aufwuchs, beide Sprachen rezeptiv in allen Facetten beherrscht. Ich spreche mit ihm sowohl Deutsch als auch Englisch und Johannes antwortet entsprechend und vollkommen souverän … kein Zeichen von Verwirrung, egal in welcher Sprache kommuniziert wird. Seit einiger Zeit können Johannes Logopädin Marilena Golzi und ich außerdem gewaltige Fortschritte in Johannes expressiver Sprache feststellen, und daher muss auch er einen Platz hier bekommen. Wir kommen also wieder zurück zu dem Ansatz, der sich auch bei Theas Lesenlernen als erfolgreich erwiesen hat: Das Silbieren.

Eine Sprechapraxie wird i. d. R. dadurch behandelt, dass Einzellaute und Silben als Bausteine des Sprechens geübt werden. Während unserer COVID Lockdown-Zeit habe ich intensiv mit Johannes das Alphabet geübt – auf Englisch. Er liest es mittlerweile fehlerfrei in Gebärden und mit wenigen Ausnahmen auch in Sprache. Als Marilena und mir klar wurde, wie gut er die Buchstaben beherrscht, haben wir angefangen, diese Tatsache für die korrekte Aussprache englischer Worte zu nutzen. Marilena hat ihre Sight Word Cards besonders für Johannes präpariert: Worte mit drei Buchstaben wie *map* werden in drei Teile zerschnitten und Johannes legt das Puzzle wieder zusammen. Marilena bittet ihn dann, das Wort zu sagen. Lässt er – wie anfangs üblich – den Endkonsonant weg, nimmt Marilena das letzte Puzzleteil mit dem Auslaut *p* weg und fragt: »Is it ma?« – »No!« erwidert dann Johannes in Wort und Gebärde, legt das letzte Puzzleteil an und liest dann »map« korrekt und inklusive Endlaut vor.

Diese Erfahrung des Entschlüsselns nach Buchstaben hat mich mutig gemacht und ich habe daher angefangen, Johannes nun auch im Deutschen zu unterrichten. Aus meiner Erfahrung mit Thea, für die die Unterscheidung zwischen Buchstabennamen und Buchstabenlauten immer noch für Verwirrung sorgt, habe ich mich dafür entschieden, dass Johannes die Buchstabennamen im Deutschen erst einmal nicht lernen muss. Zum Glück entspricht das ganz der Vorgehensweise von Lesen Lernen nach IntraAct, das ich zusätzlich zum Lehrplan der Deutschen Fernschule mit ihm durchnehme. Ich bin zuversichtlich, dass dieser vielseitige Ansatz auch bei Johannes seine Wirkung zeigen wird. Ob er jemals fließend sprechen wird wie seine Schwester, sei noch dahingestellt, aber dass er sich in gesprochener Sprache artikulieren wird, darüber bin ich mir ganz sicher!

Der Weg in die Zukunft

Unsere Tochter Thea ist jetzt 12 Jahre alt und hat mittlerweile länger in den USA gelebt als in Deutschland. Sie beherrscht Deutsch und Englisch gesprochen sicher und wechselt problemlos von einer in die andere Sprache. Sie kann in beiden Sprachen einfache Texte selbst lesen und kurze Texte schreiben. Ihr kleiner Bruder Johannes ist 7 Jahre alt, er versteht beide Sprachen mühelos und liebt es, in Worten und Gebärden zu kommunizieren, wobei er genau zwischen beiden Sprachen und deren Empfängern differenziert.

Mehrsprachig aufzuwachsen heißt für meine beiden besonderen Kinder nicht, auf der Überholspur zu fahren. Doch jeder Erfolg in der einen Sprache spiegelt sich auch in der anderen wieder und bringt sie in beiden Sprachen voran. Wenn es also in ein oder zwei Jahren für uns wieder einmal heißt, unsere sieben Sachen zu packen, dann habe ich keinerlei Bedenken, auch eine dritte Sprache zu wagen. Mein Sohn Philip und ich haben schon festgestellt, dass uns Italien sehr gut gefallen würde. Das Essen ist hervorragend, das Wetter immer gut, und die Nähe zu Deutschland hat ihren Charme. Und die Sprache? Ist ja sehr ähnlich zum Spanischen, und darin übt sich Thea jetzt schon ganz eifrig.

Deutsch und Holländisch – das ist für mich kein Problem

Andrea Halder

Sprache war schon immer ein ganz wichtiges Thema in der Familie gewesen. Ich bin in Neuseeland geboren, und da spricht man ja englisch. Auch in den Kindergärten, Schulen und unter den neuseeländischen Nachbarn.

Meine Eltern kommen aus verschiedenen Ländern. Mein Vater kommt aus Deutschland und meine Mutter kommt aus Holland. Deswegen spricht sie perfekt Holländisch, sie hat dort ihre Kinderzeit verbracht.

Meine größere Schwester Judith konnte schon bald beide Sprachen Deutsch und holländisch gut verstehen und gut sprechen. Meine Eltern haben mit ihr gemeinsam geübt. Und Judith hat auch schon ziemlich schnell Englisch gelernt von den Nachbars Kindern und aus dem Kindergarten. Für sie war dies kein Problem.

Down-Syndrom und Sprache?

Und jetzt wurde ich 1985 geboren mit Down-Syndrom. Meine Eltern waren alle beide verunsichert, wie sie mit mir sprechen sollten.

Sie wussten nicht, ob Kinder mit Down-Syndrom überhaupt sprechen können. Und dann auch noch in drei verschiedenen Sprachen? Da waren sie wohl etwas überfordert. Damals war noch nicht viel bekannt darüber, wie Kinder mit Down-Syndrom Sprache lernen sollten.

Welche Sprache war besser?

Sie dachten vielleicht englisch wäre besser, weil alle Leute in Neuseeland nur englisch sprachen, auch die Therapeuten, mit denen ich üben sollte, und die Kinder, mit denen ich später in den Kindergarten gehen sollte.

Aber Englisch in der eigenen Familie zu sprechen, schien irgendwie komisch. Weil wir die anderen Sprachen, Deutsch und Holländisch, dann vergessen würden. Und genau das wollten meine Eltern nicht, und für Judith war das auch schade.

Wie wurde dieses Problem gelöst?

Ganz einfach, wir sind dann von Neuseeland wieder zurückgezogen nach Deutschland. Und da wurde jetzt Deutsch mit mir gesprochen und ein bisschen Holländisch.

Eigentlich hätte meine Mutter öfter mit mir Holländisch sprechen sollen. Sie war aber leider nicht so konsequent genug gewesen, denn immerhin lebte sie bereits schon seit 15 Jahren hier in Deutschland. Manchmal hat sie einen Satz angefangen auf Holländisch, dann hat sie im nächsten Moment schon wieder Deutsch gesprochen.

Zum Glück haben wir holländische Kinderlieder gesungen, meine Mutter kannte ja fast keine deutschen Kinderlieder. Auch hat sie jeden Tag vorgelesen aus holländischen Kinderbüchern und sogar aus der Kinderbibel auf holländisch.

Später haben Judith und ich viele Kassetten angehört mit Liedern und Geschichten. So habe ich doch ziemlich gut holländisch gelernt.

Ab und zu kam holländischer Besuch zu uns nach Hause. Das waren die Geschwister von meiner Mutter und meine Oma und mein Opa. Ich habe auch noch einen Cousin und eine Cousine in Holland. Die sind alle beide gleich alt wie Judith und ich. Und wir haben sie auch öfters in Holland besucht. Und die ganze Familie hat nie deutsch gesprochen, und da musste ich schon gut aufpassen. So konnte ich dann Holländisch verstehen und dann auch sprechen lernen.

Meine Sprachentwicklung!

Ich kann mich natürlich nicht mehr so genau zurückerinnern, weil ich zu klein war. Ich weiß nicht mehr, welche Wörter ich als erstes gesprochen habe. Aber zum Glück hat meine Mutter damals Tagebuch geführt und alles aufgeschrieben. In diesen Tagebüchern habe ich zusammen mit meiner Mutter nachgeschaut, was da über meine Sprachentwicklung steht.

Mit fünf Monaten habe ich schon angefangen mit dem Plappern: blee blee blee, da da da usw. Und mit sechs Monaten habe ich schon bewusst Laute nachgeahmt: »Ba Ba Ba Ba« und auch schon »Brrr, Brrr, Brrr«. Und in der Nacht habe ich scheinbar Stimmübungen gemacht – die gingen so: »Ah Ah Ah Ah Ah«. Ziemlich laut und sehr störend für meine Eltern.

Meine Mutter hat früher viel mit mir gesungen wie zum Beispiel das Fähnlein-Lied und ich musste immer meine Hand dazu bewegen.

Auch meine Schwester Judith wollte immer mit mir Lieder singen wie zum Beispiel: »row, row, row, the boat«. Und es gab auch holländische Kinderlieder: z. B. ein Schlaflied über ein Schäfchen, und das hieß: »Slaap Kindje. slaap« und ich musste immer das letzte Wort vom Lied sagen. En het schaapje zegt: »méé«.

So lernte ich schon ganz klein deutsche, englische und holländische Kinderlieder kennen.

Mit ungefähr einem Jahr habe ich schon selbst Wörter eingesetzt wie, mamama, Papa und Ba, das war eigentlich der Ball und pe, das bedeutete Lampe.

Als wir wieder zurückkamen von Neuseeland, haben wir erst bei meinen Großeltern in Ravensburg gewohnt. Und da war immer ganz viel los gewesen, weil auch meine Tanten und Onkeln oft da waren. Alle haben mit mir viel gesprochen, gelesen und gesungen. Also habe ich immer viel Sprache gehört, das war natürlich alles deutsch oder schwäbisch. Am meisten habe ich wohl von meiner Schwester gelernt, weil die immer auf mich eingeredet hat wie ein Wasserfall.

Verstanden habe ich mit einem Jahr schon viele Wörter, z. B. Ballon, Löffel, Mund auf, Plitz, platz, Lampe. Gib Mama einen Kuss. Ich verstand ja auch schon holländische Wörter: Stapjes (beim Laufen lernen). Das heißt Schritte und tsjoeke, tsjoeke für Eisenbahn.

Irgendwie kamen immer mehr Wörter noch dazu. Natürlich meistens deutsche Wörter, aber auch holländische. Die kamen vor allem aus Kinderbüchern, die meine Mutter vorgelesen hat, und von Liedern, die ich mit Judith gesungen habe. Im Tagebuch von meiner Mutter steht, als ich noch nicht drei Jahre alt war, mein Wortschatz enorm groß war und ich schon kleine Sätze gesprochen habe. Z.B. komme ich mit Mamas Schuh angelaufen und sage: »Mama Schuhe da Füße kalt.« Oder ich spiele mit meiner Puppe Tina und sage: »So lieb hinlegen ja? Decke holen, Decke drauf, Puh kalt Tina, Decke nehmen. So mehr? Noch Decke, noch eine, Puh kalt draußen.«

Von Anfang an haben wir mit dem Frühförderprogramm Kleine Schritte geübt. In dem Programm gab es viele Sprachübungen. Noch vor meinem 3. Geburtstag fingen wir mit dem Früh-Lese-Programm an. Da habe ich mit Wortkarten geübt. Und die Wörter habe ich bald ganz spontan benutzt. Das waren natürlich deutsche Wörter auf den Karten. Aber trotzdem habe ich so nebenher auch immer mehr holländische Wörter gelernt.

Abb. 1: Mit einem multimodalen Angebot lernt Andrea Frühes Lesen

Wie sieht es jetzt aus mit meinen Holländisch Kenntnissen?

Wenn meine Mutter des Öfteren versucht, mir irgendwelche holländischen SMSen zu schicken, dann lese ich sie mir schon durch. So ist das nicht, ich kann die holländischen SMSen von meiner Mutter lesen und verstehen.

Aber ich bin es eben noch nicht gewöhnt, auf meinem Handy in holländisch zu schreiben. Jetzt habe ich gerade die Handysprache umgestellt für holländisch.

Ich bekomme immer aus Holland so schöne Karten von meiner Tante zugeschickt. Und sie bemüht sich auch immer, schön zu schreiben, natürlich alles auf holländisch. Ich kann den Text von ihr ab und zu nicht ganz verstehen, aber es liegt an ihrer Schrift. Ihre Handschrift ist halt manchmal undeutlich zu lesen. Daran liegt es.

Aber ich verstehe mich blendend gut mit meiner Tante und mit ihrem Hund auch. Vor allem muss ich mit diesem Hund auch holländisch sprechen. Aber dies sind eigentlich nur Kurzbefehle. Das ist einfach: »Geef een pootje.« Ich liebe ja Hunde, vor allem Golden-Retriever.

Ich bin schon einmal allein nach Holland gereist, und zwar mit dem Flugzeug. Das habe ich gut gemanagt. Auf Besuch bei meinen Tanten und meinen Onkeln. Die sprechen allerdings alle holländisch mit mir. Eine Tante hat mich überall mitgenommen, um ein bisschen mit mir anzugeben, sie wollte mich ein wenig einführen in die feine Gesellschaft, wo sie selbst überall Mitglied ist. Und je länger ich unterwegs war in Holland, desto mehr konnte ich Holländisch verstehen und auch besser selbst reden. Meine Tante war sehr stolz auf mich, dass ich so gut ankam bei den Leuten.

Am letzten Tag gab es ein Problem am Flughafen von Holland. Da ist leider der isländische Vulkan ausgebrochen und in der ganzen Luft gab es viel Asche und da sind die Flüge verspätet oder gar komplett ausgefallen. Mein Onkel musste da am Flughafen schon eingreifen und mit dem holländischen Personal verhandeln. Der kann wenigstens Holländisch. Das wäre für mich zu schwierig gewesen.

Als ich mit meiner Mutter 2019 in Holland war, da haben wir eine Rundreise gemacht mit dem Mietwagen. Wir haben viele Leute besucht und ich musste dort viel Holländisch sprechen und das ging gut. Habe auch holländisches Fernsehen angeschaut und das verstehe ich auch gut.

Sprache macht Spaß!

Ich habe ziemlich früh gut sprechen gelernt. Vielleicht habe ich ja eine Sprachbegabung. In meiner Familie können alle gut Fremdsprachen. Und alle lesen, schreiben und sprechen viel. Das liegt in der Familie.

Als meine Schwester italienisch gelernt hat, musste ich sie immer abfragen für ihre Prüfungen und Schulaufgaben.

Und im Urlaub in Norwegen oder auch in Neuseeland haben wir unterwegs immer norwegische und englische Wörter geübt.

Englisch habe ich sowieso auch schon in der Montessori-Schule gelernt.

Sprachen machen einfach Spaß.

Abb. 2: Im integrativen Unterricht in der Schule habe ich ein Referat über Ägypten gehalten.

Hätten wir vorher gewusst, dass ich gar keine so große Probleme mit der Sprache habe, hätten wir genauso gut in Neuseeland bleiben können. Dann wäre ich jetzt wohl fließend in Englisch und Holländisch, und Deutsch würde ich dann auf jeden Fall auch ein bisschen verstehen und sprechen können.

Verzeichnis der Autorinnen

Aktas, Maren, Dr. Diplom-Psychologin
Bielefelder Institut für frühkindliche Entwicklung e.V. (Rheinland) und Sozialpädiatrisches Zentrum des Städtischen Klinikums Solingen
Hilden

Chilla, Solveig, Dr. Professorin
Pädagogik bei Beeinträchtigung von Sprache und Kommunikation mit den Arbeitsschwerpunkten Sprachliche Heterogenität und Inklusion
Institut für Sonderpädagogik
Europa-Universität Flensburg

Dott, Janina, M.A.
Wissenschaftliche Mitarbeiterin
Fachgruppe Heterogenität und Diversität unter besonderer Berücksichtigung inklusiver Bildungsprozesse
Institut für Sonder- und Rehabilitationspädagogik
Fakultät I – Bildungs- und Sozialwissenschaften
Carl von Ossietzky Universität Oldenburg

Halder, Andrea
Lauf a.d. Pegnitz

Jungmann, Tanja, Dr. Professorin
Fachgruppe Sprache und Kommunikation und ihre sonderpädagogische Förderung unter besonderer Berücksichtigung inklusiver Bildungsprozesse
Institut für Sonder- und Rehabilitationspädagogik
Fakultät I – Bildungs- und Sozialwissenschaften
Carl von Ossietzky Universität Oldenburg

Licandro, Ulla, Prof. Dr.
Fachgruppe Heterogenität und Diversität unter besonderer Berücksichtigung inklusiver Bildungsprozesse
Institut für Sonder- und Rehabilitationspädagogik
Fakultät I – Bildungs- und Sozialwissenschaften
Carl von Ossietzky Universität Oldenburg

Lena Lingk, Sonderpädagogin
Pädagogik für Menschen mit Beeinträchtigungen der körperlichen und motorischen Entwicklung
Department Heilpädagogik und Rehabilitation
Humanwissenschaftliche Fakultät
Universität zu Köln

Snippe, Kristin, Logopädin
Master of Science der Psychologie kindlicher Lern- und Entwicklungsauffälligkeiten
Bachelor of Science der Logopädie
Lehrerin an einer Berufsfachschule für Sozialpädagogik und Heilerziehungspflege
Dozentin für Sprachentwicklung und Sprachanbahnung im Autismus-Spektrum
Logopädin für Kinder im Autismus-Spektrum
Berlin

Thümmel, Ingeborg, Dr. apl. Professorin
Fachgruppe: Pädagogik und Didaktik bei Beeinträchtigungen der geistigen Entwicklung
Institut für Sonder- und Rehabilitationspädagogik
Fakultät I – Bildungs- und Sozialwissenschaften
Carl von Ossietzky Universität Oldenburg

Weinert, Verena
freie Journalistin und Autorin
Chapel Hill, USA

Wilken, Etta, Dr. Professorin (em.)
Leibniz-Universität Hannover
Institut für Sonderpädagogik
Allgemeine und integrative Behindertenpädagogik

Wolf, Sylvia Mira , Dr. Professorin, Diplom-Psychologin
Bielefelder Institut für frühkindliche Entwicklung e.V. und Internationale Hochschule (IU) Dortmund, Kindheitspädagogik